我
们
一
起
解
决
问
题

企业内部控制
全流程实操指南

规范讲解 + 流程分解 + 操作实务 + 案例解析

黄佳蕾　编著

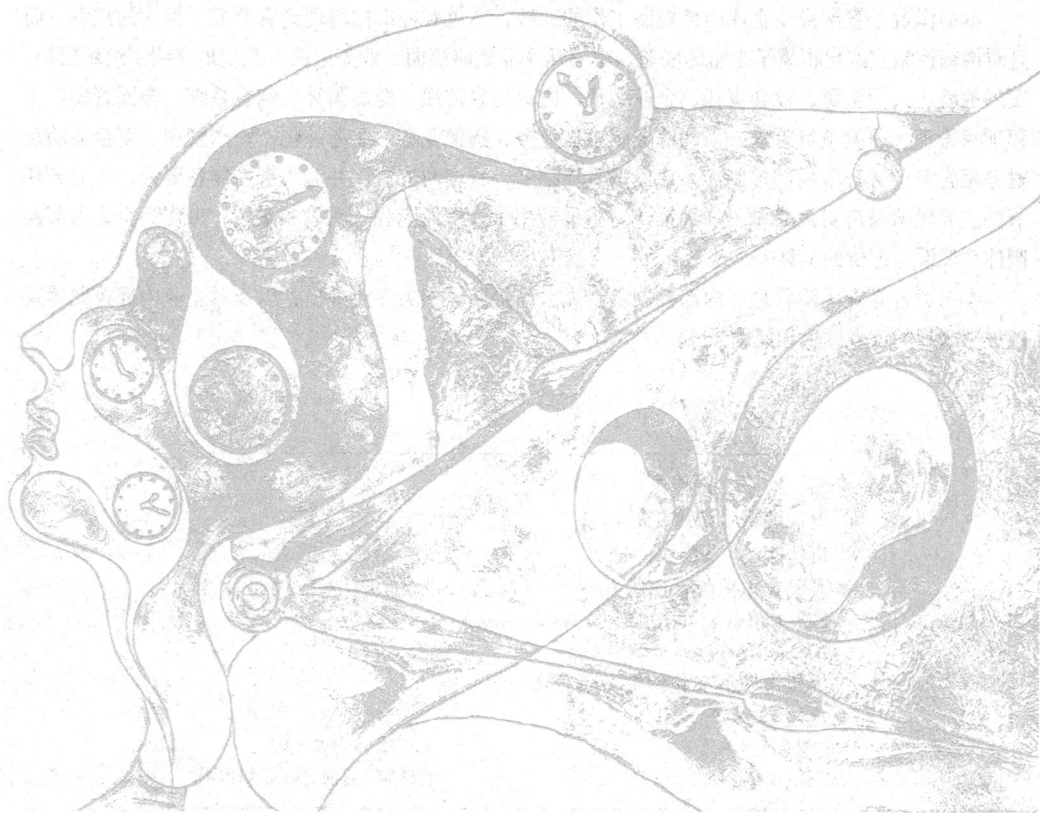

人民邮电出版社

北　京

图书在版编目（CIP）数据

企业内部控制全流程实操指南 ：规范讲解+流程分解+
操作实务+案例解析 / 黄佳蕾编著. -- 北京 ：人民邮电
出版社，2021.12（2024.1 重印）
ISBN 978-7-115-57500-5

Ⅰ. ①企… Ⅱ. ①黄… Ⅲ. ①企业内部管理—指南
Ⅳ. ①F272.3-62

中国版本图书馆CIP数据核字（2021）第196639号

内 容 提 要

企业在日常运行中面临各种各样的已知或未知的风险。内部控制体系就像万丈高楼的地基，好的内部控制体系能够确保企业持续、健康、稳定的发展，保障战略目标的实现。所以企业在日常运营中建设好自己的内部控制体系十分必要。

本书作者一直深耕在企业内部控制工作的一线，不仅对内部控制理论有全面、深入的理解，而且对内部控制实践也积累了丰富的经验。本书从企业战略层面、业务层面，系统地介绍了组织架构、发展战略、人力资源、社会责任、企业文化、内部信息传递、全面预算、信息系统、合同管理、工程项目管理、研发项目管理、采购业务、销售业务、担保业务、业务外包、资产管理、资金活动及财务报告等业务环节内部控制体系建设的具体路径、程序与方法，并对内部控制各要素、各业务环节的主要风险及应对策略做了详细描述。本书使用了大量的流程、图表和案例，可作为企业内部控制体系建设与评价的工具书。

本书适合企业风险管理、内部控制负责人，高等院校相关专业师生，以及对企业内部控制体系建设感兴趣的读者阅读和使用。

◆ 编　著　黄佳蕾
　　责任编辑　贾淑艳
　　责任印制　胡　南
◆ 人民邮电出版社出版发行　　北京市丰台区成寿寺路 11 号
　　邮编 100164　　电子邮件 315@ptpress.com.cn
　　网址 https://www.ptpress.com.cn
　　涿州市般润文化传播有限公司印刷
◆ 开本：787×1092　1/16
　　印张：21.5　　　　　　　　2021 年 12 月第 1 版
　　字数：493 千字　　　　　　2024 年 1 月河北第 4 次印刷

定　价：99.00 元（附小册子）

读者服务热线：（010）81055656　印装质量热线：（010）81055316
反盗版热线：（010）81055315

广告经营许可证：京东市监广登字 20170147 号

　　威廉·E.佩里（国际内部控制协会创始会长）曾经说过："内部控制不仅能提高生产率，而且可以最大限度地降低由于不遵守法规而产生的错误和罚款的成本。"确实如此，内部控制在企业管理中占有举足轻重的地位，它是企业提高管理水平和运营效率、保护财产安全、降低经营风险的动态管理机制。

　　组织企业从管理层自上而下地实施内部控制，有利于保证各级员工按照管理层的意图正确地执行各项经营活动。实施内部控制，便于员工自下而上地反馈需要关注和解决的问题，有助于管理层采用纠正运营缺陷所需的任何措施。

　　不管是个人、团体，还是企业，失去有效的控制，都很容易偏离其预期的宗旨和目标。成功的组织通常会有一个有效的控制系统，针对每一个业务环节及流程，实施动态纠正，不断地提升与完善自我。

　　如果企业不断地"爆雷"，内部控制失效，此时，企业应当加强对内部控制的投入。内部控制专业人员需要不断地向他们的组织推广内部控制的价值。

　　总而言之，组织实施内部控制有利于实现经营目标，促进自身持续健康发展。

　　笔者认为，作为一个内部控制从业者，最重要的素质就是追根溯源。不知大家是否读过《吕氏春秋·察传》，笔者最喜欢其中的两句话，一句是"闻而审则为福矣，闻而不审，不若无闻矣"，意思是听说一件事就要详察细究，要考虑是不是真的；如果听说了而不详察细究，随便什么都信，那还不如不去听。另一句是"夫得言不可以不察，数传而白为黑，黑为白"，意思是凡听到的言论不可以不做调查分析就盲目相信，

1

因为有的正面的言论经过多次传播后可能被说成负面的，而负面的也可能被说成正面的。世界上有很多东西并不是显而易见的，需要我们不断地去探索。爱因斯坦曾经说过："我并不是特别的天才，只是有强烈的好奇心。"当我们对某件事情觉得好奇的时候，会想方设法去探索其根源。内部控制从业人员需要对事物保持好奇心，并且对其进行深度剖析，不可偏听偏信。

刚进入内部控制行业的朋友们可能会无从下手。本书的内容源自笔者从事内部控制工作以来的一些思考、积累和个人对内部控制的研究和感想，主要包含4个部分：第1部分为内部控制概述，主要讲述了内部控制的整体框架，内部控制建设的前期准备工作，内部控制的发展史，以及内部控制对应规范、内部控制体系搭建等内容；第2部分主要为企业战略层面内部控制实务操作，主要包括组织架构、发展战略、人力资源、社会责任、企业文化等模块内部控制实操；第3部分主要是企业业务层面内部控制实务操作，主要包括内部信息传递、全面预算、信息系统、合同管理、工程项目管理、研发项目管理、采购业务、销售业务、担保业务、业务外包、资产管理、资金活动、财务报告等模块的内部控制实操；第4部分为内部控制报告编制及内部控制持续优化思路。

由于编者水平有限，书中难免会有疏漏之处，恳请所有读者批评指正。

黄佳蕾

2021 年 5 月

目 录

1

第2部分　企业战略层面内部控制实务操作

第 1 部分

内部控制概述

第1章
内部控制概述及内部控制建设前期准备

请思考：内部控制究竟是什么，有什么用？我们为什么要建立内部控制组织？

本章将会对以上问题一一进行解析，主要内容包括何为内部控制、内部控制人员基本职业素质、如何修炼内部控制思维、内部控制组织初建、内部控制的发展与规范。

第1节　何为内部控制

内部控制管理是企业管理工作的基础，是促进企业持续健康发展的"助力泵"，也是促进企业实现战略目标的重要保证。内部控制既是润滑剂，又是制动器。

一、内部控制与内部审计的区别

常常有人很困惑地问我，内部控制和内部审计到底有什么区别，一般而言，问出这一问题代表他们把内部控制与内部审计混淆了。

假设我们把企业比作一个人，可以把内部审计比作体检医生，它可以发现你身上的大毛病、小毛病。而内部控制可以比作保健医生，它可以发现和识别你身体可能出现的问题，并建议你为了保持身体健康而所做的一切事情，如保持心情愉快、合理饮食、作息规律、适当运动、定期体检等，这些可以让你成为一个更美丽、更健康、更长寿的人。这就是内部控制与内部审计最大的区别。

内部控制与内部审计既有区别，又有不少联系。内部审计在内部控制中属于环境控制要素范围。内部审计是内部控制的重要组成部分，也是内部控制的特殊形式，内部审计是对内部控制的控制。

内部审计为了保持其独立性，一般不直接参与事前的管控设计工作。内部审计是一项独立而客观的确认和咨询活动，目的是改进企业的工作质量，提高效益。内部审计为董事会及管理层提供与被审查活动相关的分析、评估、建议、咨询、审查等活动信息。

内部控制通过各种工具及方法来不断完善、提升企业内部的风险控制能力，可以参与到日常工作管理中，几乎贯穿所有业务过程，不受时间、地点等限制。内部控制的主体是每一个人，内部控制更多的是全员控制、全过程控制。内部控制从业者需要积极引导全体人员共同参与内部控制，只有从上至下共同参与，主动完善各类业务，才能实现真正的内部控制。

内部控制是能够保证业务活动的有效进行和资产的安全完整，防止、发现和纠正错误与舞弊，保证会计资料的真实、合法、完整，通过制定和实施一系列制度、程序和方法，对风险进行事前防范、事中控制、事后监督和纠正的动态过程和机制。内部控制是一个不断完善的过程，能使企业保持强大的竞争力，并且持续地经营下去，成为"百年老店"。

二、内部控制的目标及"疗效"

内部控制的目标主要包括以下五点。

（1）建立和完善符合企业管理规范要求的内部组织架构，形成科学的决策机制、执行机制及监督机制，确保企业战略目标的实现，这是内部控制的愿景线，也是企业的终极目标。

（2）建立有效的风险控制系统，强化风险管理，保证各项经营活动的健康运行，实现企业经营效益，这是内部控制的生命线。

（3）规范企业会计行为，保证会计资料真实、完整，提高会计信息质量，全方位保证企业信息真实、完整，这是内部控制的主线。

（4）消除隐患，及时发现并纠正各种欺诈、舞弊行为，保护企业的资产安全，这是内部控制的警戒线。

（5）确保国家有关法律法规和企业内部规章制度的贯彻执行。古人云："矩不正，不可以为方，规不正，不可以为圆。"任何事物的发展都遵循特定的规则，合法合规是内部控制的底线。

企业从管理层自上而下地实施内部控制，有利于保证各级员工按照管理层的意图正确地执行各项经营活动。实施内部控制，有助于员工自下而上反馈需要关注和解决的问题，有助于管理层采用纠正运营缺陷所需的任何措施。

不管是个人、团体或组织，失去有效的控制，都很容易偏离其宗旨和目标。成功的组织通常都会有一个有效的控制系统，针对每一个业务环节及流程，实施动态纠正，不断提升与完善自我。

总而言之，组织实施内部控制有利于实现经营目标，促进组织持续健康发展。

第 2 节　内部控制人员基本职业素质及如何修炼内部控制思维

职业素质是劳动者对社会职业了解与适应能力的一种综合体现，是事业成功的第一法宝。对于不同的职业，职业素质要求也是不同的。我们来看看作为一名内部控制人，应该具备怎样的素质，以及如何修炼内部控制思维。

一、健康的身体

我国杰出的教育家徐特立曾经说过："一个人的身体，绝不是个人的，要把它看作社会的宝贵财富。凡是有志为社会出力，为国家成大事的青年，一定要十分珍视自己的身体健康。"只有拥有强健的身体，你才能离梦想更近一步。世上所有的工作，到最后拼的都是体力，从事内部控制工作同样如此。

二、强大的心理素质

受企业重视程度、管理水平等因素影响，内部控制在很多情况下是一个吃力不讨好的工作。因此，我们要有强大的内心，通常情况下要做到以下三点。

1. 目标明确

"古之立大事者，不惟有超世之才，亦必有坚忍不拔之志。"真正内心强大的人，首先应当有一个明确的目标。对于内部控制从业者来说，需要深度思考，明确目标，做好个人职业发展与规划，告别迷惘，拥有对内部控制职业理想的坚持。

2. 包容

内部控制工作要经常与人接触，做内部控制管理工作，难免遇到不同性格的人，内部控制从业人员应当包容这种多样性，顾全大局。当然，包容并不是姑息错误和软弱，而是一种坚强与勇敢，包容的人能更好地与他人进行沟通。因此，我们应当充分发挥每个人的积极性与创造力，把不同性格、不同特长、不同偏好的人凝聚在组织目标和愿景的旗帜下，把内部控制变成真正意义上的全员内部控制。

3. 自信

内部控制从业人员应有明确的主见，对生活、对工作有信心，能够控制消极情绪，拥有强大的抗压能力，戒骄戒躁。

三、良好的道德价值观

"何者为善，何者为恶？何者可为，何者不可为？"内部控制从业人员应当树立良好的道德价值观。道德价值观影响着组织的每一个行为，对于内部控制来说，道德风险管理是一项基础性工作，内部控制从业人员要从自身做起。

四、良好的沟通能力

沟通是内部控制从业人员重要的工作内容，不能总是盯着自己的"一亩三分地"，要走出去，多访谈，多交流，多反馈。有效的沟通有助于提高决策质量、部门之间的协调性，激励员工，增加团队的凝聚力，也能帮助内部控制从业人员更好地收集与企业经营相关的各种信息，了解事情的前因后果及实际运作过程，有助于发现漏洞及风险。

当然，在沟通的过程中，务必注意不要随意打探他人隐私，这是最基本的礼貌及尊重。在沟通过程中，内部控制从业人员会接触很多人，了解很多信息，对于这些信息务必保密，不要随意散播。

沟通是一种艺术，沟通不畅、信息不对称、感情不融洽、关系不协调，就会影响沟通的效率，也会影响工作的进展，甚至影响企业的正常运转。因此，内部控制从业人员需要注意沟通方式及措辞，提升自己的共情能力。

五、保持一颗上进的心

"不积跬步，无以至千里；不积小流，无以成江海。"内部控制从业人员需要有明确的职业规划及目标，深入了解业务，多多储备"粮食"，拓宽知识面。建议大家适当地学一点与企业经营相关的法律法规、工程管理、销售管理、研发管理、供应链管理、人力资源管理、财务管理等方面的知识，不断地增加个人标签，做一个"斜杠"青年。

学会反思和总结，坚持"吾日三省吾身"，可以帮助内部控制从业人员直观地发现自己的不足，不断弥补自身缺陷，不断提升，从而使工作效率越来越高。

要提升自己的软实力，就要保持终生学习，要相信"功不唐捐，玉汝于成"。

六、洞察力训练

内部控制从业人员要有深度思考的能力，也要不断地训练自身的洞察力，敏锐地感知事物的异常之处。其实，绝大多数人都在用第一层思维思考问题。内部控制从业人员应当突破第一层思维，在一次次归纳和演绎中由点到线、由线到面，洞察本质，不断成长。那么，为什么说内部控制从业人员需要敏锐的洞察力呢？因为内部控制从业人员需要接触大量的人和事，有些人为了掩盖事实，所表现出来的行为举止确实具有迷惑作用。因此，内部控制从业人员需要保持好奇心，善于观察，深度思考，适当联想和分析，透过现象看本质，只有这样才能更好地训练自身的洞察力，发现潜在风险及潜在漏洞。

七、保持好奇心

世界上有很多东西并不是显而易见的，需要不断地去探索。当我们对某件事情感到好奇的时候，会想方设法去探索问题的根源。内部控制从业人员需要保持对各种事物的好奇心，并且对其进行深度剖析，切不可偏听偏信。

八、增值

企业发展的终极目标无非就是谋求利益最大化并成为社会企业。要想达到这一终极目标，企业必须具备三大价值：存在价值、市场价值及社会价值。在日常工作过程中，内部控制从业人员要时刻拥有"增值理念"，在内部控制管理中创造价值，要想明白做什么事情能给企业带来更大的价值。李若山教授曾经说："像总裁一样思考，像助理一样执行。"即要从企业的角度看待问题，不要自我设限，要顾全大局，站得高才能看得远。同时，内部控制从业人员也要认真执行，为企业带来真正的价值。内部控制不增值，就很难赢得管理层的支持和重视。

第 3 节　内部控制组织初建

一、内部控制责任主体

内部控制几乎贯穿所有的业务过程，不受时间、地点等的限制。内部控制的主体是每一个人，内部控制更多的是全员控制、全过程控制。拥有内部控制职能的部门需要主动引导全体员工共同参与内部控制，只有共同参与的内部控制才是真正的内部控制，只有从上至下共同参与、主动完善、主动维护内部控制，才能真正有效地发挥系统性的作用。内部控制的责任主体向上可以拓展为治理层（董事会及领导班子），向下可以是每一位员工，具体如图 1-1 所示。

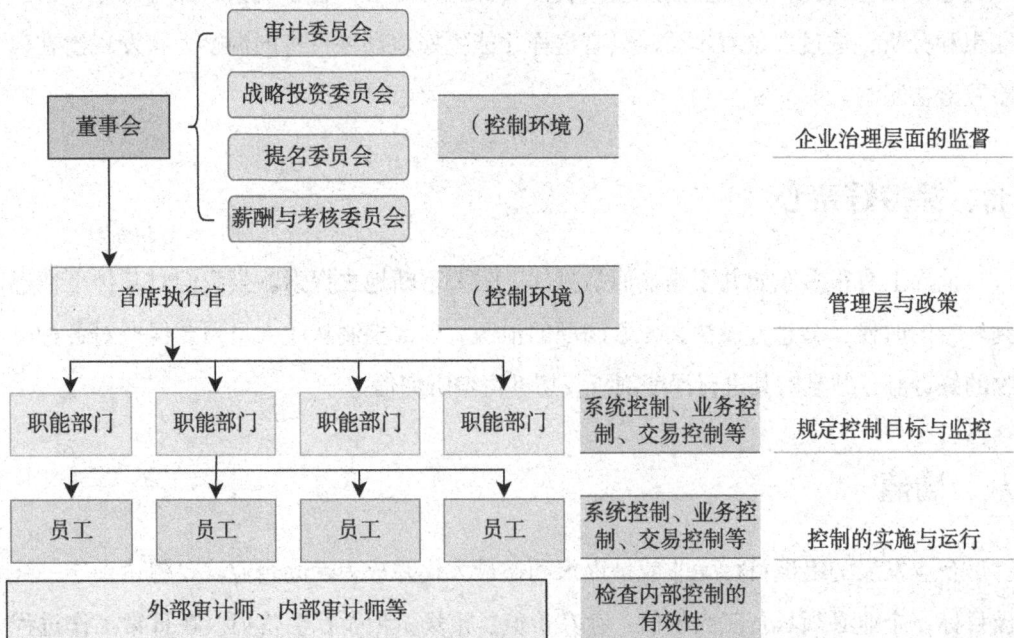

图 1-1　内部控制的责任主体

二、内部控制机构设置方式

随着《企业内部控制基本规范》及配套指引的颁布与实施，如何设置内部控制部门成为企业界关注的重点。内部控制部门通常的设置方式有以下几种，具体如图 1-2 所示。

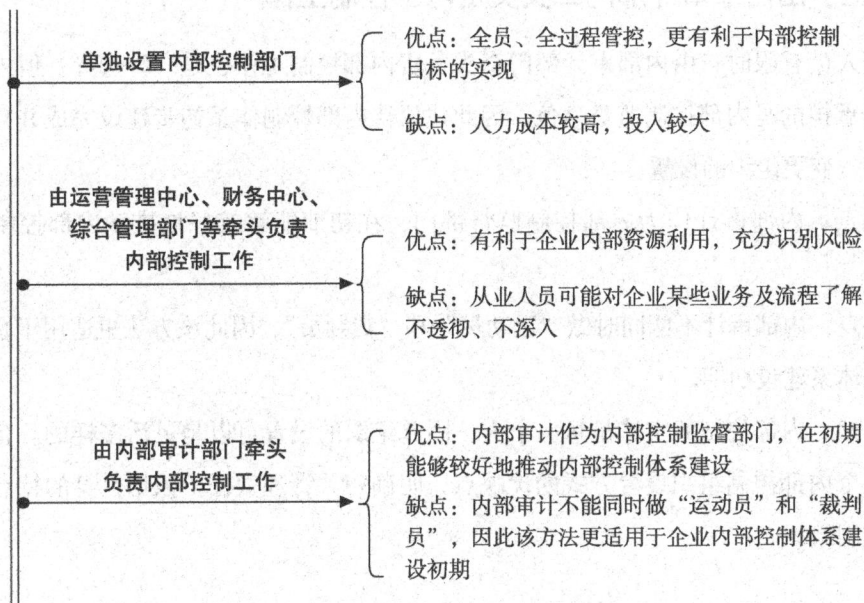

图 1-2　内部控制组织的三种设置方式及其优缺点

（一）单独设置内部控制部门

单独设置内部控制部门即从业务部门抽调人员或外聘相关业务人员，集中推动内部控制体系建设。此外，可在各部门设置兼职内部控制管理员，这样做有利于提高内部控制体系建设效率，持续且有效进行推动。此方法适用于企业内部控制体系的持续性完善。

优点：全员、全过程管控，更有利于内部控制目标的实现。

缺点：人力成本较高，投入较大。

（二）由运营管理中心、财务中心、综合管理部门等牵头负责内部控制工作

由运营管理中心、财务中心、综合管理部门等牵头负责内部控制工作，下设内部

控制科室或内部控制分管部门，推动内部控制体系建设。此方法适用于企业内部控制建设初期或中期。

优点：有利于企业内部资源利用，充分识别风险。

缺点：从业人员可能对企业某些业务及流程了解不透彻、不深入。

（三）由内部审计部门牵头负责内部控制工作

当人员有限时，由内部审计部门牵头负责内部控制工作也是一种选择。但内部审计部门承担的是内部控制监督角色，因此建议待内部控制体系初步建设完成并且稳定运行后，变更组织的设置。

优点：内部审计作为内部控制监督部门，在初期能够较好地推动内部控制体系建设。

缺点：内部审计不能同时做"运动员"和"裁判员"，因此该方法更适用于企业内部控制体系建设初期。

当然，内部控制的主体是每一个人，因此组织的设置可以是灵活多样的。企业可结合各个内部控制组织设置方式的优缺点，明确相关管理责任，依据自身的特点设置内部控制组织。

第 4 节　内部控制的发展与规范

一、中外内部控制发展情况

内部控制作为一个专用名词和完整概念，直到 20 世纪 30 年代才被人们提出、认识和接受，它的产生源于企业内部管理的需要。

内部控制思想的发展是一个历史渐进过程，随着社会经济不断发展，企业规模日益扩大，业务活动日趋频繁，内部控制也处在不断发展之中，其概念逐步完善。

在漫长的产生和发展过程中，内部控制大体经历了内部牵制、会计控制管理、内部控制制度、内部控制结构、内部控制——整合框架、企业风险管理——整合框架六个历史阶段。在每一个阶段，内部控制都有不同的内涵。

（一）内部牵制阶段

内部控制源于内部牵制。在我国，最早的内部控制起源于西周时期，体现在统治者对政权的控制中。西周实施了分权控制和九府圜法，西周的财务、会计、行政、国库组织各自成系统，责任清楚、分工明确，并形成了相互牵制的关系，司会主天下大计。秦朝实施了较为严密的上计制度和御史监察制度，会计、审计、国库发展到了较为完备的程度。到了宋代，有了"审计司""审计"，监督制度变得更加健全，还出现了"主库吏三年一易"，这实际相当于现代的岗位轮换制度。

18 世纪工业革命爆发后，工厂制在美国确立。组织规模的扩大及内部结构的复杂性要求工厂采用新的科学管理方法。美国一些企业逐渐摸索出一些组织、协调、制约和检查企业生产经营活动的方法，建立了内部牵制制度，规定有关经济业务处理的全过程不能由一个人或一个部门统揽。

内部牵制是内部控制的萌芽时代，是在当时生产规模较小和管理理论比较原始的条件下，总结以往的经验，并在实践的基础上逐渐形成的，主要以查错和防止舞弊为目的，以钱、账、物等会计事项为主要控制对象，以职务分离和核对账目为控制手段。实践证明，内部牵制机制确实能有效地减少错误和舞弊行为。因此，在现代内部控制理论中，内部牵制仍占相当重要的地位，并成了现代内部控制理论中有关组织规划控制、职务分离控制的基础。

（二）会计控制管理阶段

1934 年，美国颁布《证券交易法》，首先提出了内部控制的概念，主要指出证券发行人应设计并维护一套能为下列目的提供合理保证的内部会计控制系统：

（1）交易依据管理部门的一般和特殊授权执行；

（2）交易的记录必须满足一般公认会计原则或根据其他适当标准编制的财务报表和资产责任管理的需要；

（3）接触资产必须经过一般和特殊授权；

（4）设定一定的时间间隔，账实核对，对产生的差异采取适当的补救措施。

这也是抑制经济危机中虚假会计信息泛滥的措施之一。

（三）内部控制制度阶段

20 世纪 40 年代到 70 年代，在内部牵制制度的基础上，逐渐产生了内部控制制度的概念。一方面，企业改变了"小作坊"靠经验管理的模式，在管理的过程中采用了更完善、更有效的控制方法；另一方面，为了保护投资者和债权人的利益，很多国家纷纷以法律法规的形式要求通过强化内部控制来规范企业的各类经济活动。

1949 年，美国注册会计师协会所属的审计程序委员会将内部控制定义如下：内部控制是企业为了保证财产的安全完整，检查会计资料的准确性和可靠性，提高企业的经营效率，以及促进企业贯彻既定的经营方针，所设计的总体规划及所采用的与总体规划相适应的一切方法和措施。这是人类第一次给出内部控制的定义，其内涵实际上已经突破了以往只涉及财务部门的控制，内部控制已经扩大到企业内部的各个领域。

1958 年，美国注册会计师协会下属的审计程序委员会又对内部控制的定义做了进一步的说明，并将内部控制划分为内部会计控制和内部管理控制两个模块。前者是与会计记录的准确性、可靠性有直接联系的方法和程序，而后者主要是与贯彻管理方针和提高经营效率有关的方法和程序。

1973—1976 年，美国政府、立法机构和规章制度制定部门开始密切关注内部控制问题，美国国会于 1977 年颁布了《反国外贿赂法》，该法案第一次强制性地将内部控制制度纳入法律管辖范畴，要求企业对外报告的披露者设计一个内部会计控制系统，并维持其有效性。企业若达不到美国审计准则委员会提出的内部控制目标，将被罚款1 万美元，主要责任者将被处以 5 年以下监禁。该法案被看作内部控制发展史上的又一座里程碑，使得内部控制得到了广泛的重视。因此，上市公司扩大了内部审计职责，同时密切地关注内部控制系统建设。

（四）内部控制结构阶段

20 世纪 70 年代以后，内部控制的研究重点逐步从一般含义向具体内容深化，逐渐发展为对内部控制系统的全方位研究，其中最突出的变化是对企业控制环境的研究。

1988 年，美国注册会计师协会发布的审计准则公告第 55 号《财务报表审计中对内部控制结构的考虑》，首次以"内部控制结构"取代了原先的"内部控制"一词，并且指出："企业内部控制结构包括合理保证企业特定目标的实现而建立的各种政策和程序，明确了内部控制结构的内容主要包括控制环境、会计系统、控制程序。"内部控制结构的提出，适应了经济发展和企业经营管理的需要，同时得到了会计界和审计界的广泛认可。该公告一方面正式将内部控制环境纳入了内部控制范畴，另一方面，不再区分会计控制和管理控制。由三个要素组成的内部控制结构，实现了内部控制由零散到系统的提升和转变，反映了内部控制实务操作和理论研究的新动向。

（五）内部控制——整合框架

20 世纪 70 年代到 90 年代发生了一系列财务欺诈、可疑商业行为和金融机构破产等事件，给投资者带来了巨大的损失。世界经济变得越来越复杂与动荡，反舞弊呼声高涨。

1985 年，美国注册会计师协会、美国会计协会、财务经理人协会、内部审计师协会、管理会计师协会联合创建了反虚假财务报告委员会。

1987 年，基于该委员会的建议，其赞助机构 COSO 委员会成立，专门研究内部控制问题。

1992 年 9 月 COSO 委员会发布了《内部控制——整合框架》，简称"COSO 报告"，并于 1994 年进行了增补，2013 年 5 月进行了更新，2017 年又进行了更新。

在 COSO 的《内部控制——整合框架》中，内部控制被定义为由一个企业的董事会、管理层和其他人员实现的过程，主要为下列目标提供合理保证：财务报告的可靠性、经营的效果和效率、符合适用的法律和法规。《内部控制——整合框架》把内部控制划分为五个相互关联的要素，包括控制环境、风险评估、控制活动、信息与沟通、监督。这五个要素均有三个目标：经营目标、财务报告目标、合规性目标。

COSO 报告是内部控制发展史上的又一座里程碑，其蕴含的观点深受业内推崇，成为世界通行的内部控制标准，被国际组织和众多国家审计准则制定机构、银行监管机构及企业界所采纳。

我国内部控制思想和实践起步较早，但发展较为曲折。我国的内部控制建设也发端于内部会计控制，经由内部审计得到加强。

1996 年我国颁布了《独立审计具体准则第 9 号——内部控制与审计风险》。

2000 年修订了《会计法》，财政部在 2001 年以后陆续发布了有关规范文件，如《内部会计控制规范——基本规范》《内部会计控制规范——货币资金》《内部会计控制规范——采购与付款》《内部会计控制规范——销售与收款》。

2001 年和 2002 年中国证监会分别颁布了《证券公司内部控制指引》《证券投资基金管理公司内部控制指导意见》，2003 年对《证券公司内部控制指引》进行了修订。

2002 年中国人民银行颁布了《商业银行内部控制指引》。

在很长一段时间，我国不同的政府部门和机构根据其管理权限各自颁布了不同的指导原则、指引、规范，没有业务统一的机构来进行推动，因此大家都呼吁建立一套统一、完整的内部控制框架。

2008 年，在原有的内部控制原则指导下，五部委（财政部、证监会、审计署、银监会、保监会）联合发布了具有历史意义的《企业内部控制基本规范》，并要求 2009 年 7 月 1 日起在上市公司范围内执行，同时也鼓励非上市的其他大中型企业执行。《企业内部控制基本规范》的颁布，是我国内部控制体系建设的重大突破，标志着我国内部控制建设取得了重大的阶段性成果。

2010 年 4 月五部委（财政部、证监会、审计署、银监会、保监会）联合发布了《企业内部控制配套指引》，包括《企业内部控制应用指引》《企业内部控制评价指引》《企业内部控制审计指引》。2012 年上述规范的执行范围扩大到在上交所、深交所主板上市的公司，同时鼓励非上市的其他大中型企业执行。上交所、深交所主板上市公司必须对本企业内部控制的有效性进行自我评价，披露自我评价报告，同时聘请会计师事务所对其财务报告中的有关内部控制的有效性进行审计，出具审计报告。这标志着我国以"以防范风险和控制舞弊为中心、以控制标准和评价标准为主体，结构合理、层次分明、衔接有序、方法科学、体系完备"的企业内部控制规范体系建设目标基本完成。此外，为了进一步提高行政事业单位的内部管理水平，规范内部控制，加强廉政风险防控机制建设，财政部制定并印发了《行政事业单位内部控制规范（试行）》。财政内部控制工作自创立以来，不断完善发展，由基本制度、专项内部控制办法、高风险业务专项内部控制办法、内部控制操作规程构成的内部控制制度体系构建完成，内部控制制度完善的常态化机制正在形成：成立内部控制委员会，召开内部控制委员会例会与专题会议，设立内部控制办公室、内部控制管理岗和内部控制管理联络员，单位一把手兼任内部控制委员会主任，统筹各级财政部门、专员办、部署单位等全系统内部控制建设，内部控制嵌入财政工作全过程。内部控制管理架构和工作机制运行高效，财政内部控制工作已经成为全国行政事业单位推进内部控制工作的标杆。

2017 年，在《中华人民共和国会计法》《中华人民共和国公司法》等法律法规及《企业内部控制基本规范》的基础上，财政部颁布了《小企业内部控制规范（试行）》，主要是为了指导小企业建立和有效实施内部控制，提高经营管理水平及风险防范能力，促进小规模企业健康且可持续地发展。

（六）企业风险管理——整合框架

由于安然公司、世界通信、施乐、默克药厂等一批知名企业的财务报告欺诈丑闻的接连发生，COSO 委员会于 2001 年提出了进行企业风险管理研究的构想，并组织各方面专家进行讨论，根据《萨班斯—奥克斯利法案》的相关要求，于 2004 年 9 月正式颁布了《企业风险管理——整合框架》，这是 COSO 委员会最新的内部控制研究成果。《内部控制——整合框架》已经融入《企业风险管理——整合框架》。《企业风险管理——整合框架》分为内部环境、目标制定、事项识别、风险评估、风险反映、控制活动、信息和沟通、监督等八个相互关联的要素，各要素分别贯穿于企业的管理过程。2017 年 COSO 又发布了《企业风险管理——通过策略与绩效调整风险》。与《内部控制——整合框架》最大的不同是，《企业风险管理——整合框架》以及《企业风险管理——通过策略与绩效调整风险》扩大了内部控制的范围，将目标扩大至战略目标，并扩大了报告目标的范畴，提出了"风险承受能力"和"风险容忍度"，并且将风险评估扩大为四个要素：目标设定、事件识别、风险评估及风险应对。

　　总而言之，随着政治、经济、科技的快速发展，内部控制越来越不可或缺。

二、中外内部控制发展情况及对应规范指引对照工具表

　　在国内外内部控制的不断发展过程中，积淀了不少规范和指引。本书梳理了在内部控制建设过程中可以作为工具进行使用的规范及指引，具体如表 1-1 所示。

表 1-1　国内外内部控制发展情况及对应规范指引

阶段	时间	国内／国外	简述／对应规范及指引	备注
内部牵制阶段（萌芽时代）	西周时期	国内	分权控制和九府圜法	
	秦朝时期	国内	上计制度及御史监察制度	
	18 世纪以前	国外	现代内部控制雏形，以职务分离及账务核对为主要控制手段	
会计控制管理阶段	1934 年	国外	美国颁布了《证券交易法》，首先提出了内部控制的概念	
内部控制制度阶段（20 世纪 40 年代至 70 年代）	1949 年	国外	美国注册会计师协会第一次给出了内部控制的定义，其内涵突破了以往只涉及财务部门的控制，内部控制的范围已经扩大到企业内部的各个领域	

（续表）

阶段	时间	国内/国外	简述/对应规范及指引	备注
内部控制制度阶段（20世纪40年代至70年代）	1958年	国外	美国注册会计师协会将内部控制划分为内部会计控制及内部管理控制两个模块	
	1973—1976年	国外	美国政府、立法机构及规章制度制定部门开始密切关注内部控制问题	
	1977年	国外	美国国会颁布《反国外贿赂法》，第一次强制性地将内部控制制度纳入法律管辖范畴	
内部控制结构阶段	20世纪70年代以后	国外	内部控制的研究重点逐步从一般含义向具体内容深化，逐渐发展为全方位研究 美国注册会计师协会发布的审计准则公告第55号《财务报表审计中对内部控制结构的考虑》，提出了不再区分会计控制和管理控制，明确了内部控制结构的内容主要包括控制环境、会计系统、控制程序，实现了内部控制由零散到系统的提升和转变	
内部控制——整合框架	1985年	国外	美国创建了反虚假财务报告委员会	
	1987年	国外	美国COSO委员会成立	
	1992年	国外	COSO委员会发布了《内部控制——整合框架》	
	1992年	国外	加拿大特许会计师协会（CICA）成立了控制基准委员会（COCO委员会）	
	1994年	国外	COSO委员会对《内部控制——整合框架》进行了增补	
	1995年	国外	加拿大COCO委会员发布了《控制指南》	
	1996年	国内	《独立审计具体准则第9号——内部控制与审计风险》	
	2000年	国内	修订了《会计法》，陆续发布了《内部会计控制规范——基本规范》《内部会计控制规范——货币资金》《内部会计控制规范——采购与付款》《内部会计控制规范——销售与收款》	
	2001年	国内	颁布了《证券公司内部控制指引》	
	2002年	国内	颁布了《证券投资基金管理公司内部控制指导意见》《商业银行内部控制指引》	

（续表）

阶段	时间	国内/国外	简述 / 对应规范及指引	备注
内部控制——整合框架	2003 年	国内	修订了《证券公司内部控制指引》	
	2008 年	国内	五部委（财政部、证监会、审计署、银监会、保监会）联合发布了《企业内部控制基本规范》	
	2010 年	国内	五部委（财政部、证监会、审计署、银监会、保监会）联合发布了《企业内部控制配套指引》，包括《企业内部控制应用指引》《企业内部控制评价指引》《企业内部控制审计指引》	扫码获取"内部控制规范体系法规汇编"
	2012 年	国内	财政部颁布了《行政事业单位内部控制规范（试行）》	扫码获取《行政事业单位内部控制规范（试行）》
	2017 年	国内	颁布了《小企业内部控制规范（试行）》	扫码获取《小企业内部控制规范（试行）》
	2013 年	国外	COSO委员会对《内部控制——整合框架》进行了增补	
企业风险管理——整合框架	2002 年	国外	美国国会通过了《萨班斯——奥克斯利法案》	
	2004 年	国外	COSO 颁布了《企业风险管理——整合框架》	
	2017 年	国外	发布了《企业风险管理——通过策略与绩效调整风险》	

第2章
企业内部控制体系搭建

我们先来回顾一下第1章主要讲述的内容，具体如图2-1所示。

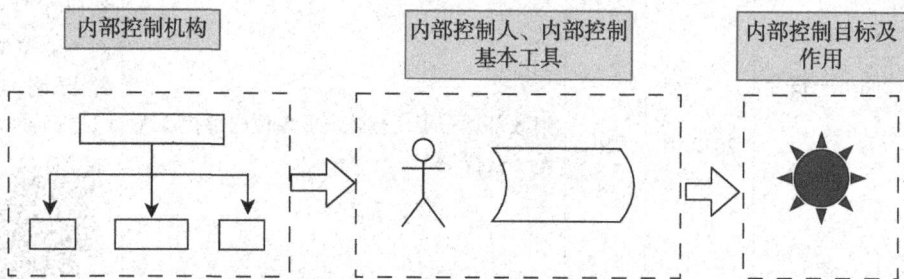

图 2-1　内部控制建设前期准备

首先，简述了什么是内部控制，内部控制的目标及具体作用。其次，讲到了作为一名内部控制人员应该具备什么样的素质，以及应该如何修炼思维。再次，讲到了内部控制的责任主体及内部控制机构的设置方式。最后，谈到了内部控制的发展史，着重强调了目前可以使用的规范，也就是我们建立内部控制体系必须用的工具。

本章主要围绕内部控制建设的五大关键要素——控制环境、风险评估、控制活动、信息与沟通、监督来展开。内部控制体系是为了合理保证企业经营活动的效益性、财务报告的可靠性和法律法规的遵循性，而自行检查、制约和调整内部业务活动的自律系统。

构建内部控制体系的基本准则在于职责分离、授权批准、相互制约、监督检查。企业在建立和完善内部控制体系时，需要遵循五项原则：全面性原则、重要性原则、制衡性原则、适应性原则、成本效益原则。

企业内部控制体系应当贯穿每一项经营活动的决策、执行和监督的各个层级、各个阶段，体现内部控制的全员、全面、全过程控制的特质。

第 1 节　控制环境建设与持续完善

一、控制环境的概念

控制环境是企业的基调，直接影响企业员工的控制意识。控制环境受企业文化和历史的影响，控制环境是其他要素的基础，对企业行为架构、目标设定和风险评估的方式有潜移默化的影响，控制环境提供了基本规则和架构。

内部控制的有效性随着控制环境的变化而变化，简言之，若控制环境薄弱且松散，那么业务交易处理是薄弱的，容易存在内部控制缺陷及潜在风险，系统控制同样是薄弱的，这时候内部控制的有效性是相对较差的，反之亦然。

"橘生淮南则为橘，生于淮北则为枳"，生长环境不一样，所导致的结果也不一样。因此，我们需要创设良好的控制环境，充分发挥内部控制的有效性。加强控制环境建设是内部控制有效实施的根本，是稳定经营的首要保证。

二、企业控制环境属性简述

良好的环境控制，是企业成功建立内部控制的基础。控制环境属性主要包括表 2-1 所示的内容。

表 2-1　控制环境属性

编号	控制环境属性
1	企业文化
2	诚信和道德价值观
3	员工的胜任能力
4	治理结构、机构设置与责权分配
5	管理层的经营理念和经营风格
6	人力资源的政策
7	内部审计

（一）企业文化

企业文化是一个组织由价值观、信念、符号、仪式、处事方式等组成的其特有的文化形象，是企业在经营过程中，经过长期实践逐渐形成的精神财富和物质形态，主要包括企业愿景、经营哲学、企业精神、价值观、行为准则、历史传统、企业制度、文化环境、企业产品、文化观念等。企业文化是一种管理文化，企业文化是企业的灵魂。

企业文化作为一种柔性的内部控制方式，通过人的意识渗透形成一定的价值观与经营理念，从而影响人的行为。现在大多数企业都是一种以领导为核心的企业文化，认为企业文化就是领导文化，忽视了员工参与企业文化建设的必要性。如果企业的领导层缺乏社会责任感，那么员工们会纷纷效仿，企业将成为一盘散沙。因此，企业不仅要加强领导层的社会责任意识，更要注重培养员工的社会责任意识，使员工明晰自己的行为，为社会负责，完善企业文化体系。

《企业内部控制基本规范》特别强调，董事、监事、经理及其他高级管理层应当在企业文化建设中发挥主导性作用。

企业文化所包含的内容非常广泛，包括但不限于以下几点。

1. 经营哲学

经营哲学也称为企业哲学，指的是企业在经营活动过程中认识和态度的总和，是企业从事生产经营活动的基本指导思想。

在激烈的市场竞争环境中，企业生产价值链的每一个环节都充盈着人们的哲学智慧与观念创新，企业利用哲学独有的深邃目光和广阔视野，将哲学理性转换为实践理性，拥有一套系统的逻辑思维程序，由一系列观念所组成的科学方法论。这就是企业的经营哲学。

日本著名的商业实业家稻盛和夫提出了"经营十二条"：（1）明确事业的目的和意义；（2）设立具体目标；（3）胸中怀有强烈的愿望；（4）付出不亚于任何人的努力；（5）销售高级大化，经费高级小化；（6）定价即经营；（7）经营取决于坚强的意志；（8）燃烧的斗魂；（9）临事有勇；（10）不断从事创造性的工作；（11）以关怀之心、诚实处事；（12）保持乐观向上的态度。这就是一种经营哲学，其成就了稻盛和夫创建的两大企业集团。

2. 企业精神

企业精神指的是企业基于自身特定的性质、宗旨、任务、环境要求和发展方向，经过精心培养而形成的企业成员群体的精神风貌。企业精神是企业文化的核心。

企业精神是现代意识与企业个性相结合的一种群体意识，包括彼此共鸣的内心态度、意志状况和思想境界，可以激发企业员工的积极性，增强企业的活力。企业精神作为企业内部员工群体心理定式的主导意识，是企业经营宗旨、价值准则、管理信条的集中体现，是企业的灵魂。

3. 企业制度

企业制度体系是企业全体员工在企业生产经营活动中须共同遵守的规定和准则的总称，从广义来说，其主要表现形式包括法律与政策、企业组织架构（部门划分及职责分工）、岗位说明书、专业管理制度、工作流程操作手册、管理表单等规范类文件。企业制度是企业组织、运营、管理等一系列行为的规范和模式的总称。

"没有规矩，不成方圆。"合法合规是内部控制的最低目标，也就是底线。完善的企业制度能够使企业在复杂多变、竞争激烈的环境中保持较好的状态，有利于企业目标的实现。

4. 企业形象

企业形象是通过外部特征和经营实力所表现出来的，是社会公众和企业员工对企业整体的印象和评价。企业形象是企业精神文化的外在表现形式。企业形象有很多构成因素，包括但不仅限于以下几点：（1）产品形象，主要指的是产品的性能、质量、设计、价格、外观、包装、商标及名称等给消费者的整体印象；（2）主观形象，指的是企业领导者想象中的外界公众对企业所持有的印象；（3）员工形象，指的是员工的服务态度、职业道德、人员素质、进取精神、整体精神面貌等给外界公众的整体印象；（4）公共关系形象，指的是企业通过公共关系活动方面的努力给公众留下的印象。

企业形象能否真实地反映企业的精神文化，以及能否被社会各界和公众舆论所理解和接受，在很大程度上取决于企业自身的主观努力。

（二）诚信和道德价值观

诚信即为"诚实守信"，良好的道德价值观即"以企业为行业主体，以企业经营管理的伦理理念为核心，在处理内、外利益相关者关系中的伦理原则、道德规范及其实践的总和"。诚信和道德价值观是控制环境的首要因素，是控制环境极其重要的一部分，影响重要业务流程的设计和运营。内部控制的有效性直接取决于创建、管理和监控内部控制人员的诚信和道德价值观。

诚信与道德价值观的沟通与落实一般通过员工行为规范来体现，形成一定的预防机制。

诚信与道德行为规范的建立体现在诚信与道德行为手册中，其主要内容如表2-2所示。

表 2-2　诚信与道德行为手册的主要内容

编号	模块	内容
1	遵守道德，诚信自律	应当明确每位员工必须诚实守信，遵守道德准则
2	合规声明	应当明确员工须遵循所有适用的法律法规和企业规章制度等
3	利益冲突	员工应该把企业利益放在首位，避免个人利益与企业利益冲突 不得出现（包括但不限于）如下情况： （1）未经企业批准的兼职（从事无报酬学术团体或社会公益工作的除外） （2）未经企业批准为竞争对手提供信息或者劳务 （3）以合资、合作、入股的形式与企业的竞争企业、供应商或其他商业伙伴产生关联 （4）以代理人、经纪人、中间人的身份代表第三方与企业进行业务合作 （5）员工利用企业信息、职位为自己或为他人谋取不正当利益
4	及时举报违规行为	员工有义务对所发现的违规问题，直接或通过部门负责人向审计委员会、合规委员会、纪检部门等进行汇报，也可通过企业设置的举报电话、举报信箱进行举报。企业应当对检举人建立保密制度，进行匿名保护。建立鼓励员工揭发违规行为的机制
5	公平交易	员工应当公平地对待客户、供应商等，遵循商业道德规范，不得收受回扣，贿赂他人，只有公平交易，才能保证市场繁荣
6	全面、公正、准确、及时披露企业信息	员工有责任保证会计记录的准确性、真实性。管理层必须认真审阅披露报告及文件，确保遵循已有的会计准则和流程，保证交易记录的完整和准确。禁止干扰或不正当地影响财务报表审计。披露的报告及文件需要存档或者提交证监会或公共媒体，因此员工及高级管理层务必保证其全面、公正、准确、及时 同时，企业应该采取相应的管理措施（如环境保护措施、质量管理体系、安全生产管理体系、保护职工合法权益等），加强对社会责任和义务的履行

（续表）

编号	模块	内容
7	资产保护	员工应当保护企业资产，包括实物资产、无形资产等 （1）秘密信息是企业重要的资产，企业应当建立制度以保护秘密信息，员工有义务保护企业的秘密信息，即使雇用关系结束，仍然有责任保护该企业的秘密信息 （2）员工一旦发现或怀疑企业资产受损、误用或失窃，都应该报告给经理或相关部门
8	建立定期检查机制	定期（在日常经营工作过程中，在月度、季度、年度绩效考核中等）对管理层及员工进行检查，查看其对诚信与道德规范的遵守情况

（三）员工的胜任能力

胜任能力指员工为完成岗位职责所需要的技能、知识、性格、特点。每位员工必须接受适当的教育和培训，以高效的方式履行各自的职责，以完成企业目标。

下面以"麦克里兰素质冰山模型"为例进行说明，具体如图 2-2 所示。能力素质这座冰山由可具体表现出来的"知识、技能、能力"及潜在的"价值观、态度、自我形象、个性、品质、内驱力、社会动机"等组成。员工的知识技能可以通过一定的方式来衡量，但是隐藏在"水面"下的潜在素质则较难衡量，并且容易"滋生"问题，因此招聘环节尤为重要。

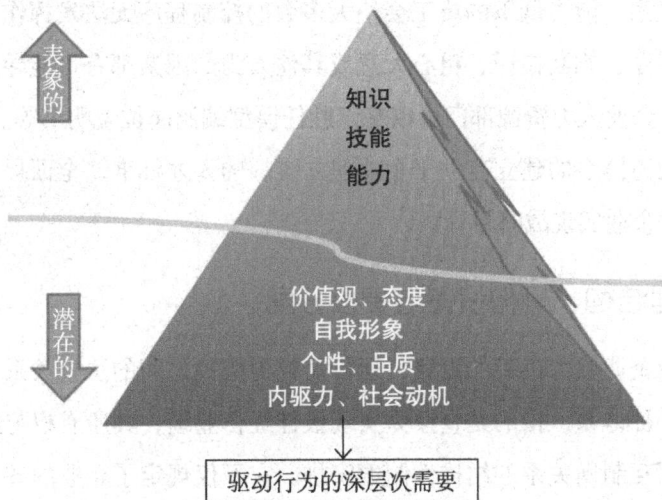

图 2-2　麦克里兰素质冰山模型

同时，员工胜任能力也具有一定的动态性，我们可以通过一定的培训等方式来对员工的能力进行干预，并使其得到提升和发展，但是潜在的部分素质很难通过培训等方式进行改变。

当然，员工胜任能力并不仅仅是素质模型描述得这么简单，素质是能力的基础。员工胜任能力指的是完成每一项工作所必须具备的胜任力的总和，包括但不限于三个模块，即核心胜任能力，通用胜任能力，专业胜任能力，具体如图 2-3 所示。

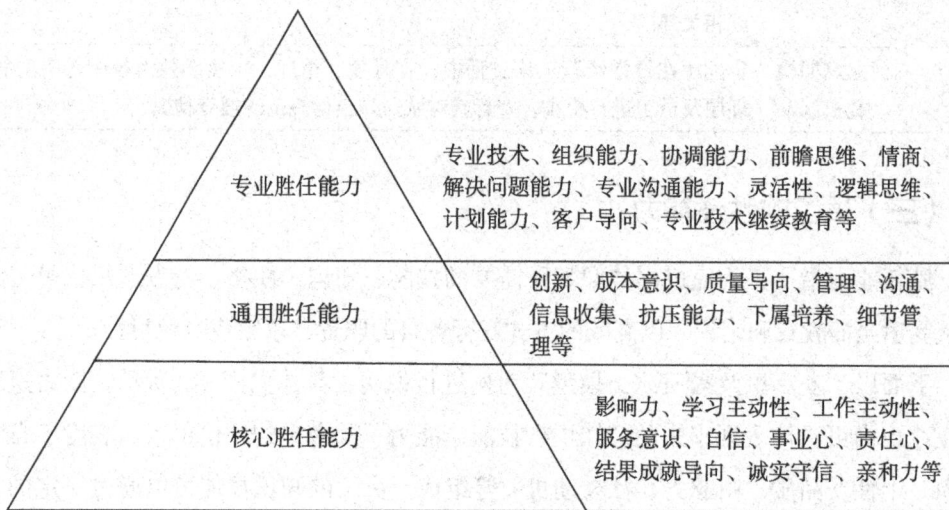

专业胜任能力	专业技术、组织能力、协调能力、前瞻思维、情商、解决问题能力、专业沟通能力、灵活性、逻辑思维、计划能力、客户导向、专业技术继续教育等
通用胜任能力	创新、成本意识、质量导向、管理、沟通、信息收集、抗压能力、下属培养、细节管理等
核心胜任能力	影响力、学习主动性、工作主动性、服务意识、自信、事业心、责任心、结果成就导向、诚实守信、亲和力等

图 2-3　员工胜任能力

对员工的胜任能力进行评估，能够有效地区分业绩优秀者及业绩一般者，与工作绩效有密切的联系。能力低下的员工会使大多数的控制程序无法发挥作用。与胜任能力相关的误读指令、判断错误、粗心大意或其他人为的因素都有可能导致员工错误地执行控制程序。企业人力资源部门可以基于胜任模型编制岗位说明书等。

员工胜任能力体系的建立有助于企业建立统一的人才标准，全面提升人力资源管理水平，有利于企业实现战略目标。

（四）治理结构、机构设置与责权分配

治理结构指企业权力机关的设置、运行及权力机关之间的法权关系，是企业进行管理和控制的一种体系，指的是企业为实现最佳经营业绩，其所有权与经营权基于信托责任而形成相互制衡关系的结构性制度安排。它不仅规定了企业的各个参与者，同时明确了决策事务时应该遵循的规则及程序。企业治理结构是股份公司制的基石，也是企业内部控制的基石。《企业内部控制基本规范》第十一条、第十二条对治理结构有

明确的规定,《公司法》对治理结构也有相应的规定。

机构设置及责权分配是指对工作任务进行分工、分组、协调合作的方法。企业需要设定组织结构,并对不相容职务进行适当的分离,以便能够以高效和便捷的方式完成组织的使命。《企业内部控制基本规范》第十三条明确要求企业应当通过编制内部管理手册进行机构设置与责权分配,使全体员工掌握内部机构设置、岗位职责、业务流程等情况。

(五)管理层的经营理念和经营风格

企业的经营理念是系统、根本、核心的管理思想,管理层的经营理念决定企业的经营方向,是企业发展的基石。管理层的经营理念主要包括风险理念、财务管理理念、法制理念等。

企业的经营风格是企业一贯行为中表现出来的内在品质,是企业价值观的体现,是管理层在管理过程中所表现出来的风格,是管理层一贯坚持的目标、原则、处事方式等行为模式的总称。

管理层设定"高层基调",管理层的经营理念及经营风格直接影响全体员工的控制意识,也直接影响内部控制有效性。

(六)人力资源的政策

《内部控制基本规范》指出企业应当制定和实施有利于企业可持续发展的人力资源政策。人力资源政策是企业为了实现目标而制定的有关人力资源的获取、开发、保持和利用的规定。

人力资源政策应当包括以下内容:(1)招聘录用;(2)培训;(3)薪酬管理体系标准;(4)绩效考核制度;(5)任职资格政策;(6)奖惩制度与晋升激励机制;(7)辞退与辞职;(8)岗位分析与评估、轮换制度;(9)竞业禁止;(10)与人力资源相关的其他政策。

(七)内部审计

《内部控制基本规范》指出企业应当在董事会下设立审计委员会。审计委员会负责审查企业内部控制,监督内部控制的有效实施和自我评价情况,协调内部控制审计及其他相关事宜等。审计委员会负责人应当具备相应的独立性、良好的职业操守和专业胜任能力。

内部审计既是内部控制的组成部分，又是内部控制的特殊形式。内部审计具有监督、评价、控制、服务四种职能，主要起到防护性作用和建设性作用。

建设性作用主要是内部审计对组织中的各类业务和控制状况进行独立评价，以确定各项业务是否符合法律法规和公司管理制度的规定，是否遵循公认的方针和程序，是否高效和经济地使用了资源，内部审计主要是为董事会、管理层和整个组织服务，通过审查活动的检查和评价，针对管理和控制过程中存在的问题和不足，提出富有建设性的意见和改进方案，从而协助企业改善经营管理，提高经济效益，实现企业目标；防护性作用指的是通过内部审计评价企业内部的各项经济活动，避免给企业造成不良的后果，发现不利于实现企业目标的环节和方面。

三、持续完善控制环境

（一）控制环境的主要风险及关键控制点

内部控制环境存在的主要风险及关键控制点如表 2-3 所示。

表 2-3　控制环境的主要风险及关键控制点

编号	要素归类	风险描述	关键控制点
1	企业文化	（1）企业文化建设没有被足够重视，缺乏远期愿景和共同目标，缺乏凝聚力和竞争力，员工对企业文化缺乏认同感 （2）缺乏创新、团队协作和风险意识，可能会影响企业核心竞争力，导致企业难以实现发展目标，影响企业可持续发展 （3）企业并购导致企业存在文化风险，忽视企业之间的文化差异和理念冲突，最终可能导致并购重组失败 （4）跨国经营活动，文化差异显著，可能影响运营效率	（1）企业应该积极培育具有自身特色的企业文化，要重点打造以主业为核心的品牌，统一企业精神、核心理念、价值观念等，保持企业文化的统一性，增强集团的凝聚力、向心力，促进企业长远发展 （2）企业文化建设应从高层做起，企业高层领导集体要在企业文化建设中积极发挥带头作用，以身作则，做好软环境建设，着力构建企业文化评估体系 （3）企业并购完成后，应当特别注重文化整合 （4）在跨国经营过程中，应对差异进行客观分析，取其精华，去其糟粕，加强沟通，以人为本，渗透到管理环节中，建立共同价值观，促进文化融合

编号	要素归类	风险描述	关键控制点
2	治理结构、机构设置与责权分配	（1）董事会、监事会、高级管理层未按照法律法规要求设置 （2）内部机构设置不合理，出现机构臃肿、职能缺位或整体工作效率低等现象，未建立权责分配管理体系 （3）治理结构设置不妥，可能导致无法有效发挥治理机制、决策机制、运行机制等的作用	（1）董事会、监事会、高级管理层的权力需要相互制衡。严格依照国家相关法律法规规定的权限和程序，进行集体决策审批或者联签制度，严格禁止以个人的形式进行单独决策。修改集体决策意见应以合规方式进行，严格以个人名义擅自进行修改 （2）合理设置各职能部门，各职能部门应当明确职责和权限，可编制岗位说明书，应当坚持科学、高效、透明、精简的原则，保证相互制约、相互协调，建立权责分配管理体系，避免机构臃肿，权力重叠 （3）不相容职务的相互分离（将在后续章节详细讲述） （4）对现有组织架构进行定期的梳理，以保证本企业的治理结构、内部机构的设置及运行机制等正常运转
3	诚信和道德价值观	缺乏诚实守信的经营理念，容易大面积滋生舞弊，造成企业损失，影响企业信誉	（1）建立诚信与道德行为规范手册 （2）树立公平交易理念，只有公平交易，才能保证市场繁荣 （3）以企业战略目标为导向建立和完善核心的经营理念和经营风格 （4）企业应当履行其社会责任，建立完善的安全机制 （5）应当坚持客户导向原则，保障消费者权益，建立完善的质量管理体系
4	管理层的经营理念和经营风格	（1）没有形成完备的企业经营理念，发展盲目且松散，可能导致企业失去核心竞争力 （2）缺乏公平经营理念，可能导致企业形象受损，供应商不愿合作，客户不愿购买相关产品 （3）未建立完善的安全机制，监督管理不到位，安全设施不达标，未承担相应社会责任，导致企业形象受损 （4）产品质量低下，侵害消费者切身利益，可能危害大众身体健康，造成严重的社会事件，损害企业外在形象，可能导致企业欠下巨额赔款	

（续表）

编号	要素归类	风险描述	关键控制点
4	管理层的经营理念和经营风格	（5）环保意识和节约意识薄弱，导致环境污染、生态环境恶化，对社会造成不良影响，企业也将面临巨额罚款，治理成本较高	（6）提高环保和节约意识，保护员工的合法权益，积极履行社会公益责任等，以实现企业与员工、企业与社会、企业与环境的健康和谐发展 （7）针对企业目标设定企业风险容忍度，正确认识和把握风险与收益的平衡，避免因片面追求收益或单纯为了规避风险而放弃发展机遇
5	员工的胜任能力	管理层或者员工胜任能力不足	
6	人力资源的政策	（1）人力资源分配不科学、结构不合理、开发机制不健全，阻碍企业的发展，从而影响其整体战略目标的实现 （2）公司的人力资源政策设置存在问题，导致企业可能无法对员工的正直和道德行为及工作能力进行规范管理 （3）人力资源激励约束制度不合理、关键岗位人员管理不完善，可能导致人才流失、经营效率低下或关键技术、商业秘密泄漏 （4）人力资源退出机制不当，可能导致法律诉讼或企业声誉受损	（1）结合企业生产经营的实际需要，制定严密的人力资源总规划，不同层级人力资源的开发也应依据相应的管理要求进行 （2）建立企业奖惩机制，明确岗位职责权限，完善人力资源规范管理，以胜任能力为导向制定科学合理的绩效考核指标，构建完善的绩效管理体系，将绩效与薪酬制度挂钩 （3）建立企业人力资源退出机制。良好完善的退出机制不仅能够保证企业信息的安全，维护企业的良好形象，也能保障退出者的正当利益，避免发生纠纷
7	内部审计	（1）内部审计的范围、职责和审计计划对于企业而言是不恰当的 （2）内部审计风险的隐蔽性，导致企业内部审计监督不力，审计制度规范化欠缺，企业的生产经营情况未能得到持续的监控	（1）强化企业领导对内部审计的重视，以战略目标及风险为导向进行内部审计 （2）加强内部审计监督力度 （3）加强审计队伍建设，提高内部审计的相对独立性

（二）完善控制环境的方法

内部控制环境是整个内部控制的基础，是推动企业发展的引擎。内部控制环境是内部控制发挥作用的基础，内部控制环境建设的完整性直接影响企业的未来。

控制环境所强调的持续完善是一个循环，其不断识别风险，调整要求与目标，以达到更高的控制水平。持续完善的方法可以使用 PDCA 循环来进行说明。20 世纪 30 年代，贝尔系统的史瓦特博士开发了 PDCA 循环——P（Plan——计划）、D（Do——执行）、C（Check——检查）、A（Action——整改）。内部控制环境的 PDCA 循环如图 2-4 所示。

（1）P（计划）——设定目标、计划，加强控制环境建设。

（2）D（执行）——针对控制环境的每一个要素，编制工作程序，设定检查模块，识别已存在的问题和潜在风险。

（3）C（检查）——检查执行的工作程序，确定是否按照计划执行工作，是否存在情况变化，是否存在反常现象，能否达到预期目标。

（4）A（整改）——根据检查与识别出来的问题进行整改，采取纠正行动。

PDCA 周而复始的循环可以不断地改进，使控制环境得到持续的完善，控制水平呈现螺旋式上升。

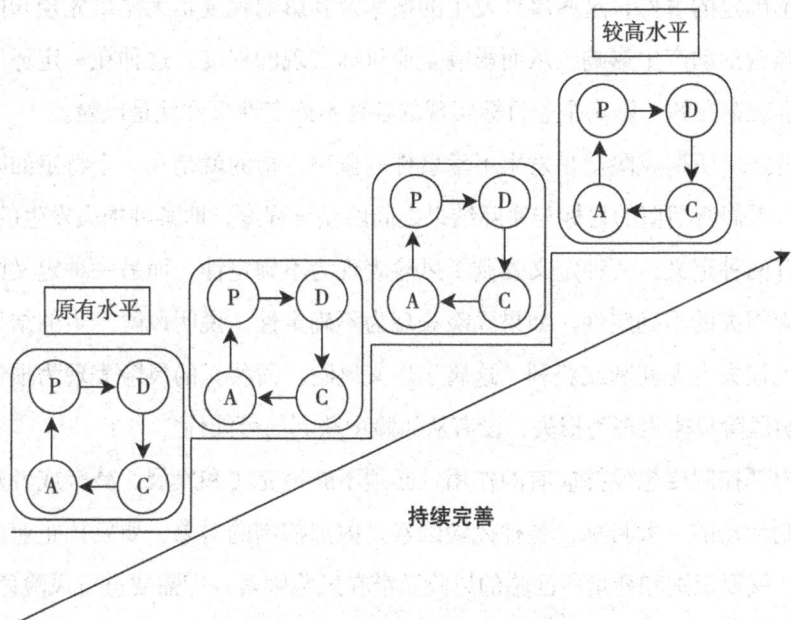

图 2-4　内部控制环境的 PDCA 循环

第 2 节　风险评估

一、风险评估概述

（一）风险的由来及概念

"风险"一词的由来，最为普遍的一种说法是，在远古时代，以打鱼捕捞为生的渔民们，每次出海之前都要进行祈祷，其中主要的祈祷内容就是让神灵保佑自己在出海时能够风平浪静、满载而归。他们在长期的捕捞实践中，深深地体会到了"风"给他们带来的无法预测且无法确定的危险，他们认识到，在出海捕捞打鱼的生活中，"风"即意味着"险"。这就是"风险"一词的由来。

艾尔姆斯曾经提到："风险是一个既有趣又复杂的概念。从某种意义上说，它关心的总是与未来、可能性及还没发生的事情有关。"企业在实现其目标的经营活动中，会遇到各种不确定的事件，这些事件发生的概率及其影响程度是无法事先预知的，但是它们将对经营活动产生影响，从而影响企业目标实现的程度。这种在一定环境下和一定限期内客观存在的、影响企业目标实现的各种不确定性事件就是风险。

简而言之，所谓风险就是发生不幸事件的概率，指的就是在一个特定的时间和环境条件下，人们所期望的目标与实际结果之间的差异程度，即某种损失发生的可能性。

风险有两种定义，一种定义强调了风险表现为不确定性，而另一种定义则强调了风险表现为损失的不确定性。如果风险表现为不确定性，说明风险产生的结果可能带来损失、无损失也无获利或获利，这属于广义风险。而狭义的风险表现为损失的不确定性，说明风险只能表现为损失，没有从风险中获利的可能性。

企业内部控制要想发挥应有的作用，必须不断地充实和发展，减轻或者避免风险是内部控制活动的一大目标，各种风险因素是内部控制的对象，要发挥企业内部控制的有效性，就要识别和衡量所面临的风险及潜在风险因素，即需要进行风险评估。

（二）风险的基本要素

风险由风险因素、风险事故和损失三个基本要素构成。

1. 风险因素

风险因素指的是引起或增加风险事故发生的机会或扩大损失幅度的原因和条件。一般根据风险因素的性质划分为实质风险因素、道德风险因素、心理风险因素这三种类型。

2. 风险事故

风险事故指的是造成生命财产损失的偶发事件，是造成损失的直接或外在原因，是损失的媒介。

3. 损失

损失指的是非故意、非预期和非计划的经济价值的减少。

风险是由风险因素、风险事故和损失三者构成的统一体，风险因素引起或增加风险事故，风险事故的发生可能造成损失。

二、动态的风险评估

风险评估是组织辨认和分析与目标实现有关的风险的过程。风险评估提供了控制风险的基础。内部控制中的风险评估过程必须判明企业完成既定目标存在的外部风险与内部风险，分析各种风险的类型和程度。风险评估是一个比较宽泛的概念，包括风险管理的全过程，即设置目标、风险识别、风险分析、风险应对。建议企业建立动态风险评估机制，第一，建立明确的风险管理机制；第二，根据企业战略目标、风险管理机制，围绕当前影响效益提升的主要风险，以及以前年度内部审计、外部审计发现的问题，全面组织风险识别，发现已经存在的风险及潜在风险，对其进行详细的风险分析，评估固有风险的影响程度，根据先前设定的风险容忍度对其进行判断；第三，对不可容忍的风险采取一定的控制措施；第四，形成完整的风险评估报告；第五，固有风险减去控制措施等于剩余风险，针对剩余风险及新出现的风险等进行动态监测，适时报警；第六，针对报警情况回归第二步，再次设定风险评估计划，以此循环。动态风险评估流程如图 2-5 所示。

根据图 2-5，下面主要从四个模块——目标设定、风险识别、风险分析、风险应对来进行介绍。

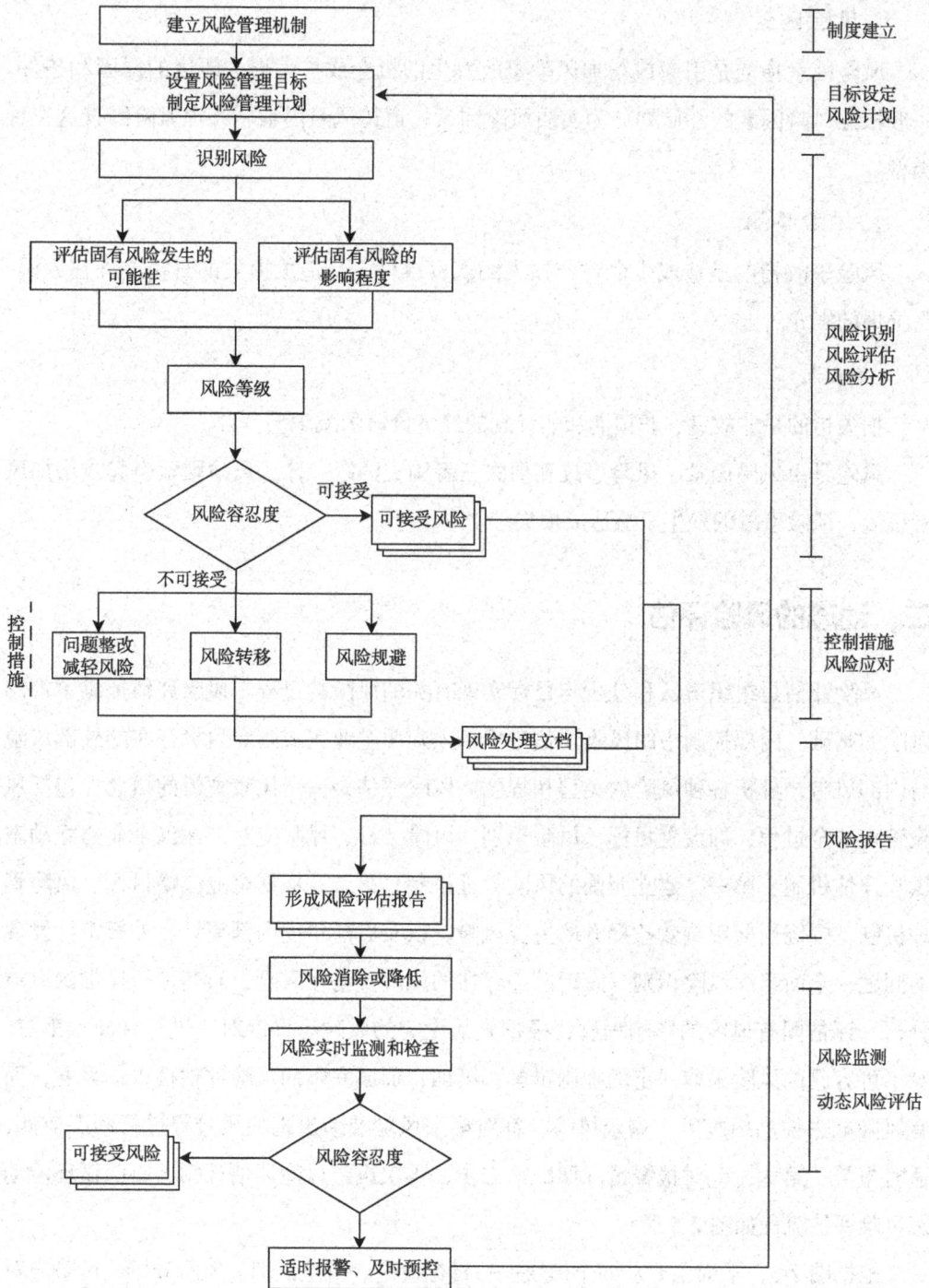

图 2-5 动态风险评估流程

（一）目标设定

企业建立全面风险管理体系的总体目标就是为实现其经营目标提供合理的保证，也就是为了保证企业经营目标的实现，将企业的风险控制在由企业战略决定的范围之内。全面风险管理与企业的董事会、管理层、员工紧密相关，在战略制定中得到应用，贯穿于整个企业，用来识别影响企业目标实现的潜在风险事件，在企业风险偏好的指导下管理风险，为企业实现目标提供合理的保证。同时，企业建立全面风险管理体系，还可以确保企业遵守有关法律法规，确保企业内外部尤其是企业与股东之间实现真实、可靠的信息沟通，保障企业经营管理的有效性，提高经营效率，保护企业不至于因灾害性事件或人为失误而遭受重大损失。

简而言之，全面风险管理可以帮助企业全面系统地辨识、衡量、排序并处理所面临的可导致其偏离企业目标的风险。企业应当围绕企业战略目标，制定风险管理策略。

另外，《企业内部控制基本规范》第二十一条规定，企业开展风险评估，应当准确识别与实现控制目标相关的内部风险与外部风险，确定相应的风险承受度。风险承受度是企业能够承担的风险限度，包括整体风险承受能力和业务层面的可接受风险水平。因此，企业只有根据设定的风险承受度，才能全面、系统、持续地收集相关信息，最后结合实际情况，及时进行风险评估。

企业应当围绕当前影响效益提升的主要风险，与员工沟通风险管理的目标，在企业经营管理各个层面及业务过程的各个环节实施风险管理的基本流程，落实风险管理措施，培育良好的风险管理文化。此外，企业还应制定风险管理策略，确定全面风险管理目标，建立健全风险管理组织体系、信息系统和内部控制系统等的过程和方法。

（二）风险识别

1. 风险管理初始信息收集

风险识别实际上是收集有关损失原因、危险因素及其损失暴露等方面信息的过程。企业实施全面风险管理，应当广泛且持续不断地收集与企业相关的外部及内部的初始信息，包括历史数据与未来预测。企业可把收集初始信息和职责分工落实到各有关职能部门和业务单位。可收集的具体初始信息如表 2-4 所示。

表 2-4　风险管理初始信息

编号	分类	具体描述
1	战略风险方面	（1）国内外宏观经济政策及经济运行情况、本行业状况、国家产业政策 （2）科技进步、技术创新的有关内容 （3）市场对本企业产品或服务的需求 （4）与企业的合作关系如何，未来寻求战略合作伙伴关系的可能性 （5）本企业主要客户、供应商及竞争对手的有关情况 （6）与主要竞争对手相比，本企业实力与差距 （7）本企业发展战略和规划、重大决策、投融资计划、年度经营目标、经营战略目标及编制这些战略、规划、计划、目标的有关依据 （8）本企业对外投融资流程中曾发生或易发生错误的业务流程或环节 （9）计划与资源分配，公关危机处理、沟通记录等
2	财务风险方面	（1）负债、或有负债、负债率、偿债能力 （2）现金流、资金周转率 （3）应收账款及其占销售收入的比重 （4）应付账款及其占购货额的比重 （5）成本和管理费用、财务费用、营业费用 （6）盈利能力 （7）成本核算、资金结算和现金管理业务中曾发生或易发生错误的业务流程或环节 （8）财务报告
3	法律风险方面	（1）国内外与本企业相关的政治、法律环境 （2）影响企业的新法律法规和政策 （3）员工道德操守的遵从性 （4）本企业签订的重大协议和有关贸易合同 （5）企业和竞争对手的知识产权情况 （6）本企业发生重大法律纠纷案件的情况 （7）合规情况
4	市场风险方面	（1）宏观经济影响、市场需求变化 （2）产品或服务的价格 （3）能源、原材料、配件等物资供应的充足性、稳定性和价格变化 （4）主要客户、主要供应商的信用情况 （5）税收政策和利率、汇率、股票价格指数的变化 （6）潜在竞争者、竞争者及其主要产品、替代品情况

（续表）

编号	分类	具体描述
5	运营风险方面	（1）社会事件的影响（自然灾害、社会灾害、公共卫生等） （2）产品结构、新产品研发 （3）新市场开发，市场营销策略，包括产品或服务定价与销售渠道，市场营销环境状况等 （4）企业组织效能、管理现状、企业文化，高、中层管理人员和重要业务流程中专业人员的知识结构、专业经验 （5）期货等衍生产品业务中曾发生或易发生失误的流程和环节 （6）质量、安全、环保、信息安全等管理中曾发生或易发生失误的业务流程或环节 （7）因企业内、外部人员的道德风险致使企业遭受损失或业务控制系统失灵 （8）对现有业务流程和信息系统操作运行情况的监管、运行评价及持续改进能力 （9）企业风险管理的现状和能力

2. 分析引起风险的主要因素

风险识别作为风险评估过程的重要环节，主要关注的是存在哪些风险，哪些风险应予以考虑，引起风险的主要因素是什么，这些风险所引起的后果及严重程度如何，有哪些风险识别的方法等。企业在风险评估过程中，更应当关注引起风险的主要因素，应当准确识别与实现控制目标有关的内部风险和外部风险，具体如表 2-5 所示。

表 2-5　引起风险的主要因素

编号	归类	具体描述
1	外部风险因素	（1）经济形势、产业政策、融资环境、市场竞争、资源供给等经济因素 （2）法律法规、监管要求等法律因素 （3）安全稳定、文化传统、社会信用、教育水平、消费者行为等社会因素 （4）技术进步、工艺改进等科学技术因素 （5）自然灾害、环境状况等自然环境因素及其他因素
2	内部风险因素	（1）董事、监事、经理及其他高级管理人员的职业操守、员工专业胜任能力等人力资源因素 （2）组织机构、经营方式、资产管理、业务流程等管理因素 （3）研究开发、技术投入、信息技术运用等自主创新因素 （4）财务状况、经营成果、现金流量等财务因素 （5）营运安全、员工健康、环境保护等安全环保因素及其他因素

企业除了按上述内容收集初始信息，还应对收集的初始信息进行必要的筛选、提炼、对比、分类、组合，以便进行风险评估。

3. 风险识别参考方法

企业风险识别的方法较多，应当以一种系统化的、可结合考虑的方法来进行，以确保企业所有的主要活动及风险都被囊括进来，并进行有效的分类。根据企业的实际情况和管理水平，建立科学的风险识别方法体系。风险识别的方法包括但不限于以下几种。

（1）财务报告分析法：通过对财务报告进行分析、比对，识别潜在风险，从损失暴露入手，先找出损失暴露，再设想可能对这些损失暴露有影响的风险源，如实质性的存货风险，可能来源于价格的变动、季节性需求、控制缺陷下的员工为了私人利益进行囤货等。

（2）问卷调查法：根据实际需要，收集和统计与风险相关的信息，问卷形式不限，调查的对象可以是员工、客户、供应商等，调查的方式不限，可以是书面填写、网络问卷等。

（3）小组讨论或访谈：集合管理层、员工等进行小组讨论，讨论可能影响企业或业务目标实现的事件。访谈主要以一对一的方式进行，分析过往事项或者潜在事项的风险。小组讨论或访谈可以集思广益地分析出风险项。

（4）SWOT 分析法：用来确定企业自身的竞争优势、劣势、机会与威胁，从而将企业的战略与企业的内部资源、外部环境有机结合起来的一种科学的分析方法。同样，企业也可以通过 SWOT 分析来了解具体的情况，利用优劣势作为突破口，寻找风险源。

（5）流程图分析法：按照生产经营过程的逻辑编制各阶段的流程图，对其进行静态及动态的分析，顺着流程图，寻找风险源。

（6）思维导图分析法：把影响整体目标实现的很多因素及因果关系用思维导图的方式进行罗列，效果较为直观，便于进行深入的风险分析。

（7）现场调查法：现场进行实地调查是对风险的一次全面的检查，可以获得一手的资料，可以减少对他人报告的依赖。但是现场调查法所消耗的时间较长，成本较高，同时可能会引起员工的反感。

企业应对风险识别的方法进行制度化和规范化，要确保企业和各职能部门使用统一的风险识别方法对风险结果进行描述。利用已发生过的问题案例及事件，对风险进行趋势分析，形成风险案例库。风险识别工作底稿模板如表 2-6 所示。

表 2-6 风险识别工作底稿模板

模块	对应流程	风险描述	风险类别	风险发生的次数
组织架构 发展战略 人力资源 社会责任 企业文化 资金活动 采购业务 资产管理 销售业务 研究与开发 工程项目 担保业务 业务外包 财务报告 全面预算 合同管理 内部信息传递 信息系统			战略风险 市场风险 财务风险 运营风险 法律风险 ……	

（三）风险分析与评价

企业的风险分析与评价是建立在企业风险识别基础上的，通过识别出的风险，对其进行计量、分析、判断、排序的过程，是风险应对的依据。

《企业内部控制基本规范》第二十四条规定，企业应当采用定性与定量相结合的方法，按照风险发生的可能性及影响程度等，对识别的风险进行分析和排序，确定关注重点和优先控制的风险。企业进行风险分析，应当充分吸收各模块专业人员组成风险分析团队，按照严格规范的程序开展工作，确保风险分析结果的准确性。

因此，企业需要分析风险可能产生的影响，确定风险的重要性水平。企业应当特别关注发生可能性大且影响程度高的重要风险，避免给企业带来重大损失。

可以采用多种操作方法进行风险评估，下面来看一下风险评估的定性定量分析。

1. 评估固有风险发生的可能性

固有风险发生的可能性即在目前企业管理水平下，风险事件发生的概率。表2-7列示了评价固有风险发生的可能性参数。

表2-7 风险发生可能性的评估

等级及分值		定量		定性
		例如，预估今后1 000年发生1次，可以表达为1/1 000=0.001		
极低	1	今后10年可能发生低于1次	< 0.1	只有在例外情况下才可能发生，发生的概率非常低
低	2	今后5~7年可能发生1次	0.14~0.20	在多数情况下都不太可能发生
中	3	今后3~5年可能发生1次	0.20~0.33	在某些时候可能发生
高	4	今后1~2年可能发生1次	0.5~1.0	在多数情况下很可能发生
极高	5	今后1年至少发生1次	1.00	在多数情况下预期会发生

2. 评估固有风险的影响程度

固有风险指的是未考虑任何控制措施的风险，固有风险的影响程度指的是风险事件的发生对企业的经营管理和业务发展所产生影响的大小。表2-8列示了评价固有风险的影响程度参数。

表2-8 风险发生的影响程度评估

影响程度及分值		战略目标	声誉及形象	业务流程	经济影响（此项比例可根据企业规模及项目金额大小浮动设置，以下仅作参考）
极低	1	目标实现不受影响，这种影响只是短期和暂时的	对企业声誉没有影响或影响很小，可以忽略	对业务流程的影响很小，可以忽略	影响项目金额的1%以下，将造成较小的损失
低	2	对目标实现有轻度影响，消除这种影响需要较长的时间	企业声誉及形象受到暂时的负面影响，且影响程度较低	某些业务环节受到一定影响，局部工作发生滞缓，对整个业务流程运作的影响较小	影响项目金额的1%~5%，将造成轻微的损失

（续表）

影响程度及分值		战略目标	声誉及形象	业务流程	经济影响（此项比例可根据企业规模及项目金额大小浮动设置，以下仅作参考）
中	3	对目标实现有中度影响，消除这种影响需要较长的时间，付出比较大的代价	企业声誉及形象受到一定的负面影响，但这种影响可能持续较长的时间或较难消除	某些业务环节中断或辅助业务功能受到影响，对整个业务流程运作造成一定影响	影响项目金额的 5%~10%，将造成中等损失
高	4	对目标实现有严重影响，消除这种影响需要长期的过程，付出重大代价	企业声誉及形象受到严重不良影响，要消除这种影响需要很长的时间或要付出很大的代价	关键业务流程中断，恢复难度较大，持续时间较长。项目受到严重影响	影响项目金额的 10%~20%，将造成较大的损失
极高	5	对目标实现有重大影响，并且这种影响将持续存在	企业声誉及形象完全丧失，很难甚至无法恢复	项目中断或停顿，公司濒临改革	影响项目金额的 20% 以上，将造成极大的损失

3. 固有风险

固有风险指的是在不考虑内部控制结构的前提下，由于内部因素和客观环境的影响，企业的账户、交易类别和整体财务报表发生重大错误的可能性。

（1）根据金额损失进行固有风险排序，固有风险的定量计算方式如下：

固有风险（损失）= 风险发生的可能性（概率）× 固有风险的影响程度（损失）

（2）固有风险的定性、定量计算方式（较为推荐的计算方式）如下：

固有风险 = 风险发生的可能性 × 固有风险的影响程度

可以根据上述评估等级来计算固有风险，具体如表 2-9 所示。

表 2-9　固有风险评估分值计算

可能性	极高（5分）	5	10	15	20	25
	高（4分）	4	8	12	16	20
	中（3分）	3	6	9	12	15
	低（2分）	2	4	6	8	10
	极低（1分）	1	2	3	4	5
根据影响和可能性评估固有风险		极低（1分）	低（2分）	中（3分）	高（4分）	极高（5分）
		影响程度				

固有风险评估等级主要分为四类，具体如表 2-10 所示。

（1）显著风险：制度缺失或基本没有根据制度执行。

（2）高风险：制度还需健全、完善，执行还不到位。

（3）中风险：制度基本健全合理，但执行尚有欠缺。

（4）低风险：制度健全合理且执行到位。

表 2-10　固有风险评估等级分类

可能性	极高（5分）	高	高	显著	显著	显著
	高（4分）	中	高	高	显著	显著
	中（3分）	低	中	高	显著	显著
	低（2分）	低	低	中	高	显著
	极低（1分）	低	低	中	高	高
根据影响和可能性评估固有风险		极低（1分）	低（2分）	中（3分）	高（4分）	极高（5分）
		影响程度				

（四）风险应对

风险应对是在风险识别、风险分析和评价的基础上，企业根据风险性质与决策主体对风险的容忍情况制定相应的风险应对策略及措施，从而实现对风险的有效控制。

一般情况下，可以采取容忍风险、风险规避、风险降低、风险转移等措施。

1. 容忍风险

容忍风险指的是在权衡成本效益后，不准备采取控制措施降低风险或者减轻损失的策略，是在企业风险承受度之内的风险。这也是一种最普通、最省事的风险应对策略。

2. 风险规避

风险规避是企业在考虑到某项活动存在风险损失的可能性较大时，采取主动放弃或加以改变来消除风险。这是控制风险最彻底、最有效的措施，其在风险事故发生之前，将所有风险因素完全消除，从而可以彻底排除某一特定风险事故发生的可能性。同时，这也是一种消极的风险应对措施，因为选择这一策略也就放弃了可能从风险中获得的收益。

3.风险降低

风险降低是企业在权衡成本效益之后，准备采取适当的控制措施降低风险或者减轻损失，将风险控制在可承受范围内的策略。这是风险管理中最积极主动也是最常见的一种处理方法，主要包含两大类措施即风险预防和风险抑制。

4.风险转移

风险转移指的是通过合同或者非合同的方式将风险转嫁给另一个人或单位的一种风险处理方式，主要通过业务分包、保险、出售、合同中责任转移条款、开脱责任合同等措施将风险控制在可承受的范围内。

（五）风险评估结果与报告

企业风险评估是一个持续、反复的过程，一次风险评估根本达不到一劳永逸的效果。企业应当结合不同发展阶段，持续收集与风险变化相关的信息，进行风险识别和分析，根据企业的实际情况，对降低风险所需的成本进行合理分析，及时调整控制措施，使风险最小化，有效地控制和防范新风险的产生，并对重要风险进行实时监控。选定风险处理措施后，要根据剩余风险重新评估风险，形成实时更新式的动态风险评估报告。

第 3 节　控制活动设计

控制活动指的是有助于确保管理层得以执行的政策和程序，包括与授权、批准、业绩评价、信息处理、实物控制和职责分离等相关的活动。控制活动是内部控制的核心。

一、控制活动的分类

控制活动可以按照四种方法进行分类，即控制活动的目标、控制活动的内容、控制活动的作用和控制活动的手段，具体如表 2-11 所示。

表 2-11　控制活动的分类

编号	分类		具体描述
1	按控制活动目标分类	（1）战略目标控制活动	能够满足战略目标实现的控制活动
		（2）经营目标控制活动	能够满足经营活动效率与效果目标的控制活动
		（3）报告目标控制活动	能够满足报告目标的控制活动
		（4）合规性目标控制活动	能够满足合规性目标的控制活动
2	按控制活动内容分类	（1）企业层面控制	是管理层确保在企业内部各个领域获得适当、有效控制的重要机制，主要包括控制环境范围内的内部控制、反舞弊程序与控制、风险评估流程、监督、集中化的处理和程序、期末财务报告流程、统一的规章制度等
		（2）业务活动层面控制	直接作用于企业生产经营业务活动的具体控制，也称作业务控制，如业务处理程序中的批准与授权、审核与复核，以及为保证资产安全而采用的限制接近等控制
3	按控制活动作用分类	（1）预防性控制	防止错误和非法行为的发生或尽量减少其发生机会所进行的控制
		（2）发现性控制	及时查明已发生的错误和非法行为或增强发现错误和非法行为机会的能力所进行的各项控制
		（3）纠正性控制	纠正性控制主要包括找出造成问题的原因、改正已经发生的错误、修改现有的控制制度或程序，以消除或降低未来发生类似问题的可能性
		（4）补偿性控制	主要针对某些环节的不足或缺陷而采取的补充性质的内部控制
4	按控制活动手段分类	（1）人工控制	是以人工方式执行的控制
		（2）自动控制	是由计算机等系统自动执行的控制

二、控制活动的措施

《企业内部控制基本规范》第二十八条明确了企业应当结合风险评估结果，通过手工控制与自动控制、预防性控制与发现性控制相结合的方法，运用相应的控制措施，将风险控制在可承受度之内。

控制措施一般包括不相容职务分离控制、授权审批控制、会计系统控制、财产保护控制、预算控制、运营分析控制和绩效考评控制等。

（一）不相容职务分离控制

1. 不相容职务分离控制的概念

不相容职务分离控制是内部控制措施中首要和重大的控制措施，对于发挥控制作用和实现内部控制目标起决定性的作用。所谓不相容职务指的就是那些如果由一个人担任，既可能发生错误和舞弊行为，又可能掩盖其错误或者舞弊行为的职务。

内部控制在形式上表现为一套相互监督、相互制约、相互制衡、彼此联结的方法、措施与程序。对于不相容的职务，若不采取相互分离的措施，就容易发生舞弊行为。企业应当遵循全面性、制衡性、重要性等原则，科学界定和设置岗位，确保不相容职务相互分离。不相容职务相互分离是内部控制有效性保障的首要举措和手段。

《企业内部控制基本规范》第二十九条规定，"不相容职务分离控制"要求企业全面系统地分析、梳理业务流程中所涉及的不相容职务，实施相应的分离措施，形成各司其职、各负其责、相互制约的工作机制。因此，企业在进行组织规划时，首先要对不相容职务进行分离。

2. 常见的不相容职务分离情形及关键程序

企业中常见的不相容职务分离情形如图 2-6 所示。

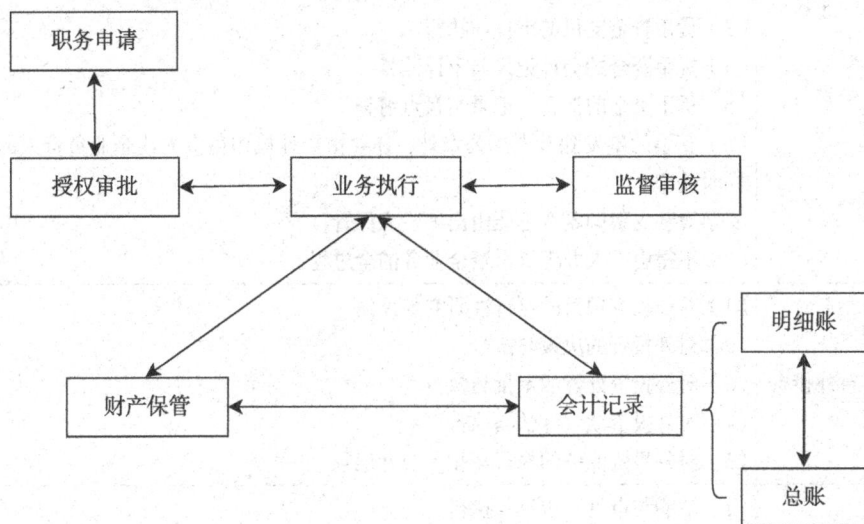

图 2-6　常见的不相容职务分离情形

常见的不相容职务如下：

（1）授权审批职务与申请职务；

（2）授权审批职务与执行业务职务；

（3）执行业务职务与监督审核职务；

（4）执行业务职务与会计记录业务职务；

（5）财产保管与会计记录职务；

（6）执行业务职务与财产保管职务；

（7）总账与明细账等。

对于不同的业务，不相容职务分离控制的具体内容也有很大的差异，本书罗列了一些不同业务常见的不相容岗位，具体如表 2-12 所示。

表 2-12　常见的不相容岗位

编号	业务类型	不相容岗位
1	资金管理业务	（1）钱账分管 管钱不管账，出纳专职负责货币资金的收支业务，除现金和银行存款日记账外，不兼记总账和债权债务等明细账，不负责汇总记账凭证，不抄寄各种往来结算账户对账单 管账不管钱，这里的账是广义的解释，除了出纳，任何人，包括会计人员、单位领导、各种业务人员等，均不得办理货币资金收支业务，包括收付现金和接收、开出银行支票 （2）出纳人员不得兼任稽核、会计档案保管 （3）货币资金支付的审批与执行 （4）货币资金的会计记录与审计监督 （5）货币资金的保管、记录与盘点清查 （6）支票的签发除有专用公章外，还要由会计机构负责人或企业负责人的私章同时盖印 支票簿和支票印鉴章不能由出纳一人保管 （7）不得由一人办理货币资金业务的全过程
2	对外投资	（1）对外投资项目的可行性研究与评估 （2）对外投资的决策与执行 （3）对外投资处置的审批与执行 （4）对外投资绩效评估与执行 （5）对外投资业务的执行与相关会计记录
3	采购与付款业务	（1）请购与审批，审批与执行 （2）询价与确定供应商。由采购部门和相关部门共同参与询价程序并确定供应商，但是决定供应商的人员不能同时负责审批 （3）采购合同的订立、审核与审批。由采购部门下订单或起草购货合同，并经授权部门或人员审核、审批

（续表）

编号	业务类型	不相容岗位
3	采购与付款业务	（4）采购、验收与相关会计记录。采购、验收与会计记录工作职务应当分离，以保证采购数量的真实性和采购价格、质量的合规性、采购记录和会计核算的正确性 （5）采购与验收、付款 （6）付款的申请、审批与执行。付款的审批人与执行人职务应当分离 （7）应付账款的记录必须由独立于请购、采购、验收、付款的人员来进行
4	存货管理业务	（1）存货的请购与审批，审批与执行 （2）存货的采购与验收、付款 （3）存货的保管与相关会计记录 （4）存货发出的申请与审批，申请与会计记录 （5）存货处置的申请与审批，申请与会计记录
5	销售与收款业务	（1）客户信用管理与销售合同的审批签订 （2）销售合同的谈判与签订 （3）销售合同的审批、签订与办理发货 （4）销售货款的确认、回收与相关会计记录 （5）销售退回货品的验收、处置与相关会计记录 （6）销售业务经办与发票开具、管理 （7）坏账准备的计提与审批、坏账的核销与审批
6	工程项目业务	（1）项目建议、可行性研究与项目决策 （2）概预算编制与审核 （3）项目决策与项目实施 （4）项目实施与价款支付 （5）项目实施与项目验收 （6）竣工决算与竣工决算审计
7	固定资产业务	（1）固定资产投资预算的编制与审批，审批与执行 （2）固定资产采购、验收与款项支付 （3）固定资产投保的申请与审批 （4）固定资产处置的申请与审批，审批与执行 （5）固定资产取得与处置业务的执行与相关会计记录
8	筹资业务	（1）筹资方案的拟订与决策 （2）筹资合同或协议的审批与订立 （3）与筹资有关的各种款项偿付的审批与执行 （4）筹资业务的执行与相关会计记录
9	成本费用业务	（1）成本费用定额、预算的编制与审批，预算执行与预算考核 （2）成本费用支出与审批 （3）成本费用支出与相关会计记录

(续表)

编号	业务类型	不相容岗位
10	担保业务	（1）担保业务的评估与审批 （2）担保业务的审批与执行 （3）担保业务的执行和核对

不相容职务分离控制程序主要有两个程序：（1）设立管理控制机构；（2）推行职务不兼容制度。企业应当建立不相容职务分离机制，相互制衡，降低舞弊风险。

（二）授权审批控制

授权审批指的是企业的每个部门或每个岗位的人员在处理经济业务时，必须经过授权审批，以便更好地进行内部控制。未经授权与审批，有关人员不得接触和处理这些业务。授权控制的要求规定了各级管理人员的职责范围、业务处理权限和承担的相应责任。授权的目标就是确保业务处理的所有重大交易都真实有效，并与企业目标相符合。

《企业内部控制基本规范》第三十条规定，授权审批控制要求企业根据常规授权和特别授权的规定，明确各岗位办理业务和事项的权限范围、审批程序和相应责任。企业应当编制常规授权的权限指引，规范特别授权的范围、权限、程序和责任，严格控制特别授权。常规授权是指企业在日常经营管理活动中按照既定的职责和程序进行的授权。特别授权是指企业在特殊情况、特定条件下进行的授权。企业各级管理人员应当在授权范围内行使职权和承担责任。企业对于重大的业务和事项，应当实行集体决策审批或者联签制度，任何个人不得单独进行决策或擅自改变集体决策。

（三）会计系统控制

会计系统控制指的是企业应当根据《中华人民共和国会计法》和国家统一的会计制度，加强会计基础工作，明确会计凭证、会计账簿和财务会计报告的处理程序，实行会计人员岗位责任制，充分发挥会计的监督职能，保证会计资料真实完整。

会计系统控制主要包括以下内容：

（1）根据《中华人民共和国会计法》和国家统一的会计制度，建立健全内部会计管理规范和监督制度，明确权责，相互制约；

（2）统一企业内部会计政策；

（3）统一企业内部会计科目；

（4）规范会计凭证、账簿和财务报告的处理程序和方法。

（四）财产保护控制

　　财产保护控制要求企业建立财产日常管理制度和定期清查制度，采取财产记录、实物保管、定期盘点、账实核对等措施，确保财产的安全完整，严格限制未经授权的人员接触和处置财产。

（五）预算控制

　　预算控制是企业根据预算规定的收入与支出标准检查和监督各个部门的生产经营活动的控制。《企业内部控制基本规范》第三十三条规定，"预算控制"要求企业实施全面预算管理制度，明确各责任单位在预算管理中的职责权限，规范预算的编制、审定、下达和执行程序，强化预算约束。企业可以通过预算控制，将经营目标转化为各部门、各个岗位以至个人的具体行为目标，作为各责任单位的约束条件，能够从根本上保证企业经营目标的实现。一般来说，企业全面预算体系包括经营预算、资本预算和财务预算。

　　预算控制的主要作用是保证各个活动或各个部门在充分达成既定目标，实现利润的过程中对经营资源的利用，使费用支出受到严格有效的约束。

（六）运营分析控制

　　运营分析控制指的是企业运营情况的分析制度，管理层应当综合运用生产、赊销、投资、财务等方面的信息，通过对比分析、因素分析、趋势分析等方法，定期展开运营情况分析，发现存在的问题，深入剖析原因并加以整改。

　　开展运营活动分析的目的在于把握企业经营是否向着预算规定的目标值发展，一旦发现偏差和问题，就能找出问题所在，并根据新的情况解决问题或修正预算。

（七）绩效考评控制

　　企业应当建立和实施绩效考评制度，科学设置考核指标体系，定期对各级管理者、各责任单位、全体员工的业绩进行考核和客观评价，将考评结果作为确定员工薪酬及职务晋升、评优、降级、调岗、辞退等的依据。

绩效考评控制的方法包括但不限于以下几种：

（1）360 度反馈体系；

（2）目标管理体系；

（3）关键绩效指标（KPI）评价法；

（4）图尺度评价法；

（5）平衡计分卡评价法；

（6）行为定位法。

第4节 信息与沟通

信息与沟通在内部控制中发挥着不可替代的作用，是内部控制中其他要素有效发挥的信息支撑，同时也为企业整个内部控制体系的有效运行提供了极为重要的信息支持。

一、信息与沟通概述

信息与沟通是指企业经营管理所需的信息被识别、获取，并以一定形式及时地传递，以便员工履行职责。信息不仅包括内部产生的信息，还包括与企业经营决策和对外报告相关的外部信息。畅通的沟通渠道及沟通机制能使企业的员工及时取得他们在执行、管理和控制公司经营过程中所需的信息，并交换这些信息。

一旦信息与沟通不畅，就容易出现较多风险，如管理层无法获得必需的信息，无法及时向有关人员收集和发送信息，信息不对称，财务报告信息不可靠，信息系统数据不真实等问题。因此，及时、准确、完整地采集与企业经营管理密切相关的各种信息，并使这些信息以适当的方式在企业有关层级之间、企业与外部之间进行及时的传递，使信息流动贯穿企业整个运营链条，是实施内部控制的重要条件，也是内部控制的桥梁和纽带。

二、信息与沟通的主要内容及关注要点

（一）信息与沟通的主要内容

1. 信息收集、整合

信息是指来源于企业内、外部，与企业经营相关的财务及非财务信息，包括从外部获取的行业、经济、监管信息，以及内部产生的经营管理、财务等方面的信息。信息必须及时、准确地传递给需要的人，以帮助其行使各自的控制和其他职能。按信息来源不同，可将企业内部控制重点关注的信息分为外部信息和内部信息，具体如表 2-13 所示。

表 2-13　内部控制重点关注的信息

编号	信息类别	获得渠道	动作	内容
1	外部信息	（1）国家部委和外部监管方的文件等 （2）期刊 （3）中介机构（律师事务所、会计师事务所等） （4）互联网 （5）广播、电视 （6）企业采购及销售部门收集，与供应商、客户沟通 （7）与外部其他企业沟通交流 （8）驻外办事处提供 （9）与投资者沟通 （10）与监管机构沟通 （11）参加行业会议、座谈交流等多种渠道	合理筛选、核对、整合，提高信息内容的有效性	（1）国家法律法规 （2）国内外监管机构的信息 （3）客户、供应商、竞争对手的信息等
2	内部信息	（1）部门的文件、调研报告 （2）财务会计报告 （3）信息搜集、反映的情况 （4）员工邮件、来信来访、员工直接向上级沟通 （5）内部刊物、资料 （6）企业局域网 （7）各种会议提案、记录、纪要等		（1）规章制度信息 （2）财务信息 （3）经营信息 （4）综合信息

2.沟通传递

沟通是指信息在企业内部各层次、各部门，以及在企业与客户、供应商、监管者和股东等外部环境之间的传递。

企业需要建立有效沟通机制，需要从沟通环境、沟通渠道、沟通方式及沟通反馈等多方面入手进行建设。有效沟通的特点表现为完善的沟通制度和系统，具有沟通所需的设备及工具，合理的信息共享，沟通频率高但方式不限，沟通深入且平等。

3.信息共享

《企业内部控制基本规范》第四十一条明确了企业应当利用信息技术促进信息的集成与共享，充分发挥信息技术在信息与沟通中的作用。企业应当加强对信息系统的开发与维护、访问与变更、数据输入与输出、文件储存与保管、网络安全等方面的控制，保证信息系统安全稳定运行。

企业的内部控制系统实质上是一个信息系统，是一个对信息进行搜集、核对、整合、传递的过程，并且通过反馈机制改进信息的搜集、处理和传递过程，从而形成灵敏的信息沟通机制，促进内部控制目标的实现。

信息系统的发展离不开信息技术的进步和人们对信息的需求的增加，在信息化社会中，信息的需求无疑会持续增加，所以企业应当提高先进信息技术的应用水平，建设和完善自身的信息系统。同时，信息系统又是由许多子系统组成的，为了使信息流、物流、资金流在企业内部部门之间、企业与外部机构之间充分流动，企业就必须依赖信息技术搭建信息共享的平台。

4.建立反舞弊机制

舞弊的产生凌驾于信息传递和沟通之上，因此企业应当建立反舞弊机制，采用惩防并举、注重预防的综合治理原则，明确反舞弊工作的重点领域、关键环节和有关机构在反舞弊工作中的职责权限，规范舞弊案件的举报、调查、处理、报告和补救程序。有效的信息交流机制可以对防范和及时发现舞弊行为起到很好的作用。

企业至少应当将下列情形作为反舞弊工作的重点：

（1）未经授权或采取其他不法方式侵占、挪用企业资产，牟取不当利益；

（2）在财务会计报告和信息披露等方面存在虚假记载、误导性陈述或重大遗漏等；

（3）董事、监事、经理及其他高级管理人员滥用职权；

（4）相关机构或人员串通舞弊。

5.建立投诉和举报人保护机制

建立投诉和举报人保护机制是建立反舞弊机制的基本保障。企业应当建立举报投诉制度和举报人保护制度，设置举报专线，明确举报投诉处理程序、办理时限和办结要求，确保举报、投诉成为企业有效掌握信息的重要途径。举报投诉制度和举报人保护制度应当及时传达至全体员工。举报投诉制度是企业内部建立的，旨在鼓励员工对企业内部涉及内部控制方面违法行为或不当行为以匿名或实名的方式进行举报、投诉，并由专门机构对举报内容进行调查处理的一系列政策、程序和方法。该制度属于内部控制框架中的信息与沟通要素，可以预防、制止和揭露组织活动中的违法违规行为，保证企业各项活动合法合规。

（二）信息与沟通的关注要点及措施

表 2-14 为建立信息与沟通机制应关注的要点及措施。

表 2-14　信息与沟通的关注要点及参考措施

编号	主要内容		关注要点	参考措施
1	信息收集、整合	（一）获取信息	（1）企业应该建立获取外部相关信息的机制，以随时掌握市场状况、竞争对手的动态、立法或监管的要求及经营环境的变化等 （2）对于实现企业目标的重要内部信息应得到确认并定期汇报	内部信息收集与传递： （1）内部政策信息收集与传递，包括企业价值观、道德和行为期望、企业的战略性经营目标、财务政策及程序、人力资源政策等 （2）其他内部信息的收集与传递：财务信息、经营信息、规章制度信息、综合信息、员工提供的信息、信息系统产生的信息等 外部信息的收集与传递： （1）国家法律法规信息、政策信息 （2）国内外监管机构信息 （3）从客户、供应商、经营伙伴、投资者处获得的信息

编号	主要内容	关注要点		参考措施
1	信息收集、整合	（二）及时向相关人员汇报	（1）各级管理人员能够及时得到并分析信息，以便判断需要采取什么措施 （2）向不同级别的管理人员汇报详细程度不同的信息 （3）对信息进行适当分类汇总，以满足进一步详细检查的需要 （4）及时获取和传递信息，以利于有效监控有关事件和活动，并对经济、行业因素和控制问题进行迅速反应	信息报告： （1）进行例行报告 （2）实时报告 （3）专题汇报 （4）综合报告
		（三）建立信息技术应用总体规划	（1）指定专门部门负责识别不断产生的信息需求 （2）信息的需求和优先次序由具有完全责任的管理层来决定 （3）订立与战略目标相联系的长期信息技术总体规划	信息系统建立： （1）企业成立信息中心，根据企业整体发展战略，组织确定企业信息技术发展总体目标及规划 （2）对于重大信息技术项目，信息中心委托专家小组进行项目技术论证
		（四）管理层对信息系统的支持态度	为建立或改进信息系统提供足够的、必要的资源（包括但不限于管理人员、分析人员、具备必要能力的编程人员）	
2	沟通传递	（一）向员工传达其职责和控制责任的有效性	（1）沟通方式应能实现沟通的目的 （2）员工应清楚他们的行为要达到的目标，以及他们的工作对于实现这些目标有什么作用 （3）员工应清楚自己的职责与他人的职责如何相互影响	（1）明确的职责和有效的控制 （2）内部沟通与交流
		（二）企业内部是否充分交流	企业内部沟通的充分性，信息的完整性和及时性，以及使员工履行职责所需信息的充足性	
		（三）沟通渠道应开放有效	企业应存在与所有有关方面的反馈机制，并对相关方的建议、投诉和收到的其他情况建立记录，并得到有效处理，必要的信息应向上级汇报，并采取相应的跟进措施	

（续表）

编号	主要内容	关注要点		参考措施
2	沟通传递	（四）外部相关方了解企业职业道德规范的程度	（1）与外部的重要信息交流应由相应的管理人员进行 （2）供应商、客户和其他方面应清楚企业在与其往来的活动中，相关员工应遵循的职业道德规范 （3）在与外部的日常交往中，强调员工应遵循一定的职业道德规范 （4）其他企业员工的不当行为应向适当人员汇报	外部沟通： （1）职业道德规范的宣传 （2）与客户沟通 （3）与供应商沟通 （4）与律师的沟通 （5）与监管者、外部审计师的沟通
2	沟通传递	（五）管理层收到外部信息后，应采取及时和适当的应对措施	（1）企业应乐于接受他人就产品、服务或其他方面反映的问题，并且对这些信息采取适当的汇报或处理措施 （2）对于在与客户交易或财务记录中出现的错误，应及时纠正，就产生错误的根源进行调查并予以完善 （3）应由经授权的当事人以外的人员处理收到的投诉，并采取适当的行为与原始信息提供者进行沟通 （4）管理层应清楚投诉的性质及数量	
3	信息共享	（一）信息系统的开发与维护	建立能够实现信息共享的信息系统，将应用控制进行集成整合，形成完整的总控制体系，如 ERP、OA 等	建立能够实现信息共享的信息系统，保证信息流畅与安全 文档记录：以上信息沟通后及时进行收集与记录，如员工岗位职责描述、业绩考核文档资料、财务报告、审计意见书、客户调查问卷、会议纪要等
3	信息共享	（二）访问与变更	做好不同岗位人员的权限控制工作，做好共享信息的权限控制工作，建立合理的沟通机制	
3	信息共享	（三）数据输入与输出	规范企业间及企业内部的各种作业流程，争取信息无缝链接	
3	信息共享	（四）网络安全	做好数据备份与安全加密工作	
4	建立反舞弊机制	（一）侵占、挪用企业资产	未经授权或者采取其他不法方式侵占、挪用企业资产，牟取不当利益	建立反舞弊机制、投诉和举报人保护机制，定期培训，并做好反舞弊宣传工作
4	建立反舞弊机制	（二）信息披露是否真实	在财务会计报告和信息披露等方面存在虚假记载、误导性陈述或重大遗漏等	
4	建立反舞弊机制	（三）滥用职权	董事、监事、经理及其他高级管理人员滥用职权	

（续表）

编号	主要内容	关注要点		参考措施
4	建立反舞弊机制	（四）串通舞弊	相关机构或人员串通舞弊	建立反舞弊机制、投诉和举报人保护机制，定期培训，并做好反舞弊宣传工作
		（五）培训	加大反舞弊培训宣传	
5	建立投诉和举报人保护机制	（一）投诉参与程度	加大投诉的参与程度，有效利用投诉机制发现舞弊等	
		（二）保密	遵循为举报人保密、举报有功受奖和举报人合法权益不受侵犯的原则	

第5节　内部监督

内部监督是内部控制的又一重要因素，对于内部控制的有效实施运行，以及内部控制的不断完善起着重要的作用。

一、内部监督的定义

按照《企业内部控制基本规范》的定义，内部监督是企业对内部控制建立与实施情况进行监督检查，评价内部控制的有效性，发现内部控制缺陷，并及时加以改进。

二、持续监控

（一）建立健全内部监督制度

企业的内部监督制度应该包括组织架构、岗位设置、岗位职责、相关权限、工作方法、信息沟通的方式、报告范本等。

（二）内部监督的分类

内部监督可分为日常监督和专项监督。

日常监督是指企业对建立与实施内部控制的情况进行常规、持续的监督检查，日常监督的主体可以是管理层监督、单位（机构）监督、内部控制机构监督、内部审计监督等。

专项监督是指在企业发展战略、组织架构、经营活动、业务流程、关键岗位员工等发生较大调整或变化的情况下，对内部控制的某一或某些方面进行有针对性的监督检查。专项监督的范围和频率应当根据风险评估结果及日常监督的有效性等予以确定。所以，一般来说，对于风险水平较高并且重要的控制，对其进行专项监督检查的频率应较高。若企业的日常监督能够有效地起到监督效果，可以减少专项监督的频率。专项监督的主体可以是管理层监督、单位（机构）监督、内部控制机构监督、内部审计监督、外部中介机构等。

（三）内部控制缺陷的种类

内部控制缺陷指的是企业内部控制的设计和运行无法合理保证企业内部控制目标的实现。内部控制的缺陷分类如表 2-15 所示。

表 2-15　内部控制缺陷分类

编号	类别		内容
1	按内部控制缺陷成因	设计缺陷	缺少为实现控制目标所必需的控制或现存控制设计不适当，即使正常运行也难以实现控制目标
		运行缺陷	现存设计完好的控制没有按设计意图运行或执行者没有获得必要授权或缺乏胜任能力以有效地实施控制
2	按内部控制缺陷影响整体控制目标实现的严重程度	重大缺陷	指一个或多个一般缺陷的组合，可能严重影响内部整体控制的有效性，进而导致企业无法及时防范或发现严重偏离整体控制目标的情形
		重要缺陷	指一个或多个一般缺陷的组合，其严重程度低于重大缺陷，但导致企业无法及时防范或发现偏离整体控制目标的严重程度依然重大，须引起企业管理层关注
		一般缺陷	重大缺陷、重要缺陷以外的其他控制缺陷

三、开展内部控制自我评价

结合日常监督和专项监督，企业还需要对内部控制的整个体系进行评价，以评估内部控制的有效性。《企业内部控制基本规范》第四十六条明确规定，企业应当结合内部监督情况，定期对内部控制的有效性进行自我评价，出具内部控制自我评价报告，以便发现和解决内部控制过程中出现的问题。对内部控制进行评价，能够更好地实现内部控制目标，发挥内部控制有效性。

企业内部控制评价的主要程序有制定评价工作方案、组成评价工作组、实施现场检查测试、认定控制缺陷、汇总评价结果、编制自我评价报告等。

内部控制评价报告包括但不限于以下内容：

（1）组织实施内部控制评价的总体情况；

（2）内部控制责任主体的声明；

（3）内部控制评价的范围和内容；

（4）内部控制评价的标准及依据；

（5）内部控制评价的程序及方法；

（6）内部控制评价的重大缺陷及认定情况；

（7）针对内部控制评价中重大缺陷的整改措施及责任追究情况；

（8）内部控制评价的有效性结论；

（9）内部控制建设下一步计划。

关于内部控制自我评价的详细内容，将在后续章节介绍。

第6节　内部控制体系设计

企业内部控制体系是一项系统性的工程，确定合理的设计程序、方法至关重要。

内部控制体系建设，一定需要下沉到实际的业务流程中，需与业务部门一同进行流程、制度、标准和规范梳理，需要得到业务部门的全程支持和参与。

一、建立内部控制体系的原则

建立内部控制体系的原则指的就是建立和设计内部控制体系时必须遵循和依据客观规律和基本法则。在建立内部控制体系时，应当依据国内外内部控制理论知识、内部控制规范、指引等，借鉴先进企业内部控制推行成功且有效的经验，结合企业实际情况及战略目标，科学、合理地构建内部控制体系，充分发挥内部控制有效性，建立健全内部控制体系，并且根据业务发展进行动态修改。

企业建立与实施内部控制，应当遵循以下原则。

（一）全面性原则

全面性原则指的是内部控制应当贯穿决策、执行和监督全过程，覆盖企业及其所属单位的各种业务和事项。

全面性原则大致包含以下几层含义。

（1）全方位、全过程控制：对企业整个经营活动进行全面的控制，包括事前预防性控制，事中检查性控制、纠正性控制、补偿性控制，事后检查性控制、纠正性控制；

（2）全员控制：对企业全体员工进行控制。

贯彻全面性原则可以保证企业生产经营活动有序高效地运行，全面、准确地对企业经营的全过程实现有效的控制。

（二）重要性原则

内部控制应当在全面控制的基础上，关注重要业务事项和高风险领域。利用重要性原则对企业进行战略层面、业务层面等的评价，识别、评估企业存在的风险，梳理关键业务流程。针对重要业务与事项、高风险领域与环节，确保不存在重大缺陷。

重要性原则应特别关注以下两点。

（1）针对业务处理过程中的关键控制点及关键岗位加以特别的防范。关键控制点是指业务处理过程中容易出现漏洞，且一旦存在差错就会给企业带来巨大损失的高风险领域。所谓关键岗位是指容易实施舞弊的职务。对于关键控制点和关键岗位，企业应花费更大的成本，采取更严格的控制措施，从而使企业的内部控制风险降到最低。

（2）风险事项较容易发生且涉及金额较大时，应加以特别关注，结合实际情况，制定有效措施。

（三）制衡性原则

内部控制应当在治理结构、机构设置及权责分配、业务流程等方面形成相互制约、相互监督的机制，同时兼顾运营效率。内部控制的核心思想是权力平衡。履行内部控制监督检查职责的部门应当具有良好的独立性，任何人不得拥有凌驾于内部控制之上的特殊权力。

（四）适应性原则

内部控制应当与企业经营规模、业务范围、竞争状况和风险水平等相适应，并随着情况的变化及时加以调整和完善。

（五）成本效益原则

内部控制的设计和运行应当受制于成本效益原则。内部控制应当权衡实施成本与预期效益，以适当的成本实现有效控制。

二、内部控制设计思路及形成的内容

建设内部控制体系，应该以风险为导向，关注企业的收入保证、成本效益、资产安全、期望目标和管理基础等方面。

内部控制体系设计不仅仅是解决理念或理论问题，而是要与业务管理相融合，嵌入企业业务管理流程中，从而设计出能控制风险且有可操作性的具体解决方案。内部控制体系建设的关键步骤如图 2-7 所示。

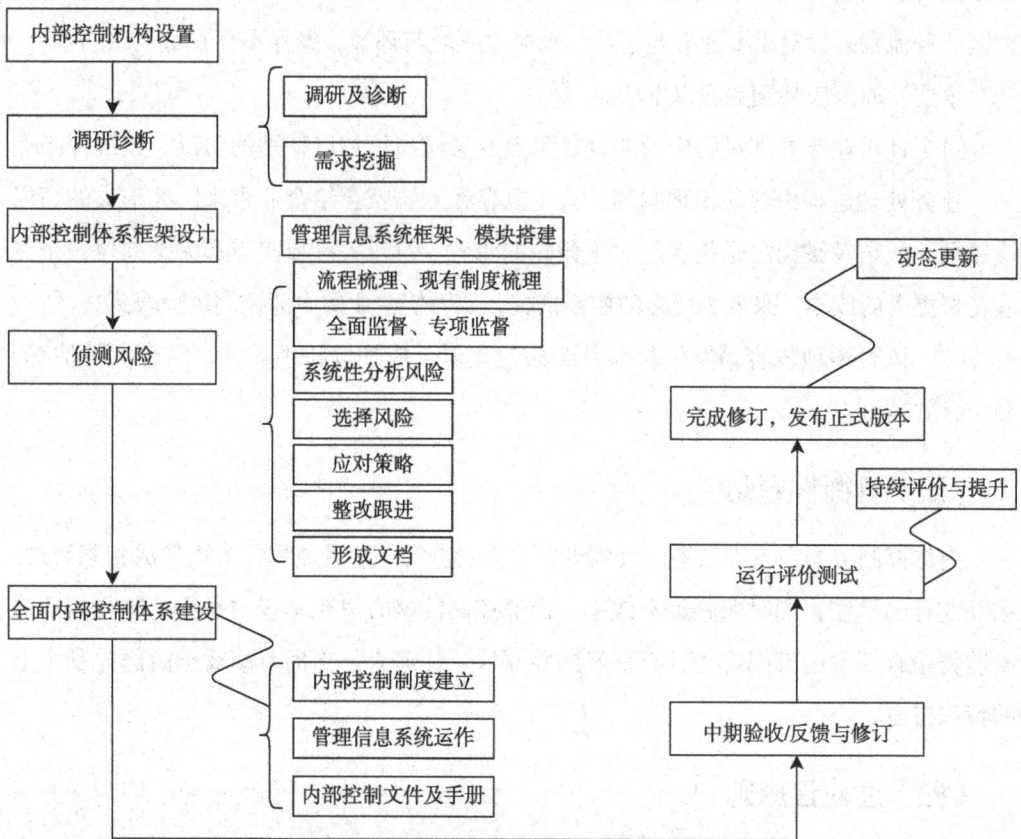

图 2-7　内部控制体系建设关键步骤

1. 内部控制机构设置

内部控制机构设置已在第 1 章第 3 节做过介绍。

2. 调研及诊断

调研及诊断环节应关注以下步骤。

（1）充分吃透企业战略目标。

（2）调研依据可参考 COSO 框架、《企业内部控制基本规范》及相关指引、企业内部制度等。

（3）获得董事会或高级管理层的资源支持，例如，信息系统的查阅权、制度流程的审核权等。

（4）制定内部控制自我评估计划。设定调研监督计划，可针对准备阶段、实施阶段、后续跟踪阶段设定不同的计划。除此之外，还包括制定访谈计划等。

（5）全面地对内部控制现状进行调研与综合诊断，调研企业风险组合观、风险容忍度等。了解企业真正的内部控制需求。

3. 内部控制体系框架设计

企业构建内部控制体系，需要借鉴国际先进标准，要以我国政府监管部门制定的内部控制规范及其配套指引为依据，结合自身的实际情况，搭建适合企业的内部控制体系，真正地发挥内部控制的效力。

内部控制体系基础框架如图 2-8 所示。

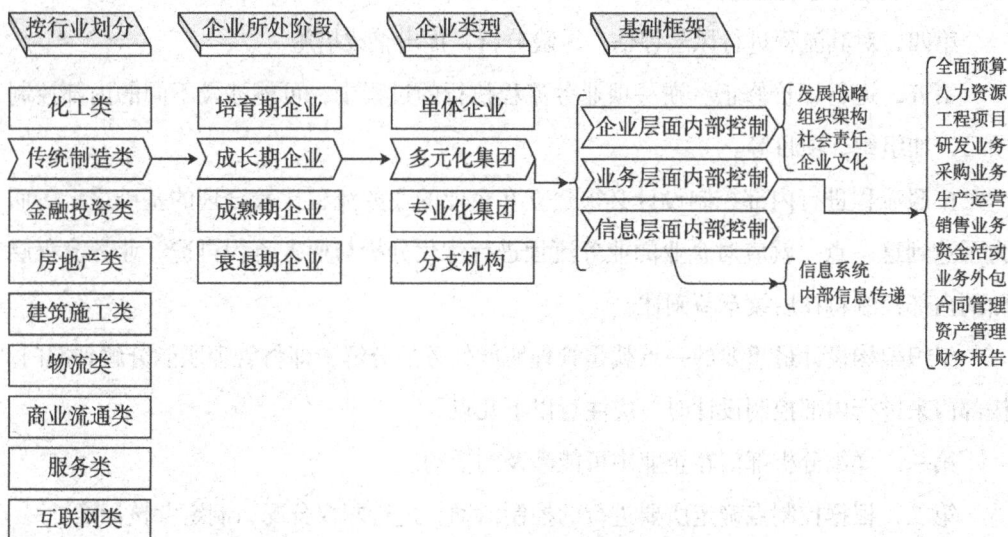

图 2-8　内部控制体系基础框架

（1）企业层面内部控制、业务层面内部控制

第一步，了解企业属于什么行业，如化工类、传统制造类、金融投资类、房地产类、建筑施工类、物流类、商业流通类、服务类、互联类等。

第二步，了解企业所处阶段，如培育期企业、成长期企业、成熟期企业、衰退期企业等。

第三步，了解企业类型，如多元化集团、专业化集团、单体企业、分支机构等。

第四步，根据企业类型、战略目标，结合相关标准、规范等，将其进行分类，可以分为企业层面内部控制、业务层面内部控制、信息层面内部控制。企业层面内部控制包括战略发展、组织架构、社会责任、企业文化；业务层面内部控制包括全面预算、人力资源、工程项目、研发业务、采购业务、生产运营、销售业务、资金活动、业务外包、合同管理、资产管理、财务报告；信息层面内部控制包括信息系统和内部信息传递。

企业可以根据企业实际情况结合使用其他几种方式来进行框架设计，沿着流程、作业部门、项目来进行内部控制设计。

按照流程进行内部控制设计的步骤如下。

第一，分析流程，明确业务流程的前后衔接，确定流程的投入与产出。

第二，明确业务流程中涉及的作业，作业之间的关系，建立作业链。

第三，分解作业，明确每一项作业的任务组合。对每一项任务规定相应的标准，并对每一项任务进行业绩考核。

第四，对其流程进行风险评估，风险分析，提出整改措施。

第五，运行评价修正。在一项业务流程执行的过程中，可能涉及不同的内部控制项目，如组织、项目等。

按照流程进行内部控制设计必须建立在企业的业务流程比较合理的基础之上，而为了达到这一点，就应对企业的业务流程进行优化分析与业务流程再造。业务流程层面的内部控制将在后续章节阐述。

组织架构设计最重要的一点就是管理职能任务的分解，即将管理职能分解到部门。按部门来进行内部控制设计时，应注意以下几点。

第一，详细分析部门在企业中可能涉及的活动。

第二，根据控制点确定所要进行的控制活动，进行职权分配，制定考核标准。

第三，可以根据作业链来进行设计，将部门看成组织中相对独立的部分，同时将

部门间的相互联系看作不同的环节，各个部门形成一个投入产出网络。按部门进行内部控制设计时，需要营造一个良好的内部控制环境。

第四，部门与部门之间，部门内上下级、同级之间会进行信息与沟通传递，察看他们之间能否迅速地执行任务，管理和控制企业运营过程中所需的信息，看信息是否对称。

第五，设计内部控制监督职能。

第六，设计部门的内部控制应该区分常规事件和非常规事件。

内部控制设计后，应在企业内部进行测试，测试的基本方法如下：以部门为基础，对部门的职能及岗位设置在内部控制中的实际执行功能进行测试。察看部门测试，部门是否能够完成规定的职能，部门之间是否存在重叠，部门之间的职责分配是否合理，是否符合内部控制的一些基本原则，根据测试的结果判定是否修订或者增补内部控制。

按照项目进行内部控制设计步骤如下。

第一步，分析每个项目的组织维度和流程维度：会涉及哪些部门、层级、关系、结构，以及哪些业务流程。

第二步，根据项目面临的风险，按项目业务流程进行具体设计，根据项目环节和流程来确定控制点，从组织和流程两方面来制定相应的内部控制，并对其进行内部控制测试。

第三步，运行评价修正，即设计项目内部控制的修订和增补程序。

（2）信息层面内部控制

信息层面的内部控制包括信息管理系统及信息的沟通与传递。信息层面的内部控制在内部控制体系建设中起到了非常重要的作用，可以说没有信息作为支撑，根本无法谈及内部控制，该模块将在后续章节详细介绍。

4. 侦测风险

侦测风险主要包括流程梳理、现有制度梳理、全面监督、专项监督、系统性分析风险、选择风险、应对策略、整改跟进等，该模块可以输出内部控制缺陷认定表、风险文档、问题整改清单等。该模块已在第 2 章第 2 节详细描述，这里不再赘述。

5. 全面内部控制体系建设

全面内部控制体系建设涉及内部控制制度规范形成、编制并输出内部控制手册、落实问题的整改固化，责任到相关部门及人员，并将其固化到内部控制手册中，建立履行风险管理的沟通渠道。

6. 中期验收/反馈与修订

该项是指企业应定期进行内部控制评估与反馈。

7. 持续评价与提升

该项涉及内部控制的相关制度及优化机制。

内部控制建设是一个持续反复的过程，企业应不断地对其进行评价直到达到预期目标。

8. 完成修订，发布正式版本并进行动态更新

内部控制建设是一个动态的过程，在评价阶段完成整改后，只能说明当前所建立的内部控制体系是有效的。随着外部环境和企业自身情况的不断变化，业务流程与风险也会不断更新，因此需要随时关注内部控制体系的建设，及时地维护更新。定期出具自我评价报告及其他需披露的文件，不断地证明内部控制的有效性。因此，为了保证建立的内部控制体系长期有效运行，需要持续建设企业的内部控制体系，不断改进完善。

总之，内部控制体系设计主要可以分为三个层面：第一，梳理企业战略目标下的内部控制需求；第二，根据需求，建立内部控制管理信息系统总控制及应用控制，并将其集成作为支撑系统，大多数的内部控制信息都来源于该数据池；第三，根据顶层需求，从管理信息系统中抓取数据，根据企业实际情况，通过一系列动作如流程制度缺陷梳理、全面风险侦测等，构建内部控制框架体系，并不断循环完善，将完善的文件资料再次放入数据池。内部控制分层设计路线如图 2-9 所示。

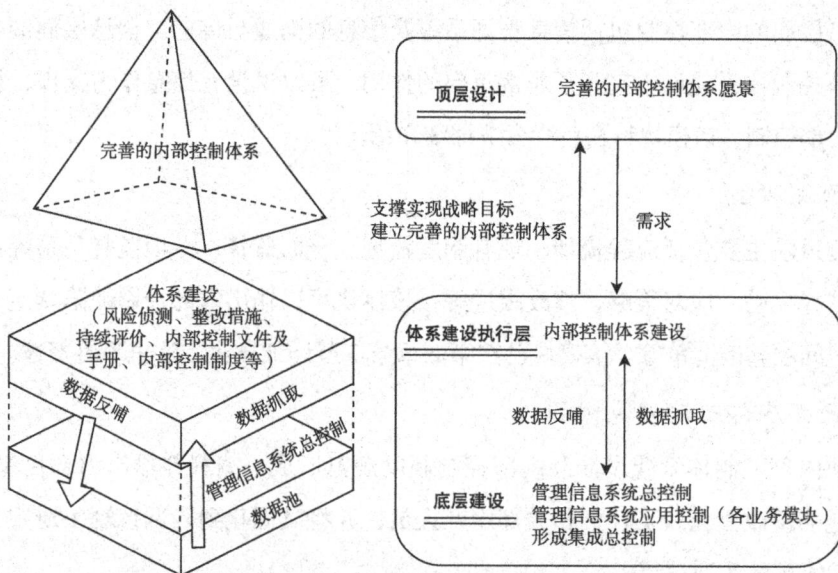

图 2-9　内部控制分层设计路线

第 2 部分

企业战略层面内部控制实务操作

案例导入：

【案例 3-1】团建风波

一、具体角色

A：某公司

W：营销管理中心负责人

R：华东区域销售经理

YY：漂流中心

C：华北区域销售主管

B：华南区域销售经理

H：西北区域销售主管

二、背景介绍

七月，正值炎炎夏日，A 公司营销管理中心华东区域、华北区域、华南区域销售团队经理层及员工频频离职，销量目标平均完成率不到 50%，销售团队士气不足，营销管理中心负责人 W 决定组织一次全区域的团建活动，W 将组织团建活动的任务全权交给了华东区域销售经理 R。R 心里想：正好想去玩漂流呢，趁着团建可以去一下，反正领导把这任务交给我了。想到这里，R 暗暗窃喜，于是联系了 YY 漂流中心，并联系了附近的农家乐负责人，计划漂流结束后聚餐。

直到团建前一天，他才告知大家团建的具体时间、地点及内容。R 不断地接到无法参加团建的电话及邮件，其中，华北区域销售主管 C 因为第二天没有航班，无法参加团建；华南区域销售经理B表示可以参加团建，但无法漂流，因其有轻微心脏疾病；西北区域销售主管H表示第二天有重要客户需要接待。统计下来，基本有55%的人员无法参加此次团建活动。

三、思考与分析

此次团建的目的是增强员工的凝聚力、向心力，开发潜能，增加信心与抗压能力，培养相互合作、相互支持的团队精神，促进各区域之间经验与战术的沟通与交流。团建本来是带有愿景的，结果55%的人员无法参加此次团建活动，效果可想而知。W对R进行了严厉的批评。那么责任在谁呢？

首先，没有清晰传达其战略目标。W作为高级管理层，没有告知R其"战略目标"——此次团建的重要性，即要促进各区域之间经验与战术的沟通与交流，增强其员工的凝聚力与向心力，希望大家都能参加，一个都不能少。R尽管带有私心，但明确了解其战略目标后，不至于不及时与高级管理层和其他同事进行沟通协调，也就不会发生通知不及时等工作失职行为。

其次，未清晰划分职能（岗位职责）。团建的组织工作可以授权给一个人执行，但是在执行过程中R未及时与同事及领导进行沟通，未得到有效的监督。公司应建立相互制衡机制，明确相关工作的岗位职责，防止一人权力过大，办事不力。

延伸来说，无论是一个团队还是一个企业，完善的组织架构具有非常重要的作用，直接影响着企业战略落地的效果。

因此，管理层应当重视组织架构的设计与运行，合理分配职权，防止一人权力过大，需避免因权责分配不合理导致机构重叠、职能交叉或者缺失、推诿扯皮，使运行效率低下。此外，一个企业的组织架构往往应当重视信息沟通与传递，促进治理机构良性运行。

一个企业，无论是处于新建、重组改制还是存续状态，要实现发展战略，就必须把建立和完善组织架构放在首位。否则，其他方面都无从谈起。若没有组织架构，职权、职责、任务等将无法落地，自然很难实现企业的战略目标。

第 1 节 组织架构概述及建立和 完善组织架构的意义

一、组织架构概述

组织架构是指一个组织整体的机构，是在企业管理要求、管控定位、管理模式及业务特征等多因素影响下，在企业内部组织资源、搭建流程、开展业务、落实管理的基本要素。组织架构用于工作任务的分工、分组和协调合作。组织架构是表明各组织各部分排列顺序、空间位置、聚散状态、联系方式及各要素之间相互关系的一种模式，是整个管理系统的"框架"。

《企业内部控制应用指引第 1 号——组织架构》指出，组织架构是指企业按照国家有关法律法规、股东（大）会决议、企业章程，结合本企业实际，明确董事会、监事会、经理层和企业内部各层级机构设置、职责权限、人员编制、工作程序和相关要求的制度安排。

企业应当在遵循国家和企业组织架构相关法律法规的基础上，以监管部门制定的内部控制规范及其应用指引为依据，结合企业的组织架构实际情况，用系统控制的技术和方法，构建企业自身组织架构内部控制体系。

二、建立和完善组织架构的意义

【案例 3-2】完善组织架构的意义是什么

一、具体角色

XX：民营企业

L：总部采购部经理

A：内部控制从业人员

B：销售公司产品经理

二、背景介绍

在民营企业XX，内部控制从业人员A采用访谈法了解该企业的组织架构运行情况。总部采购部经理L向A抱怨道："我们公司的职责划分很模糊啊，销售公司的采购业务，就是领导一句话的事情，他要求这部分业务后续由我们部门执行。我们来执行不是不可以，至少发个文件吧？有一次销售公司来了一批相对紧急的采购业务，他们嫌弃我们这边采购速度慢，就自行执行了，最终用一个请示报告完成了一系列操作。"

内部控制从业人员A发现这几年XX一直在忙着做业务，忙着提升业绩，组织架构的设计有很多都是临时增加、临时删除的，完全忽视了公司的组织架构体系、岗位职责和流程制度的建设，导致部门之间的职责较为混乱，频频出现管理层凌驾于制度之上的问题。

针对以上问题，内部控制从业人员A对XX的组织架构体系进行了深入分析与诊断，提出了目前组织架构存在的缺陷，并要求人力资源管理部门统一进行进一步的梳理、整改、完善。

三、思考

在人力资源管理部门梳理、整改的过程中，销售公司产品经理B问："业绩提升才是王道，完善组织架构的意义到底是什么？"

企业的组织架构是内部控制的载体。建立适当的组织架构，科学合理地设置企业内部机构与岗位，确定机构与岗位的职责及各个机构、岗位间的相互关系，是对人流、物流、信息流实现有效控制的基本前提。

建立和完善组织架构的主要意义如下。

（1）建立和完善组织架构有利于功能的完善，实现战略落地。业绩的提升需要完善的组织架构作为辅助。

（2）建立和完善组织架构有利于提升管理水平，提高组织绩效，进行人才的整合与培养，释放资源能量，支撑企业的发展，促进企业建立现代企业制度。

（3）建立和完善组织架构可以有效防范和化解各种舞弊风险。

（4）建立和完善组织架构可以为强化企业内部控制建设提供重要支撑。组织架构是企业内部环境的有机组成部分，也是企业开展风险评估、实施控制活动、促进信息沟通、强化内部监督的基础设施和平台载体。一个科学高效、分工制衡的组织架构，可以使企业自上而下地对风险进行识别和分析，进而采取控制措施予以应对，促进信息在企业内部各层级之间、企业与外部利益相关者之间及时、准确、顺畅地传递，提升日常监督和专项监督的力度和效能。

第 2 节　组织架构设计和运行的管理目标、主要风险及管控措施

一、组织架构设计和运行的管理目标

组织架构设计和运行的管理目标及其细则如表 3-1 所示。

表 3-1　组织架构设计和运行的管理目标及其细则

编号	目标类别	管理目标	管理目标细则
1	合法合规	保证治理结构的设置和运行符合国家法律法规	参考《公司法》《企业内部控制基本规范》《企业内部控制应用指引第 1 号——组织架构》等
2	经营效益	保证治理结构设计科学合理	明确董事会、监事会和高级管理层的职责权限、任职条件、议事规则和工作程序，确保决策、执行和监督相互分离，相互制约
			合理设置内部职能机构，明确各机构的职责权限，相互制衡、相互协调
			明确各个岗位的权限和关系
			确定在职权和岗位分工的过程中，将不相容职务按相互分离原则贯穿始终
3	战略目标	保证治理结构的良好运行及有效执行	确保内部机构高效运行
			确保在治理结构出现问题时，能及时采取有效措施并加以整改
			定期对组织架构的运行效果和效率进行全面评估，及时调整优化

二、组织架构设计和运行的梳理、主要风险及管控措施

（一）组织架构内部控制设计及运行梳理

需要进行组织架构设计的企业主要分为以下两种情况：

（1）组织架构的设计主要是针对按《公司法》新设立的企业；

（2）企业原有组织架构出现较大的问题或企业的目标发生变化，原有组织架构需要重新进行评价和设计。

对于已经按《公司法》运作，并且运行顺利的企业，其重点应放在如何健全机制确保组织架构有效运行上。

对于已经按照《公司法》运作的企业，首先需要对企业目前在运行的组织架构进行梳理，了解企业组织架构的现状。梳理企业目前在运行的组织架构主要可以分为两个步骤。

（1）梳理组织架构方面的内部管理制度或相关文件。

比如，企业有无组织架构方面的相关制度，如有，是否完善、是否遵照执行；有无具体可控的操作文件或表单等。

（2）梳理组织架构方面的业务流程。

比如，企业组织架构现行的业务流程到底怎么样，包括哪些环节，是否能有效控制组织架构风险，可以将企业组织架构方面的业务流程用图表的形式描绘出来。

（二）组织架构设计和运行的主要风险及关键控制措施

经过梳理，企业可以发现不少已经存在的风险和潜在的风险。组织架构的风险防控，在组织架构设计和运行中起非常重要的作用。下面着重看一下组织架构设计和运行过程中应关注的主要风险及管控措施，具体如表 3-2 所示。

表3-2 组织架构设计和运行的主要风险及管控措施

编号	具体层面	总体风险	风险描述 识别过程及具体表现		关键控制措施参考（后续内容将会详述）
1	治理结构	治理结构形同虚设，缺乏科学决策、良性运行机制和执行力，可能导致企业经营失败，难以实现发展战略	股东	（1）股东大会是否规范而有效地召开，股东是否可以通过股东大会行使自己的权利 （2）企业与控股股东是否在资产、财务、人员方面实现相互独立，企业与控股股东的关联交易是否贯彻平等、公开、自愿的原则 （3）对与控股股东相关的信息是否根据规定及时完整地披露 （4）企业是否对中小股东权益采取了必要的保护措施，使中小股东能够和大股东在同等条件下参加股东大会，获得与大股东一致的信息，并行使相应的权利	（1）按照股东（大）会决议，设立战略、审计、薪酬与考核等专门委员会，明确各专门委员会的职责权限，任职资格，议事规则和工作程序 （2）董事会、监事会，其他人员构成，知识结构，能力素质应当满足足履行职责的要求 （3）明确董事会、监事会和经理层的职责权限，任职条件，议事规则和工作程序，决策、执行和监督相互分离，形成制衡 （4）企业应当严格遵守监事会议事规则，确保监事的意见反映渠道畅通
			董事会	（1）董事会的设立、工作程序是否符合国家法律、法规和公司章程的要求 （2）董事会对于重大信息的上报是否符合有关上级部门披露程序及要求 （3）董事会是否独立于经理层和大股东，董事会及其审计委员会中是否存在董事在日能有效发挥作用 （4）董事会决策权限设立是否清楚，是否存在越权理现象 （5）董事会对于自身的权利和责任是否有明确的认知，并且有足够的知识、经验和时间来勤勉、诚信、尽责地履行职责	

（续表）

编号	具体层面	总体风险		风险描述	
				识别过程及具体表现	关键控制措施参考（后续内容将会详述）
1	治理结构	治理结构同虚设，形成决策、执行和监督机制运行机构缺乏科学决策、良性运行机制，可能导致企业经营失败，难以实现发展战略	监事会	（1）董事会是否能够保证企业建立并实施有效的内部控制，审批企业发展战略和重大决策并定期检查、评价其执行情况，明确设立企业可接受的风险承受度，并督促经理层对内部控制有效性进行监督和评价 （2）监事会工作流程是否遵从相关法律法规要求，监事会的构成是否能够保证其独立性，监事会是否能够保证规范而有效地运行，经理层正确履行职责并正确判断是否存在违法、违规以及损害企业利益的行为 （3）监事会是否能够规范而有效地运行，监督董事会、经理层正确履行职责并正确判断是否存在违法、违规以及损害企业利益的行为 （4）经理层是否存在违法、违规以及不遵守公司的规章制度等问题	（1）按照股东（大）会决议，设立战略、审计、薪酬与考核等专门委员会，明确各专门委员会的职责权限、任职资格、议事规则和工作程序 （2）董事会、监事会，其人员构成、知识结构、能力素质应当满足履行职责的要求 （3）明确董事会、监事会和经理层的职责权限、任职条件、议事和监督程序，确保决策、执行和监督相互分离，形成制衡 （4）企业应当严格遵守监事会议事规则，确保监事的意见得到充分反映渠道畅通
2	内部机构	内部机构设计不科学、权责分配不合理，可能导致机构重叠、职能交叉或缺失、推诿扯皮，运行效率低下	经理层	（1）经理层的积极性是否得到充分发挥 （2）对经理层的权力是否存在必要的监督和约束机制	（1）合理设置内部职能机构，明确各机构的职责权限，避免职能交叉、缺失或负各司其职，应当形成各负其责、相互协调的工作机制约，相互协调的工作机制 （2）应当对各机构的职能进行科学合理的分解，确定各机构的名称、职责权限和相互关系等，明确各个岗位的权限和岗位间相互关系 （3）企业在确定职权和岗位不相容职务分工过程中，应当体现不相容职务
			组织架构设计与运行风险	（1）企业内部组织机构是否考虑经营业务的性质，按照适当集中或分散的管理方式设置。有无考虑企业当前实际情况，后续落实执行问题 （2）企业是否对内部组织机构设置、各职能机构间的职责权限、组织的运作程序等有明确的书面说明和规定，是否存在重叠现象 （3）企业内部组织机构是否支持发展战略的实施，并根据环境变化及时做出调整 （4）关键岗位员工是否对自身权责有明确的认识，有足够的胜任能力去履行权责，是否建立了关键岗位员工轮换制度和强化制度休假制度	

（续表）

编号	具体层面	总体风险	风险描述		关键控制措施参考（后续内容将会详述）
				识别过程及具体表现	
2	内部机构	内部机构设计不科学，权责分配不合理，可能导致机构重叠、职能交叉或缺失、推诿扯皮、运行效率低下	组织架构设计与运行风险	（5）企业是否对董事、监事、高级管理人员及全体员工的权限有明确的制度规定，对授权岗位情况是否有正式的记录 （6）企业是否对岗位职责进行了恰当的描述和说明，是否存在不相容职务未分离的情况 （7）企业是否对权限的设置和履行情况进行了审核和监督，对于越权或权限缺位的行为是否及时纠正和处理 （8）判断组织架构运行稳定性，毫无计划不断调整会使员工无所适从 （9）企业内部组织机构的设计与运行是否适应信息沟通的要求，有利于信息的上传、下达和在各层级、各业务活动间的传递，有利于员工提供履行职权所需的信息 （10）企业监督体系是否完善，各部门是否按要求落实，是否存在徇私舞弊的现象 （11）企业是否能根据环境的变化，适时做出合理的调整	（4）全面梳理企业现有的治理结构和内部机构设置，确保企业组织架构和运行机制制符合相关法律法规要求 （5）定期对组织架构设计与运行的效率和效果进行全面评估，发现组织架构设计与运行存在缺陷时，应当及时优化并进行调整 （6）重点关注董事、监事、经理及其他高级管理人员的任职资格和履行情况，以及董事会、监事会和经理层的运行效果 （7）及时解决内部机构设置和运行中存在的职能交叉、缺失或运行效率低下等问题

第3节 组织架构内部控制设计和运行

一、组织架构内部控制设计

（一）组织架构内部控制设计应遵循的原则

企业在设计组织架构时，必须考虑内部控制的要求，合理确定治理层及内部各部门之间的权力和责任，并建立恰当的报告关系，既要能够保证企业高效运营，又要能适应内部控制环境的需要进行相应的调整和变革。

组织架构内部控制设计至少应当遵循以下原则：

（1）遵守法律法规；

（2）有助于实现发展战略；

（3）符合管理控制要求；

（4）能够适应内外环境变化等。

（二）组织架构内部控制设计的程序

1. 组织架构内部控制设计的程序概述

组织架构内部控制设计主要有以下几个步骤，具体如图 3-1 所示。

（1）制定组织目标。通过收集及分析资料，进行设计前的评估，明确组织目标，充分考虑内外部环境，并经董事会讨论后再进行确立。

（2）划分业务工作。组织是由若干部门组成的，根据组织的工作内容和性质，以及工作之间的联系，将组织活动组合成具体的管理单位，并确定其业务范围和工作量，进行部门的工作划分。

（3）提出组织架构的基本框架。按组织设计要求，决定组织的层次及部门结构，形成层次化的组织管理系统。

（4）确定职责和权限。明确规定各层次、各部门及每一职位的责任和权限。一般可以使用岗位职责说明书等形式来进行表达。

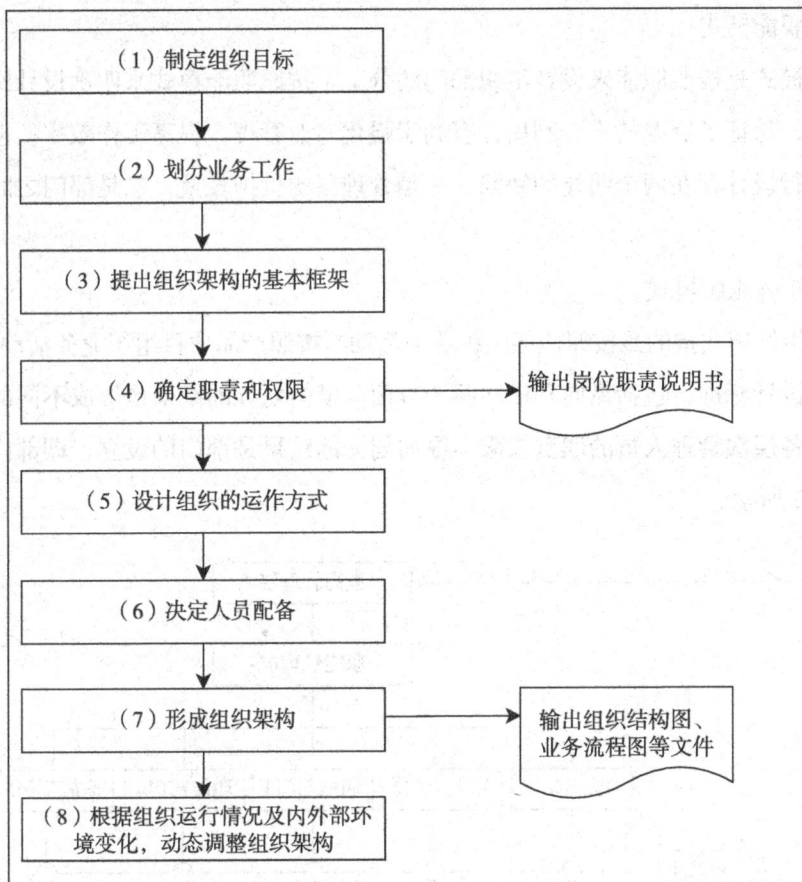

图 3-1　组织架构内部控制设计步骤

（5）设计组织的运作方式，包括各类运行制度的设计；设计管理规范，以确定各项管理业务的工作程序、工作标准以及管理人员应采用的管理方法等；确定各部门之间的协调方式和控制手段。

（6）决定人员配备。按职务、岗位及技能要求，选择配备合适的管理人员及员工。

（7）形成组织架构。对组织设计进行审查、评价及修改，并确定正式组织结构及组织运作程序，颁布实施。

（8）调整组织架构。根据组织运行情况及内外环境的变化，对组织架构进行调整，不断完善。

2. 组织架构内部控制设计的模式

一般来说，按照设计方法的不同，组织架构内部控制设计的模式包括但不限于以下两类。

（1）职能模式

职能模式是按照职能来设计组织部门的分工。按照职能模式来明确设计组织的任务和职责，保证了资源的充分利用，有利于强化专业管理，提高工作效率，但按照职能模式进行设计存在两个明显的缺陷，一是管理层的负担较重，二是部门之间的协作能力较差。

（2）矩阵组织模式

矩阵组织模式指的是按照职能组织业务活动与按照产品项目组织业务活动的结合。矩阵式的设计标准，包括纵向和横向两个方面。横向划分的结果是形成不同的管理层次，确定各层次管理人员的职责权限。纵向划分的结果是部门的设立，即部门化，具体如图 3-2 所示。

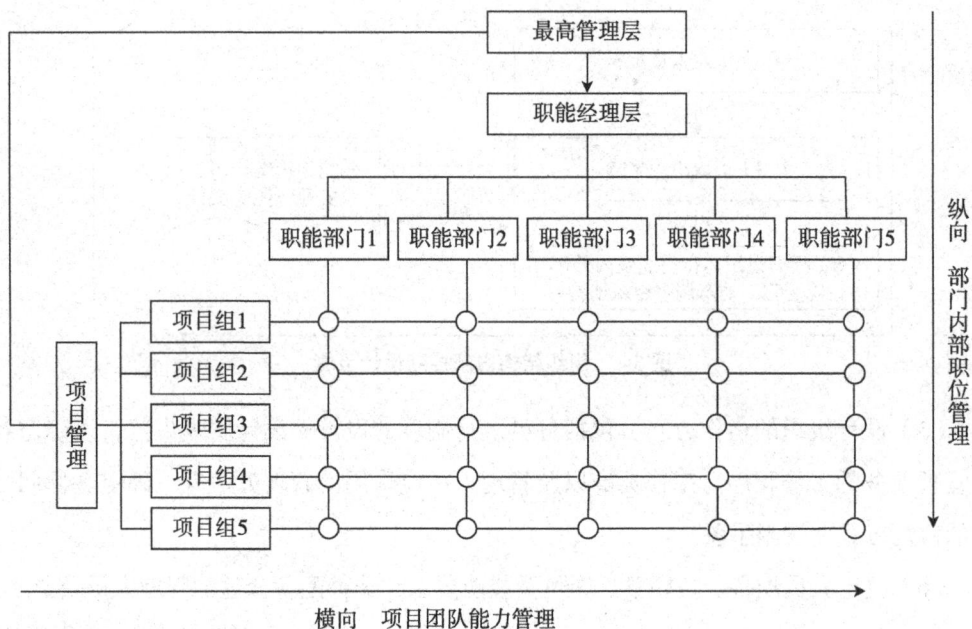

图 3-2　矩阵组织

一般情况下，按照矩阵组织模式来进行设计，职能部门内部协作配合能力强，有利于整体规划项目，提高部门的适应性，减轻高级管理人员的负担；职能部门内部相互制约，保证部门整体目标的完成。但按照这种模式来进行设计有时不易分清责任，容易产生多头管理。

其实企业一般都不会只根据一个标准来设计管理组织。企业可结合自身实际情况，设立企业组织架构。

（三）组织架构内部控制设计

组织架构内部控制设计可以采用以风险为导向的模式，根据国家相关法律法规，结合企业自身实际情况来进行。组织架构内部控制设计主要包含两个层面，即治理结构设计与内部机构设计，具体如图 3-3 所示。

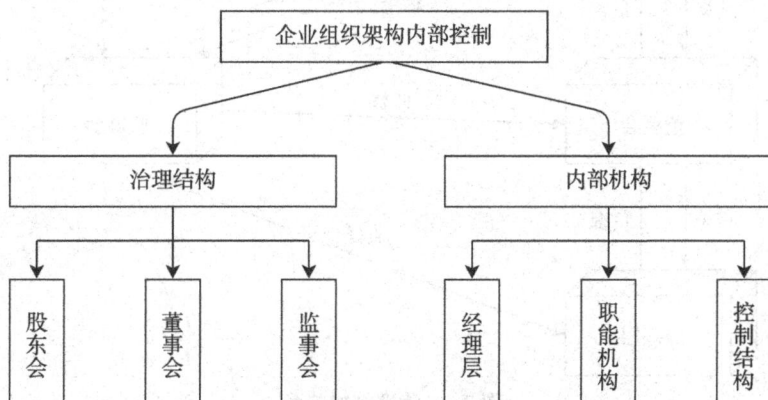

图 3-3　企业组织架构内部控制设计内容

1. 企业治理结构的设计

（1）企业治理结构设计一般要求

治理结构一般应当涉及股东（大）会、董事会、监事会和经理层。

股东（大）会由全体股东组成，即全体股东均享有参与治理的权利，股东（大）会会议由股东按照出资比例行使表决权，股东（大）会可按照法定的方法和程序，决定投资计划、经营方针、选举和更换董事与监事并决定其报酬等重大事项，接受董事会和监事会的汇报。

董事会的组成是董事，董事则由股东会选举产生，董事会是企业的最高决策机构，接受股东（大）会委托，负责企业的发展战略和资产经营，并在必要时撤换不称职的经理人员。

监事会是股东（大）会领导下的专门监督机关，为了防止董事会、经理层滥用职权，损害企业利益及股东利益，监事会代表股东（大）会行使监督职能，依法监督企业董事、经理和其他高级管理人员的履职情况。

经理层主要包括经理和其他高级管理人员，由董事会委任，负责具体的经营管理事务，经理层需要对董事会负责。

股东（大）会、董事会、监事会和经理层等的关系如图 3-4 所示。

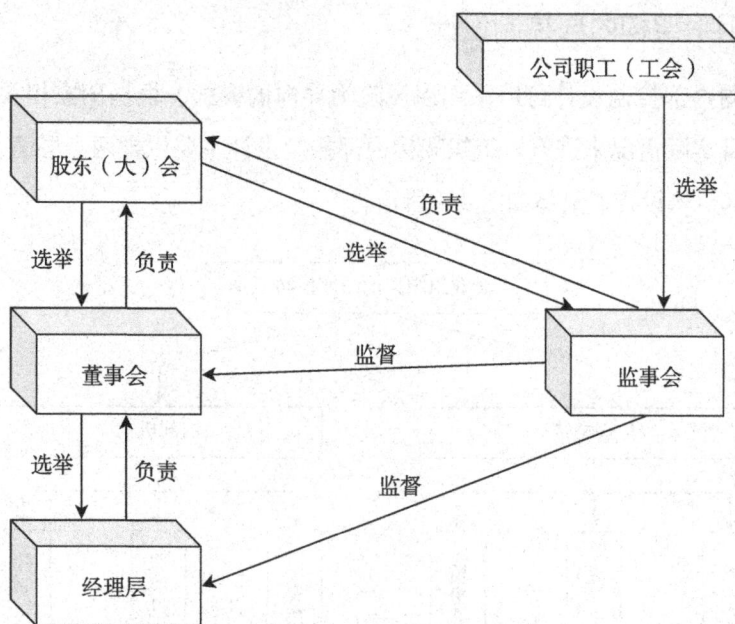

图 3-4　治理结构关系

从内部控制建设的角度看，如果新设企业或转制企业一开始就在治理结构设计方面存在缺陷，必然会对企业以后的长远发展造成严重损害。

例如，在组织架构指引起草调研的过程中，我们发现，部分上市公司没有在董事会下设立"真正意义上"的审计委员会，其成员只是"形式上"符合有关法律法规的要求，根本无法胜任工作，甚至也"不愿"去履行职能；部分上市公司监事会成员，或多或少地与上市公司董事长存在某种关系，在后续工作中很难秉公办事，直接或间接损害了股东尤其是小股东的合法权益，此时监事会形同虚设。

再比如，有些上市公司因为在上市改制时组织架构设计不合理，出于照顾面子等方面因素让某人担任董事长，而实际上公司总经理才是幕后真正的"董事长"。

企业应当在组织架构设计时尽可能地避免类似情况。组织架构指引明确，董事会、监事会和经理层的产生程序应当合法合规，其人员构成、知识结构、能力素质应当满足履行职责的要求。

因此，企业应当根据国家有关法律法规（《公司法》及其他相关法律法规），按照决策机构、执行机构和监督机构相互独立、权责明确、相互制衡的原则，明确董事会、监事会和经理层的职责权限、任职条件、议事规则和工作程序等。

股东（大）会、董事会、监事会和经理层职权参考如表 3-3 所示。

表3-3 治理结构职权参考

编号	治理层次	参考规范	设计关注要素	职权
1	股东（大）会	《中华人民共和国公司法》《企业内部控制基本规范》《企业内部控制指引》《中华人民共和国证券法》，中国证券监督管理委员会颁布的《上市公司治理准则》《上市公司股东大会规范意见》及其他相关法律法规	(1) 设计重点在公司整体经营目标下能充分发挥能力而达成各自目标 (2) 组织的成长性：考虑公司的业绩经营与持续成长 (3) 组织的稳定性：随着公司成长而逐步调整组织是必要的，但经常的组织、程序变更将使员工信心动摇 (4) 组织的简单性：简单的组织有助于内部协调与人力分配 (5) 组织的弹性：既能保持基本形态，又能配合各种环境条件的变化 (6) 组织的均衡性：各部门业务量的均衡，有助于内部的平衡与分工 (7) 指挥的统一性：一人同时接受二位以上主管管理，将使其产生无所适从的感觉 (8) 权责明确化：权责或职责不清将使工作发生重复或遗漏、推诿现象，易使员工产生挫折感 (9) 作业制度化：明确的制度与标准作业可减少摸索时间	(1) 决定公司的经营方针和投资计划 (2) 选举和更换非由职工代表担任的董事、监事，决定有关董事、监事的报酬事项 (3) 审议批准董事会的报告 (4) 审议批准监事会或者监事的报告 (5) 审议批准公司的年度财务预算方案、决算方案 (6) 审议批准公司的利润分配方案和弥补亏损方案 (7) 对公司增加或者减少注册资本作出决议 (8) 对发行公司债券作出决议 (9) 对公司合并、分立、解散、清算或者变更公司形式作出决议 (10) 审议公司章程，修改公司章程 (11) 若已设立公司章程，公司章程规定的其他职权也需要考虑进去
2	董事会			(1) 召集股东会会议，并向股东会报告工作 (2) 执行股东会的决议 (3) 决定公司的经营计划和投资方案 (4) 制订公司的年度财务预算方案、决算方案 (5) 制订公司的利润分配方案和弥补亏损方案 (6) 制订公司增加或者减少注册资本及发行公司债券的方案 (7) 制订公司合并、分立、解散或者变更公司形式的方案 (8) 决定公司内部管理机构的设置 (9) 决定聘任或者解聘公司经理及其报酬事项，并根据经理的提名决定聘任或者解聘公司副经理、财务负责人及其报酬事项 (10) 制定公司的基本管理制度 (11) 若已设立公司章程，公司章程规定的其他职权也需要考虑进去

（续表）

编号	治理层次	参考规范	设计关注要素	职权
3	经理层	《中华人民共和国公司法》《企业内部控制基本规范》《企业内部控制指引》《中华人民共和国证券法》，中国证券监督管理委员会颁布的《上市公司治理准则》《上市公司股东大会规范意见》及其他相关法律法规	(1) 设计重点组织的目标性：使组织内各部分在公司整体经营目标下能充分发挥能力而达成各自目标 (2) 组织的成长性：考虑公司的业绩经营与持续成长 (3) 组织的稳定性：随着公司成长而逐步调整组织是必要的，但经常使组织、权责、程序变更将使员工信心动摇 (4) 组织的简单性：简单的组织有助于内部协调与人力分配 (5) 组织的弹性：既能保持基本形态，又能配合各种环境条件的变化 (6) 组织的均衡性：各部门间业务量的均衡，有助于内部的平衡分工 (7) 指挥的统一性：一人同时接受二位以上主管管理，将使其产生无所适从的感觉 (8) 权责明确化：权责或职责不清将使工作发生重复或遗漏、推诿现象，易使员工产生挫折感 (9) 作业制度化：明确的制度与标准作业可减少摸索时间	(1) 主持公司的生产经营管理工作，组织实施董事会决议 (2) 组织实施公司年度经营计划和投资设置方案 (3) 拟订公司内部管理机构设置制度 (4) 拟订公司的基本管理制度 (5) 制定公司的具体规章 (6) 提请聘任或者解聘公司副经理、财务负责人 (7) 决定聘任或者解聘除应由董事会决定聘任或者解聘以外的负责管理人员 (8) 董事会授予的其他职权，若已设立公司章程、公司章程对经理职权另有规定的，从其规定，经理列席董事会会议，无发言权和表决权 (9) 对公司日常运营情况具有监督核查权

（续表）

编号	治理层次	参考规范	设计关注要素	职权
4	监事会	《中华人民共和国公司法》《企业内部控制基本规范》《企业内部控制指引》《中华人民共和国证券法》、中国证券监督管理委员会颁布的《上市公司治理准则》《上市公司股东大会规范意见》及其他相关法律法规	（1）设计重点组织的目标性：使组织内各部分在公司整体经营目标下能充分发挥能力而达成各个目标 （2）组织的成长性：考虑公司的业绩经营与持续成长 （3）组织的稳定性：随着公司成长而逐步调整组织是必要的，但经常的组织、权责、程序变更使员工信心动摇 （4）组织的简单性：简单的组织有助于内部协调与人力分配 （5）组织的弹性：既能保持基本形态，又能配合各种环境条件的变化 （6）组织的均衡性：各部门业务量的均衡，有助于内部的平衡与分工 （7）指挥的统一性：一人同时接受二位以上主管管理，将使其产生无所适从的感觉 （8）权责明确化：权责或职责不清将使工作发生重复或遗漏，推诿现象，易使员工产生挫折感 （9）作业制度化：明确的制度与标准作业可减少摸索时间	（1）检查公司财务 （2）对董事、高级管理人员执行公司职务的行为进行监督，对违反法律、行政法规、公司章程或者股东会决议的董事、高级管理人员提出罢免的建议 （3）当董事、高级管理人员的行为损害公司的利益时，要求董事、高级管理人员予以纠正 （4）提议召开临时股东会会议，在董事会不履行《公司法》规定的召集和主持股东会会议职责时召集和主持股东会会议 （5）向股东会会议提出提案 （6）对董事、高级管理人员提起诉讼的权利 （7）公司章程规定的其他职权 （8）监事可以列席董事会会议，并对董事会决议事项提出质询或者建议 （9）监事会、不设监事会的公司的监事发现公司经营情况异常，可以进行调查，必要时，可以聘请会计师事务所等协助其工作，费用由公司承担

简言之，我国企业参考使用"三会一总""四权分离"的公司治理结构。"三会一总"指的是股东大会、董事会、监事会和经理层。"四权分离"则是指公司的所有权、经营权、决策权和监督权分离。所有者将自己的资产托管给董事会，董事会作为最高决策机构，拥有对高级管理人员的聘用、奖励及解雇权；经理层受雇于董事会，组成董事会领导下的执行机构，在其授权范围内开展经营活动。股东大会作为公司的最高权力机构，在选举产生董事会的同时，为保证董事和经理人员合规经营，选举产生监事会，负责监督公司的财务、经营和投资分配等。

企业可根据《中华人民共和国公司法》及其他相关法律法规，结合企业实际情况，对董事会、监事会和经理层的任职条件进行规范。一般情况下，以下人员（包括但不限于，企业可结合自身实际情况对其做相应规范）不得担任董事、监事、经理：

①无民事行为能力或限制民事行为能力的人；

②因犯有贪污、贿赂、侵占财产、挪用财产罪或者破坏社会经济秩序罪，被判处刑罚，执行期满未逾五年的人，或者因犯罪被剥夺政治权利，执行期满未逾五年的人；

③担任因经营管理不善而破产清算的公司、企业的董事或者经理，并对该公司、企业的破产负有个人责任的，自公司、企业破产清算完结之日起未逾三年；

④担任因违法被吊销营业执照的公司、企业的法定代表人，并负有个人责任的，自该公司、企业被吊销营业执照之日起未逾三年；

⑤个人所负数额较大的债务，到期未清偿；

⑥国家公务员不得兼任公司的董事、监事和经理；

⑦本公司的董事、经理和财务负责人不得担任公司的监事。

此外，董事、监事、经理需要做到（包括但不限于，企业可结合自身实际情况对其做相应规范）以下几点：

①遵守公司章程，忠实履行职务，维护公司利益，不得利用在公司的地位和职权为自己谋私利；

②不得利用职权收受贿赂或者其他非法收入，不得侵占公司的财产；

③不得泄露公司秘密，但法律有规定或者经股东会同意的除外；

④违反法律、行政法规和公司章程的规定执行职务，给公司造成损害的，应当予以赔偿；

⑤董事、经理不得挪用公司资金或者将公司资金借贷给他人，不得将公司资产以其个人名义或者以其他个人名义开立账户存储，不得以公司资产为本公司的股东或者

其他个人的债务提供担保；

⑥董事、经理不得自营或者为他人经营与其所任职公司同类的业务或者从事损害本公司利益的活动；

⑦董事、经理除公司章程规定或者股东会同意外，不得同本公司订立合同或者进行交易。

（2）上市公司治理结构设计的特殊要求

上市公司是"公众"公司，具有重大公众利益，因此必须对投资者和社会公众负责。上市公司治理结构的设计，应当充分反映其"公众性"的特点。上市公司治理结构设计应当重点关注以下三个特殊点，具体如表 3-4 所示。

表 3-4 上市公司治理结构设计的特殊要求

编号	特殊点		具体描述
1	独立董事制度的设立	上市公司董事会应当设立独立董事	（1）独立董事应独立于所受聘的公司及其主要股东，独立董事不得在上市公司担任除独立董事外的其他任何职务 （2）独立董事应独立履行职责，不受公司主要股东、实际控制人及其他与上市公司存在利害关系的单位或个人的影响 （3）独立董事应按照有关法律法规和公司章程，认真履行职责，维护公司整体利益，尤其要关注中小股东的合法权益不受损害
2	董事会专业委员会的设置	上市公司董事会可根据治理需要，按照股东大会的有关决议下设审计委员会、战略与投资委员会、薪酬与考核委员会、提名委员会等	（1）上市公司董事会下设的审计委员会、薪酬与考核委员会中，独立董事应当占多数并担任负责人，审计委员会中至少还应有一名独立董事是会计专业人士 （2）在董事会各专业委员会中，审计委员会对内部控制的建立健全和有效实施发挥着重要作用。审计委员会对董事会负责并代表董事会对经理层进行监督，侧重加强对经理层提供的财务报告和内部控制评价报告的监督，同时通过指导和监督内部审计和外部审计工作，提高内部审计和外部审计的独立性，在信息披露、内部审计和外部审计之间建立起了一个独立的监督和控制机制 （3）董事会下设的战略与投资委员会，主要负责对公司长期发展战略和重大投资决策进行研究并提出相关建议

（续表）

编号	特殊点		具体描述
3	设立董事会秘书	上市公司应当设立董事会秘书	董事会秘书为上市公司的高级管理人员，直接对董事会负责，并由董事长提名，董事会负责任免。在上市公司实务中，董事会秘书是一个重要的角色，其负责公司股东大会和董事会会议的筹备，文件保管及公司股东资料的管理，办理信息披露事务等其他事宜

（3）国有独资企业治理结构设计的特殊要求

国有独资企业是我国比较独特的企业群体，其治理结构设计应充分反映其特色。其特殊点主要表现为以下几个方面，具体如表 3-5 所示。

表 3-5　国有独资企业治理结构设计的特殊要求

编号	特殊点	具体描述
1	国有资产监督管理机构代行股东（大）会职权	国有独资企业不设股东（大）会，由国有资产监督管理机构行使股东（大）会职权。国有独资企业董事会可以根据授权部分行使股东（大）会的职权，决定公司的重大事项，但公司的合并、分立、解散、增加或者减少注册资本和发行公司债券，必须由国有资产监督管理机构决定
2	（1）国有独资企业董事会成员中应当包括公司职工代表 （2）董事会成员由国有资产监督管理机构委派	（1）董事会成员中的职工代表由公司职工代表大会选举产生 （2）国有独资企业董事长、副董事长由国有资产监督管理机构从董事会成员中指定产生
3	（1）国有独资企业监事会成员中应当包括公司职工代表 （2）国有独资企业监事会成员由国有资产监督管理机构委派	（1）监事会成员中的职工代表由公司职工代表大会选举产生 （2）监事会主席由国有资产监督管理机构从监事会成员中指定产生
4	外部董事由国有资产监督管理机构提名推荐，由任职公司以外的人员担任	外部董事在任期内，不得在任职企业担任其他职务。外部董事制度对于规范国有独资企业治理结构、提高决策科学性、防范重大风险具有重要意义

2. 内部机构的设计

内部机构的设计是组织架构设计的关键环节，主要分为职能机构的设置、岗位职责的划分、权限体系的分配。内部机构需要清晰地设计出沟通线、控制线、责任线和权力线。

（1）合理设置内部职能机构

企业应当按照科学、精简、高效、透明、制衡的原则，综合考虑企业性质、企业发展战略、企业文化理念及管理要求等因素，合理设置内部职能机构，明确各机构的职责权限，避免职能交叉、缺失或权责过于集中，形成科学有效的职责分工和制衡机制。

（2）岗位职责的划分

企业应当对各机构的职能进行科学合理的分解，确定具体岗位的名称、职责和工作要求等，同时需要明确各个岗位的权限和相互关系。在内部机构设计过程中，应当遵循不相容职务相分离的原则，涉及重大或高风险业务处理程序时，必须考虑建立各层级、各部门、各岗位之间的分离和牵制。对因机构人员较少，业务相对简单而无法分离处理某些不相容职务时，企业应当制定切实可行的替代控制措施。

（3）权限体系的分配

企业应当制定组织架构图、业务流程图、岗位职责说明书和权限指引等内部管理制度或相关文件，使员工了解和掌握组织架构设计及权责分配情况，正确履行职责。

企业很有必要建立权限指引，有了权限指引，不同层级的员工就知道该如何行使并承担相应责任，有利于事后考核评价。企业各项决策和业务必须由具备适当权限的人员办理，这一权限通过公司章程约定或其他适当方式授予。企业内部各级员工必须在获得相应的授权后再实施决策或执行业务，严禁越权办理，"在其位，谋其政。"

按照授权对象和形式的不同，授权分为一般授权和特别授权。一般授权一般针对企业日常经营管理过程中发生的程序性和重复性工作，可以在企业正式颁布的岗位职责说明书中明确或通过制定专门的权限指引予以明确。特别授权一般是由董事会给经理层或经理层给内部机构及其员工授予处理某一突发事件（如法律纠纷）、做出某项重大决策、代替上级处理日常工作的临时性权力。

（四）设计形成"三重一大"决策管理制度

无论是上市公司还是其他企业，大多都会涉及"三重一大"问题，"三重一大"指的是"重大决策、重大事项、重要人事任免及大额资金支付业务"。

组织架构指引明确要求，对于企业的重大决策、重大事项、重要人事任免及大额资金支付业务等问题，任何个人不得单独进行决策或者擅自改变集体决策意见，应当按照设计的权限和程序实行集体决策审批或者联签制度。

1. "三重一大"主要内容

"三重一大"主要包括但不限于以下内容,具体如表3-6所示。

表3-6 "三重一大"主要内容

编号	"三重一大"	具体内容
1	重大决策	(1) 公司发展战略、经营方针、中长期发展规划等重大战略管理事项 (2) 公司年度生产经营计划、工作报告、财务计划、预算、决算等重大生产经营管理事项 (3) 公司改制、兼并、重组、破产、变更、投资参股、重大收购等重大资本运营管理事项 (4) 公司薪酬分配、福利待遇、绩效考核及奖惩等涉及职工切身利益的重要事项 (5) 公司重大安全、质量等事故及突发性事件的调查处理 (6) 公司对违规人员的调查处理 (7) 公司产权变动、资产损失核销、重大资产处置、利润分配和弥补亏损等重大资产管理事项 (8) 有关公司战略性、方向性、全局性的其他重大事项 (9) 公司高级管理层认为应该集体决策的其他重要事项
2	重大事项	(1) 公司年度投资计划与融资、担保事项及计划外追加投资事项 (2) 公司重大项目采购招标管理、合同签订,公司重大工程承发包项目 (3) 公司新产品研发项目 (4) 产品定价、重大销售合同签订 (5) 公司涉及环保、安全等社会责任项目 (6) 公司高级管理层认为应该集体决策的其他重要事项
3	重要人事任免	(1) 涉及本公司中层以上经营管理人员及所属二级子集团或子公司领导成员的聘用、管理 (2) 向控股、参股企业委派或者更换股东代表及委派的高级经营管理人员 (3) 推荐董事会、监事会成员 (4) 本公司中层以上经营管理人员及所属二级子集团或子公司领导成员的重要奖惩 (5) 后备人才管理 (6) 公司高级管理层认为应该集体决策的其他重要人事任免事项
4	大额资金支付	(1) 年度计划大额度资金使用,较大额度的非生产性资金使用 (2) 较大金额预算外资金使用 (3) 重大捐赠、资助 (4) 其他大额度资金使用

2. 设计"三重一大"决策管理制度的决策规则及程序

企业在设计"三重一大"决策管理制度的决策规则及程序时主要需要注意以下几点。

（1）"三重一大"事项决策一般要有计划性，尽可能地避免召开临时会议，严禁未经股东讨论擅自做出决定。

（2）与会人员、会议记录人员、档案管理人员必须严格遵守集体决策记录和保密规定，切实做好保密工作，不得泄密。

（3）与会人员需要严格执行回避制度，若决策事项涉及与会人员本人及其亲属或利益相关者，本人应当主动申请回避。

（4）在明确重大决策、重大事项后，需要做一系列的准备工作：

①分管管理者应当召集有关部门进行初步审核，广泛深入调查研究，充分听取各方面意见；

②对于专业性、技术性较强的事项，应当进行专家论证、技术咨询、决策评估，进行可行性分析；

③对于与公司员工利益密切相关的事项，应当实行公示制度，扩大员工参与度，充分征求其意见和建议；

④应当根据所要决策事项的内容及调研内容，准备会议材料，确定时间、地点、与会人员等。

（5）关于重要人事任免决策，属于重要人事任免的，应在召开高层管理者决策会议前征求其他部门或人员的意见。其他重要人事任免应当按照公司有关专业技术人员、高技能人才的相关管理规定进行决策前的运作。

（6）关于大额资金支付，应当清晰预算情况，对资金使用情况进行详细审核，察看其是否遵循招标程序，根据资金使用意向、额度，准备会议材料，确定时间、地点、与会人员等。

（7）决策会议应当以书面的形式通知需与会的部门，应当遵循集体决策审批原则，按照联签制度来进行，同时形成决议和决定，以书面的形式整理并输出。若遇到特殊情况不能做出决议、决定的，应当重新进行调研，深入探讨，进行方向切换，重新拟定方案，准备会议材料。

（8）公司各职能部门应当尽快按照职责完善或修订与"三重一大"有关的制度、规定、程序等。

二、组织架构的运行

企业应当根据组织架构目前正在运行的规范，对现有治理结构和内部机构设置进行全面梳理。组织架构实行动态运行机制，企业需要定期对组织架构设计和运行的效率与效果进行综合评价，发现可能存在的缺陷，及时优化调整。

（一）组织架构的运行与全面梳理

对组织架构的运行与全面梳理主要可以从治理结构和内部机构设置两个方面来进行。

1.治理结构的梳理

从治理结构层面来看，企业应当重点关注董事、监事、经理及其他高级管理人员的任职资格和履职情况，以及董事会、监事会和经理层的运行效果。在梳理的过程当中，应当关注以下要点，具体如表3-7所示。

表3-7　治理结构梳理的关键控制点

编号	关键控制点	分类	重点关注内容
1	董事、监事、经理及其他高级管理人员的任职资格和履职情况	任职资格	（1）是否遵循企业设定的任职程序标准 （2）道德诚信情况 （3）行为能力、经营管理素质评价 （4）专业能力是否达标
		履职情况	（1）合规情况 （2）业绩评估 （3）忠实、勤勉义务履行情况评价
2	董事会、监事会和经理层的运行效果	董事会	（1）是否定期或不定期召集股东大会并向股东大会报告 （2）是否严格认真地执行了股东大会的所有决议 （3）是否合理地聘任或解聘经理及其他高级管理人员等
		监事会	（1）监事会是否按照规定对董事、高级管理人员的行为进行监督 （2）在发现违反相关法律法规或损害公司利益时，是否能够对其提出罢免建议或制止纠正其行为等
		经理层	（1）是否认真有效地组织实施董事会决议 （2）是否认真有效地组织实施董事会制定的年度生产经营计划和投资方案 （3）是否能够完成董事会确定的生产经营计划和绩效目标等

2. 内部机构的梳理

企业梳理内部机构的设置，应着力关注内部机构设置的合理性和运行的高效性。在梳理的过程当中，应当关注以下要点，如表 3-8 所示。

表 3-8　内部机构梳理的关键控制点

编号	关键控制点	重点关注内容
1	设置的合理性	（1）内部机构设置是否适应内外部环境的变化 （2）是否以发展目标为导向 （3）是否满足专业化的分工和协作，有助于企业提高劳动生产率 （4）是否明确界定各机构和岗位的权利和责任，不存在权责交叉重叠，不存在只有权利而没有相对应的责任和义务的情况等
2	运行的高效性	（1）需要关注职责分工及内部机构的运行效率 ①内部各机构的职责分工是否针对市场环境的变化做出及时调整 ②面临重要事件或重大危机时，各机构间表现出的职责分工协调性，检验其内部机构运行的效率 （2）需要关注权力制衡的效率评估 ①机构权力是否过大并存在监督漏洞 ②机构权力是否被架空 ③机构内部或各机构之间是否存在权力失衡 ④内部机构运行是否有利于保证信息的及时顺畅流通 （3）评估内部机构运行中的信息沟通效率 ①信息在内部机构间的流通是否通畅 ②是否存在信息阻塞 ③信息在现有组织架构下流通是否及时 ④是否存在信息滞后 ⑤是否存在信息不对称等现象 ⑥信息获取是否存在舍近求远的现象 ⑦信息在组织架构中的流通是否有助于提高效率

（二）组织架构的评估与动态调整

1. 组织架构的诊断评估

根据企业对治理结构和内部机构全面梳理的结果输出，一般情况下，由人力资源管理部定期对组织架构设计和运行的效率与效果进行综合评价，发现可能存在的缺陷后，形成组织架构缺陷评价汇总表，具体如表 3-9 所示。

表3-9　组织架构缺陷评价汇总表模板

编号	分类	涉及制度	关键控制点	发现的缺陷描述	可能存在的影响	整改建议	整改部门及整改负责人	缺陷归属		评价结果		
								设计缺陷	运行缺陷	重大缺陷	重要缺陷	一般缺陷

组织架构的运行效果评估内容主要包括现有组织架构是否有利于企业战略目标的实现，是否满足企业内部高效管理的要求，其设计是否与企业内部主导业务流程相符等。在组织架构的评估过程中，应当做大量访谈，广泛征得董事、监事、高级管理人员和其他员工的意见。

2. 组织架构的动态调整

对组织架构进行缺陷评价后，参照整改建议，可由人力资源管理部门提议组织架构调整方案，按照企业规定的权限和程序进行决策审批，一般情况下，应当经过董事会、总经理等其他相关部门审批，及时对其进行调整，使企业的组织架构始终处于高效运行状态。

总之，只有不断健全企业法人治理结构，持续优化内部机构设置，才能为风险管理奠定扎实基础，提升企业经营管理效能，保持企业健康可持续发展。

下面介绍一个综合性案例。

【案例3-3】某制造企业组织架构的设计调整与运行范例

一、具体角色

A：某制造企业

W：某制造企业总裁

HG：总裁办公室

K：总裁办公室负责人

Q：人力资源管理中心

N：内部控制部

L：组织架构优化工作小组

V：内部控制部负责人

二、背景介绍

A 是在当地较为有名的制造企业，集团注册资本 8 亿元，公司的规模和技术在该行业基本处于国内领先地位，拥有 3 家全资公司、25 家控股子公司、6 家参股公司。但是随着市场需求的变化及外部环境的冲击，A 企业陷入了"销量持续下滑"的困境中。

W 作为企业总裁，意识到企业一方面仍然存在技术上的短板。制造业是一个国家经济体系中非常核心的根基，市场竞争越来越激烈，目前企业在技术上的劣势逐渐暴露出来。

另一方面，A 企业在内部管理方面的成本较高，虽然经过了一定减员整顿，但由于企业的组织架构没有进行大的调整，且未进行科学的定岗定编，因此仍然存在着人浮于事、效率低下的情况，很大一部分员工的观念普遍跟不上企业发展的要求。

内部控制部 N 联合总裁办公室 HG、人力资源管理中心 Q，通过访谈、问卷调查、资料查阅等形式对企业进行了详细的诊断分析，得出以下基本结论。

（1）外部环境：如前所述，企业目前面临着较大的挑战，如经济形势严峻，外部环境的冲击，市场需求量缩减等情形。

（2）内部环境：根据对企业情况的了解，以及向相关人员的求证，对企业现有的组织架构（如图 3-5 所示）、岗位职责说明、具体业务情况进行了诊断分析。

初步分析后，发现 A 企业主要存在以下问题。

① 产品技术方面，研发成本较高，能力待加强，人员配备不足，目前部分研发仍然依托于外部团队，企业应当提高产品研发能力，研发满足客户个性化需求的产品，从"中国制造"变成"中国智造"，实现技术升级，做行业领头羊。

② 采购方面，生产设备投资大，与生产相关联的模块采购成本高。

③ 生产运营方面，产品单品价值高、小批量生产、生产周期长、客户对产品的定制化要求程度高；生产工序多、工艺技术复杂、对工人的技能要求高，成本较高。

④ 销售管理方面，销量目标与实际相偏离，销量目标过于乐观。销售团队年轻血

液较少，激情逐渐退化。此外，有些销售问题的决策所要求的时效性强，岗位职责规定无论大小事情，相关的决策需由销售中心总经理做出。销售中心总经理本身工作就非常繁忙，这样一来，经常出现因决策效率低而影响市场反应速度的情况。

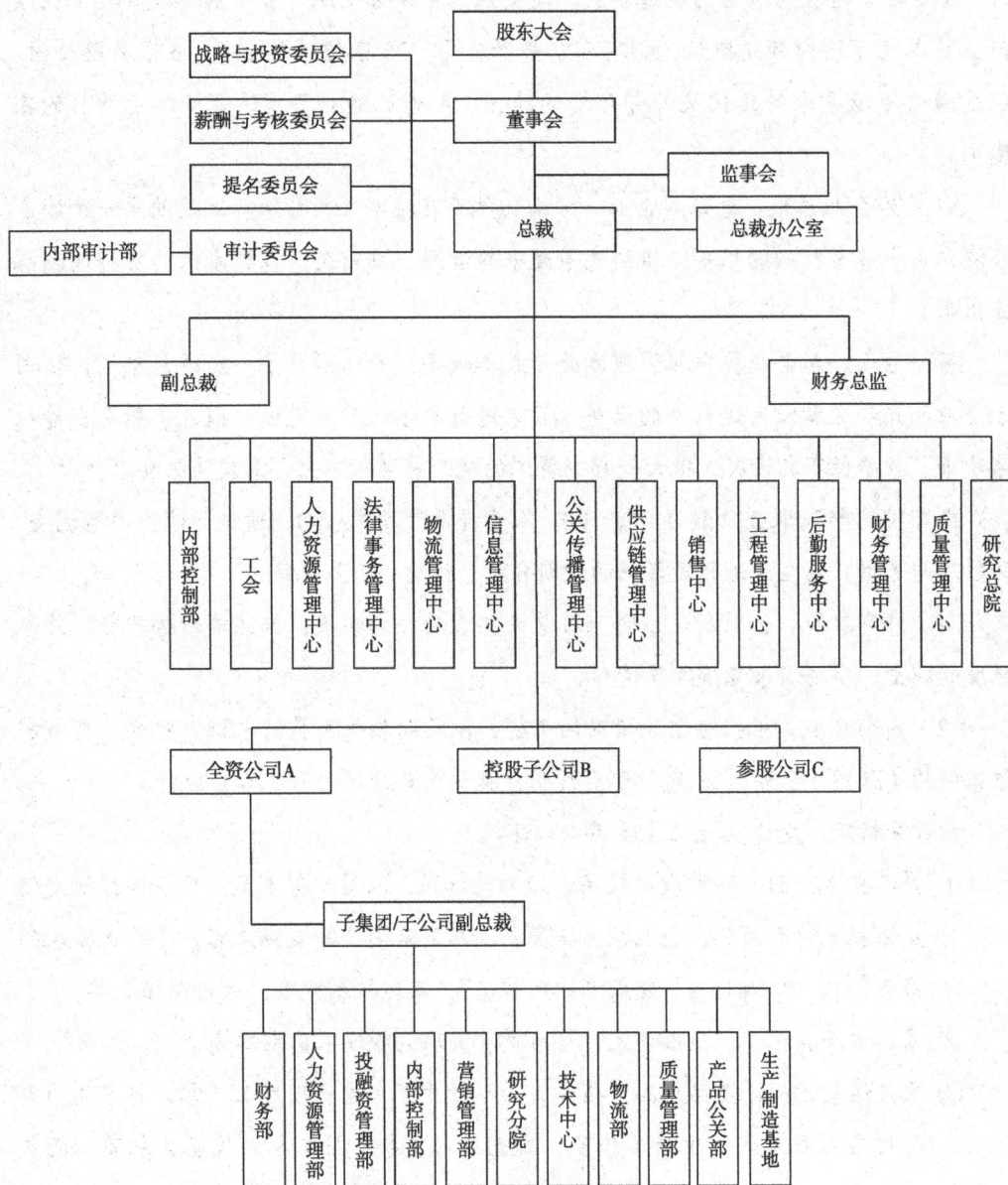

图 3-5　A 企业组织架构

经过一系列评估与诊断，形成组织架构内部控制缺陷认定表。

内部控制部负责人 V 与总裁办公室负责人 K 向企业高层详细地汇报了整体情况，考虑到外部环境及目前的经济形势，A 企业准备对组织架构进行全面调整，先对其进行重新设计，再进行调整，同时促进项目管理、技术升级。因此，企业决定从总裁办公室 HG、人力资源管理中心 Q、经营管理部门 S 抽调核心骨干人员，成立组织架构优化工作小组 L。

三、组织架构的设计与运行调整

（一）组织的目标调整与组织架构的设计

1.组织的目标调整

考虑到经济形势及外部环境的变化，A 企业对市场进行了一系列的测算分析，对组织目标及本年度销量目标进行了调整。

2.组织架构的设计与基本框架搭建

（1）改善思路

针对采购方面存在的问题，如生产设备投资大，与生产相关联的模块采购成本高等，A 企业加强采购管理，提高组织层级，成立采购公司，促进全集团进行集中采购，降本增效。同时，采购公司受各制造基地总经理监督，生产倒逼采购，集团根据利润率等对其进行考核，考核其降本情况等。各子公司下设采购部，主要负责与采购公司进行对接，不负责具体的采买业务执行，定期收集各部门采购需求，审核后提交审批流程至采购公司，不断梳理年度、季度、月度采购计划，征集采购制度优化建议等。

针对销售系统存在的问题，A 企业需要提高决策效率和独立性，改变其他系统在薪酬上的不公平感，将原销售中心独立组建为销售公司，将财务权力下放，对销售公司进行独立核算、自负盈亏，由董事会办公室直接管理和考核。了解市场行情，测算销售情况，充分考虑内外部环境，调整 A 企业销量目标，同时为了增加销售人员的士气，给予相关员工 7%~15% 的薪资涨幅，此外，针对很大一部分员工的观念普遍跟不上企业发展的要求的现状，一方面，公司实施"内训师"奖励政策，即只要在内部进行了有效的分享，就可获得一定比例的奖励，促进销售业务内部沟通和交流；另一方面，引进外部先进的销售理念及思想，促进与其他标杆企业的经验交流，同时，引进了销售业务咨询机构，向员工灌输新知识。此外，还输入一定比例的新鲜"血液"。

针对产品技术方面存在的问题，强化研究总院技术升级转型问题，在研究总院内下设项目管理部，对每个研发项目全方位地进行考核。

针对生产营运方面存在的问题，将各制造基地看作独立的"核算个体"，对各制造基地进行考核并排名。

（2）职责权限确定与人员配备决定

梳理并编制每一个岗位职责说明书，具体如表3-10所示，确定职责权限及人员配备与调动。

表3-10　岗位职责说明书模板

×× 岗位职责说明书				
基本信息	岗位名称		直接上级	
	所属部门		直接下属	
	岗位编号		间接下属	
学历和资历				
岗位职责				
应具备的知识				
任职能力要求				
权限				
任职人		任职时间	填写日期	

（3）形成组织架构新框架

参照以上调整思路，对组织架构进行了初步的优化，如图3-6所示。

（二）组织架构的运行调整

A企业将设计优化后的组织架构进行运行实施。企业管理水平有了较大的提升，整体效益较前期有了较大的增长。此外，销售模块在恶劣的市场环境下，还能保持较高的市场占有率，销量稳中有升，销售人员充满士气。采购降本小组成立，小组深度剖析，挖掘可降本空间。研发矩阵式管理，通过项目管理对各个项目进行了有效的管控，为"中国智造"努力。

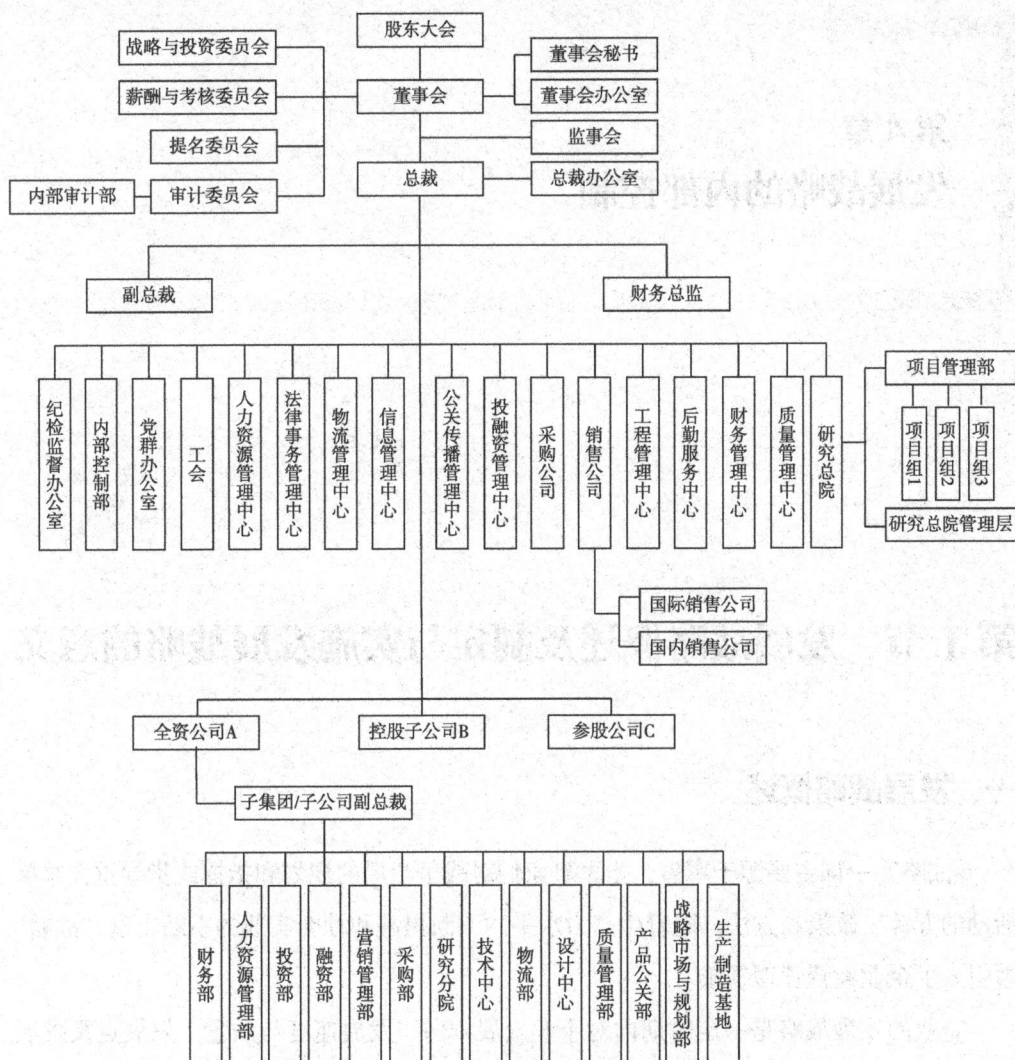

图 3-6　A 企业优化后的组织架构范例

　　但是，组织架构的设计不可能一劳永逸，组织架构的设计受到外部环境、战略目标、技术发展及变化、企业发展阶段、规模等因素的影响，一个组织要想在激烈的市场竞争中存活，必须不断地进行调整与变化，因此，只有不断变化的组织架构，没有一成不变的、完美的组织架构。

第 1 节　发展战略概述及制定与实施发展战略的意义

一、发展战略概述

"战略"一词主要源于军事，指军事家们对战争全局的规划和指挥或指导重大军事活动的方针、政策和方法。随着生产力水平的不断提高和社会实践的不断丰富，"战略"被引入了企业经营管理领域。

企业的发展战略是一定时期内对企业发展方向、发展速度与质量、发展点及发展能力的重大选择、规划及策略，是指企业各种战略的总战略，其整体性更加突出，是关于企业如何发展的理论体系。

企业发展战略可形成一个系统，用来解决企业发展问题。愿景、战略目标、业务战略和职能战略构成了企业战略自上而下的四个层面。

（1）愿景：企业明确的发展方向，指的是企业未来要成为一个什么样的企业。

（2）战略目标：确认企业宗旨，明确企业的发展速度与发展质量，指的是企业未来要达到一个什么样的发展目标，建立完善的目标体系。

（3）业务战略：指的是企业的战略发展点，例如，产业定位、区域定位、产品定位、客户群体定位等。

（4）职能战略：指的是企业未来需要什么样的发展能力，需要在市场营销、技术研发、生产制造、人力资源、财务管理、战略投资等方面采取什么样的策略和措施以支持企业愿景、战略目标、业务战略的实现。

　　发展战略系统如图 4-1 所示。一般来说，上一层面可以为下一层面提供方向与思路，下一层面可以为上一层面提供有力支撑，它们之间相互影响，构成一个有机的发展战略系统。

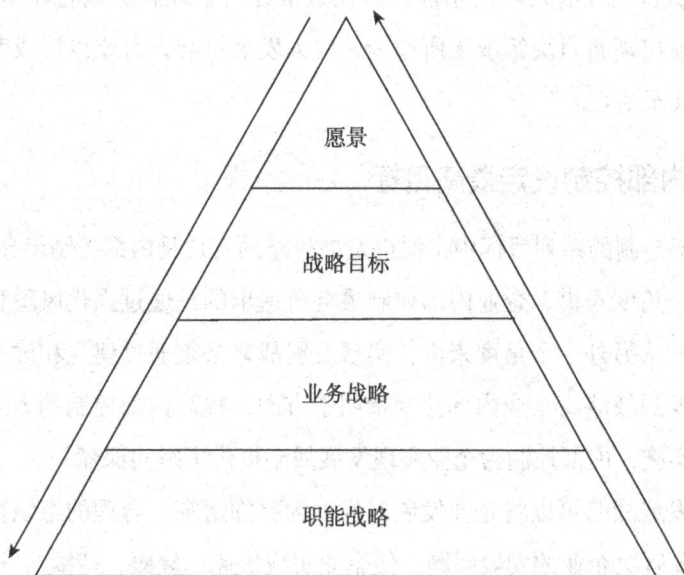

图 4-1　发展战略系统

二、制定与实施发展战略的意义

　　发展战略是企业在对现实状况和未来趋势进行综合分析与科学预测的基础上，制定并实施的长远战略规划与发展目标。企业发展战略可以帮助企业明确发展目标，指明发展点，确定企业需要的发展能力。制定与实施发展战略的意义在于以下几点。

（一）为企业找准市场定位

　　市场定位就是要在激烈的市场竞争环境中找准位置。企业只有精准定位，才能赢得市场，获得竞争优势，并不断发展壮大。定位所要解决的问题较为广泛，包括市场需求调研、现有产品定位及再定位、潜在产品预定位、核心竞争优势定位，以及如何充分利用内外部资源持续保持竞争优势，如何根据市场环境及经营状况的变化做出风险评估及应对。

发展战略着力要解决的正是企业发展过程中所面临的这些全局性、长期性的问题。

（二）是企业执行层的行动指南

发展战略指明了企业的发展方向、目标与实施路径，描绘了企业未来经营的方向和纲领，是企业发展的蓝图，关系着企业的长远生存与发展。只有制定科学合理的发展战略，企业执行层才有行动的指南，其在日常经营管理和决策时才不会迷失方向；否则，企业容易出现盲目决策或无所作为，失去发展机会，且难以形成竞争优势，可能会走向衰落甚至消亡。

（三）为内部控制设定最高目标

在企业内部控制的系列目标中，促进发展战略的实现是内部控制最高层次的目标。实际上，从一个角度来讲，企业内部控制最终所追求的是通过强化风险管控促进企业实现发展战略；从另外一个角度来讲，实现发展战略必须通过建立和健全内部控制体系提供保证。发展战略为企业内部控制指明了方向，提高内部控制的力度，有助于保证发展战略的实施，内部控制为企业实现发展战略提供了坚实保障。

制定企业发展战略可以将企业发展目标变为更加清晰、合理的组织行为。战略的真正目的就是要解决企业的发展问题，使企业实现快速、健康、持续的发展。

第 2 节　制定与实施发展战略的管理目标、
主要风险及管控措施

一、制定与实施发展战略的管理目标

制定与实施发展战略的管理目标如表 4-1 所示。

表 4-1　制定与实施发展战略的管理目标

编号	分类	管理目标	具体细则（供参考）
1	发展战略的制定	在对现实状况和未来趋势进行综合分析和科学预测的基础上，制定长远发展目标与规划	（1）企业应当对其自身的实际情况、市场、行业、技术等现实状况进行充分调查研究，了解未来趋势，科学分析预测，广泛征求意见，在此基础上，制定并实施长远发展目标与规划 （2）企业在制定发展目标的过程中，应当综合考虑宏观经济政策、国内外市场需求变化、技术发展趋势、行业发展情况、竞争对手状况、可利用资源水平、企业自身优劣势等影响因素 （3）企业应当根据发展目标制定战略规划，确定每个发展阶段的具体目标、工作任务及实施指南
2	发展战略的实施	落实发展战略，分解工作任务，对实施情况进行监控，不断完善发展战略	（1）完善企业发展战略管理制度，确保发展战略的有效实施 （2）制订年度经营大纲、工作计划，编制全面预算，将年度目标分解、落实 （3）确保发展战略及其具体需落实解决的问题传递到内部各管理层及全体员工 （4）应对发展战略的实施情况进行监控，对于明显偏离发展战略的情况，应当及时进行报告 （5）当经济形势、产业政策、行业状况等发生重大变化，以及遇到技术革新、不可抗力等因素时，企业应当按照规定的权限及程序及时调整发展战略

二、制定与实施发展战略的主要风险及管控措施

企业在制定与实施发展战略的过程中，会在各个环节发现不少问题及潜在风险，我们应当至少关注以下风险，并制定相关风险防控措施，具体如表 4-2 所示。

表 4-2　制定与实施发展战略的主要风险及管控措施

编号	具体层面	风险描述	关键控制措施参考（后续内容将会详述）
1	发展战略的组织管理	没有具体的发展战略管理组织，且无详细的发展战略制定与实施的制度与规范	（1）可在董事会下设立战略委员会或者类似组织来负责发展战略的管理工作
2	发展战略的审议	发展战略因为企业管理层等主观原因频繁变动，可能导致资源浪费严重，甚至危及企业的生存及可持续发展	（2）明确战略委员会或者类似组织的职责及其具体议事流程与规则 （3）完善发展战略管理制度

（续表）

编号	具体层面	风险描述	关键控制措施参考 （后续内容将会详述）
3	发展战略的制定	（1）精力集中在日常经营事务上，对企业长远发展战略缺乏统筹规划，未从全局考虑，忽略对企业深层次发展问题的研究 （2）发展战略制定得过于激进，脱离企业实际能力或偏离主业，可能导致企业过度扩张，甚至经营失败	（1）制定战略前要进行充分的调查研究、科学的分析预测，并广泛征求意见，要对企业发展进行全局性思考，深层次研究企业的发展问题及发展方向，必要时也可借助中介机构的力量 （2）建立发展目标时，要突出主营业务，不能过于激进或保守
4	发展战略的实施	（1）企业虽然制定了发展战略，但由于发展战略实施不到位（外部环境适应能力弱、保证措施不到位等原因），战略往往流于形式，可能导致企业盲目发展，难以形成竞争优势，丧失发展机遇和动力 （2）发展战略调整不及时，可能导致企业的经济效益受损，甚至影响企业的长远发展	（1）目标分解明确，加强宣传，确保发展战略及其具体需落实解决的问题传递到内部各管理层及全体员工 （2）对发展战略的实施情况进行监控，对于明显偏离发展战略的情况，应当及时进行调整和完善

第3节　发展战略的制定与实施

一、发展战略的制定

（一）建立和健全发展战略机制

1.建立和健全发展战略管理机构

发展战略的制定，直接关系着企业的现在与未来，企业各层级都应给予高度重视及大力支持，应当在人力资源配置、组织机构设置等方面提供必要的保证。

企业应当在董事会下设立战略委员会或指定相关机构专门负责发展战略管理工作，履行相应职责。

战略委员会的主要职责是对企业长期发展战略和重大投资决策进行研究并提出建议，具体包括对企业的长期发展规划、经营目标、发展方针进行研究并提出建议，对企业涉及的产品战略、研发战略、营销战略、人才战略等经营战略进行研究并提出建议，对企业重大战略性投资、融资方案进行研究并提出建议，对企业重大资本运作、资产经营项目进行研究并提出建议等。

若不设置战略委员会，也可在内部机构中设置专门的部门或指定相关部门来承担战略委员会的有关具体工作。

2.建立和健全发展战略管理制度

为确保战略委员会议事过程透明、决策程序科学民主，企业应当明确相关议事规则，对战略委员会会议的召开程序、表决方式、提案审议、保密要求和会议记录等做出明确约定。

战略委员会对董事会负责，委员包括董事长和其他董事。战略委员会委员应当具有较强的综合素质和深厚的实践经验。委员的任职资格和选任程序应符合有关法律法规和企业章程的规定。战略委员会主席应当由董事长担任，委员中应当有一定数量的独立董事，以保证委员会更具独立性和专业性。必要时，战略委员会也可聘请社会专业人士担任顾问，以提供专业咨询意见。

此外，企业应当制定完善的"企业发展战略制定与实施规范"，建立和健全发展战略管理制度，使得企业在制定发展战略时有章可循。

（二）综合分析评价影响发展战略的内外部因素

企业内外部因素，例如，内部资源、外部环境等，是影响企业发展战略制定的关键因素。因此，需要对企业的内外部因素进行深度分析和评价。

外部因素一般包括政治与法律环境、自然环境、社会与文化环境、经济环境、技术环境等对企业经营的影响，具体如表 4-3 所示。企业应当在充分研究外部环境的现状及未来发展趋势的基础之上，抓住有利于企业发展的机会，尽量避免外部环境的威胁因素。

表 4-3　影响发展战略的外部因素

编号	外部因素	具体描述
1	政治与法律环境	主要包括政治形势、新的法律和监管要求等，这部分因素有可能导致如国外市场新的开放或者限制进入、税收高低变动等情况

(续表)

编号	外部因素	具体描述
2	自然环境	主要包括台风、洪水、火灾、地震等不可抗力的自然因素，这些因素可能会导致工作场所或者建筑物的损失、人力资本的损失等
3	社会与文化环境	主要包括社会习俗、人口统计、家庭结构、消费理念的变化，这些因素将会导致产品及服务需求的变化
4	经济环境	主要包括经济发展水平、社会经济结构、宏观经济政策、当前经济情况等，可能导致更高或者更低的资本成本
5	技术环境	新技术的产生可能导致基础结构成本的降低等变化

内部因素一般包括企业资源、企业能力、核心竞争力等各种有形和无形资源的影响因素，企业应当着重分析这些资源和能力使企业在同行业中处于何种地位，与竞争对手相比，企业有哪些优势和劣势，具体如表4-4所示。

表4-4　影响发展战略的内部因素分析

编号	内部因素	具体分析点
1	企业资源因素	应着重对企业现有资源的数量和利用效率及资源的应变能力等方面进行分析 （1）通过企业资源分析，确定企业资源的状态，找出企业资源优势和劣势 （2）通过与主要竞争对手资源情况的比较，明确形成企业核心能力和竞争优势的战略性资源
2	企业能力因素	企业能力是企业有形资源、无形资源和组织资源等各种资源有机组合的结果，主要包括组织管理能力分析、研发能力分析、生产能力分析、营销能力分析、财务能力分析等 （1）通过分析和挖掘企业能力，了解企业可能面临的风险及目前存在的问题 （2）通过分析和挖掘企业能力，了解发展战略能否适应企业面临的各种机遇，还可能发现让竞争对手无法企及的新机会和新领域
3	核心竞争力因素	核心竞争力主要立足于企业的资源和能力，指的是企业相对于竞争对手所存在的核心竞争优势，能够帮助企业构建核心竞争力的资源主要包括稀缺资源、不可模仿的资源、不可替代的资源、持久的资源等 企业在进行战略分析时，应当将注意力特别集中在那些能够帮助企业建立核心竞争力的资源上

（三）如何科学编制发展战略

发展战略可以分为发展目标和战略规划两个层次。其中，发展目标是企业发展战略的核心和基本内容，是在最重要的经营领域对企业使命的具体化，表明企业在未来一段时期内所要努力的方向和所要达到的水平。战略规划主要是为了实现发展目标而制定的具体规划，表明企业在每个发展阶段的具体目标、工作任务和实施路径。

1. 制定发展目标

企业的发展目标是指导企业生产经营活动的准绳，一般包括盈利能力、生产效率、市场竞争地位、技术领先程度、生产规模、组织架构、人力资源、用户服务、社会责任等。

在编制发展目标时，企业应"不卑不亢"，以企业使命为依据，综合分析内外部因素，提升企业的核心竞争力。

在编制发展目标时，企业应当突出主业，只有集中精力做强主业，才能增强企业的核心竞争力，才能在行业和产业发展中发挥引领和带头作用。发展目标不可过于激进，不能盲目追逐市场热点，不能脱离企业实际，否则可能导致企业过度扩张或经营失败。同时，发展目标也不能过于保守，否则会丧失发展机遇和动力。

2. 编制战略规划

编制战略规划指的是发展目标确定后，企业就要考虑使用何种手段、采取何种措施、运用何种方法来达到目标。

战略规划应当明确企业发展的阶段性和发展程度，制定每个发展阶段的具体目标和工作任务，以及达到发展目标所需实施的措施。

3. 审议及批准发展战略

拟订发展战略后，应当按照规定的权限和程序对发展战略方案进行审议与批准。审议及批准发展战略主要关注以下内容：

（1）发展战略是否符合国家行业发展规划和产业政策；

（2）发展战略是否符合国家经济结构战略性调整方向；

（3）发展战略是否突出主业，是否有助于提升企业核心竞争力；

（4）发展战略能否客观全面地对未来商业机会和风险进行分析预测；

（5）发展战略是否有相应的人力、财务、信息等资源保障；

（6）发展战略是否具有操作性。

二、实施发展战略

企业应当重视和加强发展战略的实施，加强对发展战略实施的统一领导，制定详细的年度工作计划，通过编制全面预算，将年度目标进行分解、落实，全力推进所有相关目标的实现，确保完成发展目标。实施发展战略时，应当注意以下几个方面的内容。

（一）加强发展战略实施的统筹管理

企业要确保发展战略有效实施，加强统筹管理是关键。

企业管理层作为制定发展战略的直接参与者，往往比一般员工掌握更多的战略信息，对企业发展目标、战略规划和战略实施路径的理解和体会也更加全面和深刻，应当担当发展战略实施的领导者，这样更利于发展战略实施的统筹管理。企业应当充分发挥管理层在资源分配、内部机构优化、企业文化培育、信息沟通、考核激励相关制度建设等方面的协调、平衡和决策作用，确保发展战略的有效实施。

（二）将发展战略分解落实

制定发展战略后，企业经理层应着手将发展战略逐步细化，确保已审议批准的发展战略落地。将发展战略分解落实时，应当注意以下几点。

（1）根据战略规划制定年度工作计划。

（2）按照上下结合、分级编制、逐级汇总的原则编制全面预算，将发展目标分解并落实到产销水平、资产负债规模、收入及利润增长幅度、投资回报、技术创新、品牌建设、人力资源建设、制度建设、风险管控、企业文化、社会责任等可操作层面，确保发展战略能够真正有效地指导企业各项生产经营管理活动。

（3）要进一步将年度预算细分为季度、月度预算，通过实施分期预算控制，促进年度预算目标的实现。

（4）要通过建立发展战略实施的激励约束机制，将各责任单位年度预算目标完成情况纳入绩效考评体系，切实做到有奖有惩、奖惩分明，以促进发展战略的有效实施。

（三）发展战略有效实施的关键保障

战略实施过程是一个系统的有机整体，需要研发、生产、销售、财务、人力资源等各个职能部门间的密切配合，高效协同。企业应当采取切实有效的保障措施，确保发展战略的顺利贯彻和实施。

1. 要培育与发展战略相匹配的企业文化

企业文化是发展战略有效实施的重要支持。制定发展战略后，企业要充分利用企业文化所具有的导向、约束、凝聚、激励等作用，统一全体员工的观念及行为，共同为发展战略的有效实施而努力奋斗。

2. 要优化调整组织架构

发展战略决定着企业组织架构的设计与选择；反过来，发展战略的实施过程及效果又受到所采取的组织架构的制约。要解决好发展战略前导性和组织架构滞后性之间的矛盾，企业必须在制定发展战略后，尽快调整组织架构、业务流程、权责关系等，以适应发展战略的要求。

3. 要整合内外部资源

企业能够利用的资源是有限的，如何调动和分配企业不同领域的人力、财力、物力和信息等资源来适应发展战略，是促进企业发展战略顺利实施的关键。企业在战略实施过程中，只有对拥有的资源进行优化配置，达到战略与资源的匹配，才能充分保证战略的实现。

4. 要相应调整管理方式

企业在战略实施过程中，往往需要克服各种阻力，改变企业日常惯例，在管理体制、机制及管理模式等方面实施变革，由粗放、层级制管理向集约、扁平化管理转变，为发展战略的有效实施提供强有力的支持。

（四）加强发展战略宣传培训工作

企业应当在各个环节加强发展战略的宣传培训工作，为推进发展战略实施提供强有力的思想支撑和行为导向。

（1）在企业董事、监事和高级管理人员中树立战略意识和战略思维，充分发挥其在战略制定与实施过程中的模范带头作用。

（2）通过采取内部会议、培训、讲座、知识竞赛等多种行之有效的方式，把发展战略及其分解落实情况传递到内部各管理层级和全体员工，营造战略宣传的强大舆论氛围。

（3）企业高管层要加强与广大员工的沟通，使全体员工充分认清企业的发展思路、战略目标和具体举措，自觉将发展战略与自己的具体工作结合起来，促进发展战略的有效实施。

第4节 如何实现发展战略转型

一、加强对发展战略实施的监控

企业的内外部环境处于不断变化之中。当这种变化积累到一定程度时，发展战略可能会滞后或其执行偏离既定的发展目标。对此，企业战略委员会应当加强对发展战略实施情况的监控，定期收集和分析相关信息，对于明显偏离发展战略的情况，应当及时报告。同时，因经济形势、产业政策、技术进步、行业状况及不可抗力等因素发生变化，确需对发展战略做出调整优化甚至转型的，应当按照规定权限和程序调整发展战略或实施战略转型。

企业应当建立发展战略评估制度，加强对战略制定与实施的事前、事中和事后评估。

针对发展战略的制定过程，应当监控以下几个方面，具体如表 4-5 所示。

表 4-5　发展战略制定过程监控的主要关注点

编号	具体流程	监控主要关注点
1	收集企业发展战略的相关信息	主要关注收集的信息是否全面、准确、有效
2	明确企业发展目标和战略规划	（1）是否综合考虑了宏观经济政策、国内外市场需求变化、技术发展趋势、行业及竞争对手状况、可利用资源水平及自身优劣势等影响因素 （2）是否在充分调查研究、科学分析预测和广泛征求意见的基础之上制定的发展目标
3	组织相关部门对发展目标和战略规划进行可行性研究	主要关注可行性研究的方法是否科学、合理，研究程序是否合规、有效
4	形成发展战略建议方案	主要关注建议方案的内容是否全面，是否提出了建设性的意见
5	听取外部专家的咨询意见（需要时）	（1）主要关注是否确实有必要借助中介机构和外部专家 （2）主要关注外部专家是否履行职责为其提供专业咨询意见
6	提交企业发展战略方案	提交的企业发展战略方案是否经过可行性分析，是否咨询过相关专家

（续表）

编号	具体流程	监控主要关注点
7	董事会针对发展战略方案进行审议	审议的程序是否合规，审议的重点是否关注发展战略的可行性、全局性
8	股东大会审批经董事会审议通过的发展战略方案	审批的过程是否遵循股东大会的规则

针对发展战略的实施过程，应当监控以下几个方面，具体如表 4-6 所示。

表 4-6　发展战略实施过程监控的主要关注点

编号	具体流程	监控主要关注点
1	下达并分解企业发展战略	下达的发展战略是否经过严格的审核、审批程序
2	进行企业发展战略的内部宣传工作	是否将发展战略分解落实情况及时传递到各管理层级与全体员工
3	建设与发展战略相匹配的软硬件	组织架构、企业文化、人力资源及信息系统是否与发展战略相匹配
4	制定年度工作计划，编制全面预算	年度工作计划和全面预算是否根据企业发展战略进行制定
5	分解落实年度计划及目标	是否将年度计划及目标进行逐层分解，是否形成具体的任务目标和要求，目标是否具有操作性
6	监督相关部门执行相应战略	是否定期检查各个部门的战略执行情况，是否提供相应的意见和建议

在对发展战略制定与实施进行全过程监控的同时，企业也需对发展战略的实施效果进行评估，此为战略调整的重要依据。企业应当结合战略期内每一年度工作计划和经营预算完成情况，侧重对战略执行能力和执行效果进行分析评价；也应结合战略期末发展目标实现情况，侧重对发展战略的整体实施效果进行概括性的分析评价，总结经验教训，并为制定新的发展战略提供信息、数据和经验。

在发展战略评估过程中，企业应当采取定性与定量相结合、财务指标与非财务指标相结合的方法。对于发展战略制定与实施过程中存在的问题和偏差，应当及时进行内部报告，并采取措施予以纠正。

二、根据监控情况持续优化发展战略

发展战略明确了企业长期发展目标，在一定时期内应当保持相对稳定。但是，企业在开展战略监控和评估过程中，发现下列两种情况之一的，应当及时调整、优化发展战略，以促进企业内部资源能力和外部环境条件保持动态平衡：第一，经济形势、产业政策、技术进步、行业竞争态势及不可抗力等因素发生较大变化，对企业发展战略实现有较大影响；第二，企业内部经营管理发生较大变化，确有必要对发展战略做出调整。

发展战略的调整及优化应当按照规定的程序和权限进行，具体如图 4-2 所示。

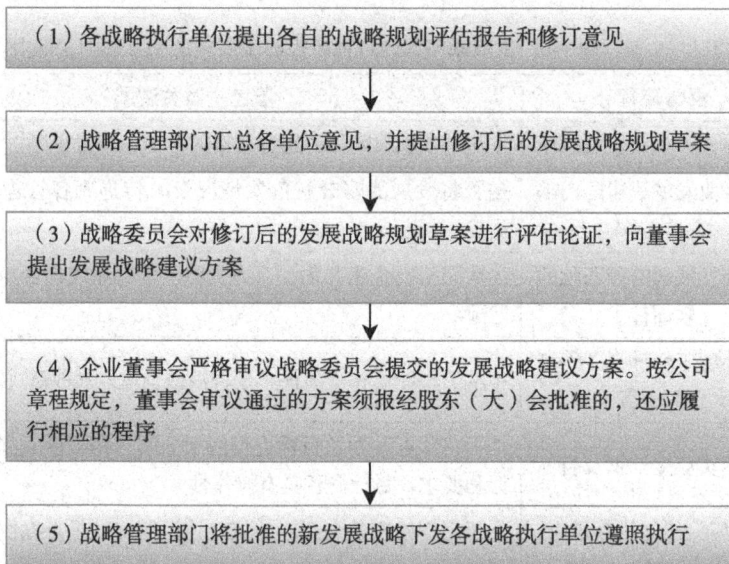

（1）各战略执行单位提出各自的战略规划评估报告和修订意见

↓

（2）战略管理部门汇总各单位意见，并提出修订后的发展战略规划草案

↓

（3）战略委员会对修订后的发展战略规划草案进行评估论证，向董事会提出发展战略建议方案

↓

（4）企业董事会严格审议战略委员会提交的发展战略建议方案。按公司章程规定，董事会审议通过的方案须报经股东（大）会批准的，还应履行相应的程序

↓

（5）战略管理部门将批准的新发展战略下发各战略执行单位遵照执行

图 4-2　发展战略调整的程序和权限

同时，针对发展战略的调整优化过程，应当监控以下几个方面，具体如表 4-7 所示。

表 4-7　发展战略调整优化过程监控的主要关注点

编号	具体流程	监控主要关注点
1	各战略执行单位提出各自的战略规划评估报告和修订意见	（1）各单位是否按照企业规定的评估程序和评估方法进行发展战略的实施评估 （2）各单位提出修订意见时是否考虑了新的内外部环境因素对企业发展战略的影响
2	提出修订后的发展战略规划草案	企业发展战略调整建议是否有效、合理、可操作
3	对修订后的发展战略规划草案进行评估论证，向董事会提出发展战略建议方案	在讨论企业发展战略建议方案时，是否对新的发展目标和战略规划进行可行性研究和科学论证

编号	具体流程	监控主要关注点
4	审议提交的发展战略建议方案，审批董事会审议通过的调整方案	是否严格按照审核审批程序和权限对企业发展战略调整方案进行审议
5	新发展战略下发各战略执行单位遵照执行	是否将调整后的发展战略及时通知各相关部门，并监督执行情况

三、抢抓机遇以顺利实现战略转型

　　加强战略管理，提高战略管理水平，是企业谋求长远发展的不懈追求。当企业外部环境尤其是所从事行业的竞争状况发生重大变化时，或当企业步入新的成长阶段需要对生产经营与管理模式进行战略调整时，企业必须选择新的生存与发展模式，即战略转型。企业战略转型不是战略的局部调整，而是各个战略层次上的方向性改变。此时，应不断提升企业的核心竞争力，实现企业的健康、可持续发展。

第5章
人力资源的内部控制

企业的核心是人，人才是企业发展的核心动力。人力资源管理可以保证企业正常有序发展，人力资源管理的质量直接影响到企业利润与企业的核心竞争力。企业应当重视自身的人力资源建设，加强人力资源管理的措施，提高企业内部控制的执行效率。

第1节　人力资源管理概述及意义

一、人力资源管理概述

从宏观角度讲，人力资源管理指的是政府对社会的人力资源进行开发和管理的过程；从微观角度讲，人力资源管理指的是企业内部对人的管理，即运用现代化的科学方法，对企业的人力资源进行合理的组织、协调、培训、调配，使人力和物力保持最佳比例，同时对人的思想和行为进行适当的引导、控制、监督，以充分调动人的主观能动性，协助组织实现目标。

二、人力资源管理的意义

人力资源是一个企业成长的根本，是企业发展的灵魂。从战略的角度来讲，人力资源是企业的一种长期财富，其价值在于创造企业与众不同的竞争优势，促进企业的可持续发展和科学发展。人力资源管理的意义主要有以下几点：

（1）良好的人力资源管理机制是增强企业活力的源泉；

（2）良好的人力资源管理机制有利于提高员工的工作绩效；

（3）良好的人力资源管理机制有利于提升企业的核心竞争力；

（4）良好的人力资源管理机制有利于发展战略的有效落实；

（5）良好的人力资源管理机制确保发展目标的有效实现。

第 2 节　人力资源管理的内部控制目标、主要风险及管控措施

一、人力资源管理的内部控制目标

人力资源管理的内部控制目标如表 5-1 所示。

表 5-1　人力资源管理的内部控制目标

编号	具体环节	管理目标（供参考）
1	人力资源计划与招聘	及时、合理地配置人力资源，确保员工队伍结构、素质与企业发展目标相适应
2	人力资源引进开发与退出	建立高效的激励与约束机制，有效地开发和利用人力资源。规范招聘及离职程序，引入人员聘用竞争机制，加强培训工作，提高员工道德素养和专业胜任能力
3	考核	建立科学合理的人力资源考核制度，确保能够引导员工实现企业目标
4	薪酬	建立具有竞争力的薪酬制度，保持和吸引优秀人才，并按照国家有关法律法规的要求规范薪酬发放的标准和程序
5	人力资源使用及成本核算	真实、准确、完整地核算人力资本，确保人力资本无误。合理有效地控制人力资本，提高人力资本的使用效率

二、人力资源管理的主要风险及管控措施

企业在进行人力资源管理活动时，需要关注如何进行人力资源管理，同时需要特

别关注人力资源管理活动过程中的问题及潜在风险，应当至少关注以下风险并制定相关风险防控措施，如表 5-2 所示。

表 5-2　人力资源管理的主要风险及管控措施

编号	具体层面	风险描述	关键控制措施参考（后续内容将会详述）
1	人力资源规划与岗位设置	人力资源需求计划不合理，岗位职责安排不科学，可能导致企业无法引进经营管理所需的人才	（1）制定合理的人力资源规划 （2）建立岗位责任制，合理地设置岗位，清晰地规范岗位职责 （3）建立信息沟通机制，及时修正各岗位的具体工作事项
2	人员引进与开发	人力资源政策违反国家法律法规，可能遭受外部处罚、经济损失和信誉损失 人力资源缺乏或过剩、结构不合理、开发机制不健全，可能导致企业发展战略难以实现	（1）熟悉国家法律法规，编制合法合规完善的人力资源政策 （2）制定合理的人员招聘计划，加强对关键岗位与核心人员的引进 （3）关注并合理评估招聘对象的专业胜任能力 （4）做好招聘预算，严格控制招聘成本
3	人员使用及考核	（1）人力资源考核政策和薪酬制度不合理，人力资源激励约束制度不合理，可能导致企业员工流失或者业绩低下 （2）员工业务能力或者道德素养无法满足其所在岗位的要求，可能导致企业目标无法实现或者发生欺诈、舞弊等损害企业利益的行为 （3）关键岗位人员管理不完善，可能导致人才流失、经营效率低下或关键技术、商业秘密和国家秘密的泄露	（1）建立科学的绩效管理机制 （2）建立具备竞争力的薪酬制度，并与工作绩效挂钩 （3）设置严格的工作保密制度 （4）激励与约束相结合，建立良好的内部竞争机制 （5）制定合理的培训计划，合理控制培训费用 （6）合理选择培训课程、讲师等，确保培训效果 （7）制定培训约束条款，确保培训成果充分服务于企业
4	人员退出	人力资源退出机制不当，可能导致法律诉讼或企业声誉受损	（1）建立严格的员工离职制度及竞业约束规定 （2）充分实施人力资源管理审计、离职审计、经济责任审计，规范高管人员及核心技术人员的离职管理制度 （3）及时、合理地处理各种劳动纠纷及劳动争议

第 3 节　人力资源管理的内部控制

一、人力资源的引进与开发控制

无论是新设立企业还是存续企业，为实现其发展目标，都会遇到人力资源引进和开发问题。人力资源作为企业总体资源的组成部分，与其他资源有机结合在一起，共同促进企业健康发展。人力资源的引进要依据人力资源年度需求计划，同时，引进的人力资源要符合相关能力框架、知识结构和综合素质。此外，引进的人力资源可以分为高级管理人员、专业技术人员和一般员工，企业对于不同人员的开发也应作不同的管理要求，编制完善的招聘管理制度，可包括人力资源需求计划、任职试用期、职业道德评估、胜任能力评价、招聘费用规划等模块。

（一）高级管理人员的引进与开发

高级管理人员（高管人员）对实现企业发展战略具有极其重要的作用，其引进与开发应当处于首要位置。企业应当制定高管人员引进计划，要提交董事会审议通过后实施。

董事会在审议高管人员引进计划时，主要应该关注以下几点：

（1）高管人员的引进是否符合企业发展战略；

（2）高管人员的引进是否符合企业当前和长远需要，是否有明确的岗位设定和能力要求；

（3）高管人员的引进是否设定了公平、公正、公开的方式。

（二）专业技术人员的引进与开发

专业技术人员，特别是核心专业技术人员，是企业发展的动力。企业的发展离不开专业技术人员的创新和研发。在企业现有专业技术人员不能满足发展战略的情况下，企业要注重通过各种方式大胆引进专业技术人员为己所用。

在专业技术人员的引进与开发过程中，应当注意以下几点：

（1）是否满足企业当前实际生产经营需要，是否具备一定的前瞻性；

（2）专业技术人员的专业素质、科研能力是否符合企业要求，其道德素质、协作精神及对企业价值观和文化的认同感是否与企业吻合；

（3）专业技术人员的开发应当注重知识持续更新，紧密结合企业技术攻关及新技术、新工艺和新产品开发来开展各种专题培训等继续教育，帮助专业技术人员不断补充、拓宽、深化和更新知识；

（4）应当建立良好的专业人才激励约束机制，努力做到以事业、待遇、情感留人。

（三）一般员工的引进与开发

一般员工占据企业人力资源的大部分，主要工作在企业生产经营的一线。一般员工通常具有流动性强的特点，因此往往成为企业年度人力资源引进工作的重要内容。为确保企业生产经营正常运转，企业应当根据年度人力资源计划和生产经营的实际需要，通过公开招聘方式引进一般员工。

在一般人员的引进与开发过程中，应当注意以下几点：

（1）企业应当严格遵循国家有关法律法规的要求，注意招收那些具有一定技能、能够独立承担工作任务的员工，以确保产品和服务的质量；

（2）企业要根据组织生产经营需要，不断拓展一般员工的知识和技能，加强岗位培训，不断提升一般员工的技能和水平；

（3）要善待一般员工，在最低工资标准、保险保障标准等方面严格按照国家或地区要求办理；

（4）应当建立一定的激励制度。

二、人力资源的使用与退出控制

人力资源的使用与退出是人力资源管理的重要组成部分。良好的人力资源使用机制，可以促进企业员工队伍充满活力，保证员工职业生涯的连续性，并有利于企业人力资源符合企业发展目标，实现企业和员工的双赢。同时，为了确保人力资源的有效利用，使员工队伍持续保持优化状态，企业应当建立和完善人力资源激励约束机制，从战略层面、管理层面理性对待人力资源退出，致力于促进企业人力资源系统良性循环。企业应当编制相应的培训管理制度、员工绩效考核制度、员工轮岗管理制度、员工离职管理制度等。

（一）人力资源的使用

1. 员工培训模块控制

在员工工作期间，企业应当不断拓展一般员工的知识和技能，加强各方面培训，不断提升一般员工的技能与水平，使得员工能力与实现企业发展目标相匹配。针对员工培训过程，应当监控以下几个方面，具体如表 5-3 所示。

表 5-3　员工培训过程监控的主要关注点

编号	具体流程	监控主要关注点
1	根据业务发展提出人员培训需求	提交的培训需求是否充分合理、全面
2	汇总培训需求并进行培训需求分析	培训需求分析是否充分、合理，培训需求的分析方法是否合理有效
3	确定培训人员、培训方式、培训内容和培训时间	培训方式和培训内容是否符合培训对象的需求
4	制定培训预算	培训预算是否合理，是否经过科学的计算
5	编制培训计划书	培训计划书是否全面、合理
6	根据规定程序和权限进行审批	培训预算和培训具体计划是否经过规范的审核、审批程序
7	组织对不同人员进行相对应的培训	培训是否严格按照培训计划书执行，是否对不同人员进行相对应的培训
8	培训效果评估	培训效果评估过程是否规范，评估结果是否公平公正

2. 员工绩效与薪酬模块控制

企业应当设置科学的业绩考核指标体系，对各级管理人员和全体员工进行严格考核与评价，以此作为确定员工薪酬、职级调整和解除劳动合同等的重要依据。为了充分发挥人才的作用，要创新激励保障机制，激发人才干事创业的积极性。要建立以绩效为核心的分配激励制度。企业要注意发挥绩效考核对调动员工积极性和创造性的引导作用，注重对绩效考核结果的科学运用。针对员工绩效评价过程，应当监控以下几个方面，具体如表 5-4 所示。

表 5-4　员工绩效评价过程的主要关注点

编号	具体流程	监控主要关注点
1	制定企业绩效考核管理办法	绩效考核管理办法是否合理，是否结合相关激励制度等
2	制定企业绩效考核计划	绩效考核计划是否按照规定程序报批
3	将绩效考核计划下发各部门	绩效考核计划是否准确
4	各部门进行绩效考核并上报考核结果	绩效考核结果是否准确
5	整理、汇总各部门绩效考核结果	汇总的考核结果是否全面、准确
6	组织沟通和评估	绩效考核过程是否公平、公正、合理
7	编制绩效考核报告并公布绩效考核结果	绩效考核报告是否与会议沟通评估结果一致，再次检查绩效考核结果是否公平、公正、合理

人力资源的绩效考评结果应当着重运用于改进工作绩效、薪酬及奖金的分配、职务调整、培训与再教育、员工职业生涯规划及作为员工退出的重要依据等方面。

绩效考核可与薪酬挂钩，要切实做到薪酬安排与员工贡献相协调。针对员工薪酬制定及发放过程，应当监控以下几个方面，具体如表 5-5 所示。

表 5-5　员工薪酬制定及发放过程的主要关注点

编号	具体流程	监控主要关注点
1	制定薪酬政策	薪酬政策是否合理，是否符合企业发展战略
2	制定具体的薪酬等级、标准	薪酬等级、标准和结构是否公平、公正、合理
3	提交月度绩效考核明细表	月度绩效结果是否经过公示，月度绩效考核明细表是否准确无误
4	汇总、整理相关薪酬资料	汇总的资料是否齐全、准确且有效
5	制作工资表，确定需发放的工资额度	工资表是否准确，发放是否准确
6	发放工资清单	工资清单是否及时、准确地传达至每一位员工

3. 员工晋升模块控制

在人才的使用过程中，还要注意策略，应通过对人才压担子、给路子、搭梯子来促进人才的快速成长。针对员工晋升过程，应当监控以下几个方面，如表 5-6 所示。

表 5-6　员工晋升过程的主要关注点

编号	具体流程	监控主要关注点
1	制定完善的晋升制度	晋升制度是否合理，晋升制度是否经过充分评审并发布
2	提出晋升申请	晋升申请表是否符合规定，申请人员是否符合基本要求
3	晋升考核	对员工的考核是否全面、公平、公正、合理
4	选择晋升人员	晋升人员是否按照规定程序进行申报 评审晋升人员是否符合岗位需求 对晋升人员的评审过程是否公平、公正、公开、合理
5	发布晋升公示	是否及时有效地进行公示
6	工作交接，开启工作	工作交接是否按照公司规定执行，相关人员是否能够胜任

4. 岗位轮换模块控制

企业要尊重人才成长规律，善于克服人力资源管理中的"疲劳效应"。在人才发展最好时，要适时地调整岗位和职位，使之始终处于亢奋期和临战状态。此外，要加强关键岗位的定期轮换如采购等，有助于降低舞弊发生的风险。针对岗位轮换，应当监控以下几个方面：

（1）岗位轮换制度评审是否充分，岗位轮换制度是否合理；

（2）岗位轮换是否按要求进行；

（3）岗位轮换过程中工作交接是否完备。

（二）人力资源的退出

建立企业人力资源退出机制是实现企业发展战略的必然要求。实施人力资源退出，可以保证企业人力资源团队的精干、高效和富有活力。通过自愿离职、再次创业、待命停职、提前退休、离岗转岗等途径，可以实现不适合企业战略或流程的员工直接或间接地退出，让更优秀的人员充实相应的岗位，真正做到"能上能下、能进能出"，实现人力资源的优化配置和战略目标。人力资源的退出必须以科学的绩效考核机制为前提，还需要相关的环境支撑。

（1）要在观念上将人员退出机制纳入人力资源管理系统和企业文化之中，使人力资源退出从计划到操作成为可能，同时获得员工的理解与支持。

（2）要建立科学合理的人力资源退出标准，使人力资源退出机制程序化、公开化，有效地消除人力资源退出可能造成的不良影响。

（3）人力资源退出一定要建立在遵守法律法规的基础上，严格按照法律规定进行操作。一方面，退出方法要根据相关法律的规定制定，要有书面材料记录员工相关行为，使员工退出具有充分证据；另一方面，在实施退出时，要注意和劳动部门做好沟通，并按《劳动法》规定，给予退出员工相应补偿。

总而言之，为确保企业发展战略的实现，企业应当注重健全人力资源管理制度与机制；同时，还应当定期对其制定的年度人力资源计划执行情况进行评估，总结人力资源管理经验，分析存在的主要缺陷和不足，及时改进和完善人力资源政策，使企业团队充满生机和活力，为企业长远战略的实施和价值提升提供充足的人力资源保障。

【案例 5-1】考勤真实性事件

一、背景介绍

场景一

W：今天睡过头了，路上又堵车，我把账号密码给你，帮我打个卡呗？

L：是的，今天下雨特别堵。打好卡了，你慢慢来吧！

场景二

J：今天要赶高铁回老家，我得先走了，下班帮我打个卡，行不行？

G：好的，没问题，你赶紧去吧！

场景三

T：我先下班带孩子了，你加完班顺便帮我打个卡，赚点加班工资，回头用加班工资请你吃饭。

C：好的，我今天得到晚上 11 点才能下班，到时帮你打卡。

二、思考与分析

掩盖出勤问题、骗取加班时长等违规考勤行为，在工作中大家可能都听到过。M集团在内部审计中发现了该类现象，通过调取考勤平台数据进行分析，确认大量员工有多设备打卡的记录，甚至有员工使用 20 多个设备打卡的情况。为了避免因迟到、早退、缺勤而被扣工资，或者想多积累加班时间以获取调休和加班工资，一些人将个人账号、密码告知他人代打卡，严重违反了劳动纪律相关规定。

为了加强劳动纪律的管理、规避因账号借用造成的信息泄露，M集团已采取技术手段对移动考勤设备进行了绑定，避免出现代打卡事件，造成资金损失（多支付加班费），同时人力资源管理部门会定期对考勤原始数据进行分析，对于违规行为将按照M集团员工手册中的相关规定给予惩罚。

第 6 章
社会责任的内部控制

社会责任指的是企业在经营发展过程中应当履行的社会职责和义务，社会责任主要包括安全生产、产品质量、环境保护、资源节约、员工权益保护、促进就业等方面。

第 1 节　企业履行社会责任的意义及分类

一、社会责任概述

有人认为，企业就是创造利润的，利润最大化或股东财富最大化是企业发展的唯一目标，社会责任是政府的事情，与己无关。这种观点和定位有失偏颇。企业创造利润或实现股东财富最大化固然重要，但履行社会责任更能体现企业价值，促进整个社会的发展。如果不顾一切地追逐利润而不履行社会责任，显然不符合科学发展观与建设和谐社会的要求。履行社会责任是企业应尽的义务，也是企业的光荣使命。

二、履行社会责任的意义

（1）企业履行社会责任与企业创造利润或财富是统一的有机整体，是为整个社会经济发展做贡献。

（2）企业履行社会责任是提升发展质量的重要标志，也是实现可持续发展的根本所在。

（3）企业履行社会责任，是打造和提升企业形象的重要举措。

三、企业社会责任的分类

企业社会责任可以分为两类，一类是反应型企业社会责任，另一类是战略型企业社会责任。

反应型企业社会责任有两种形式：

（1）关注利益相关者所关注的社会问题的变化；

（2）减少企业经营活动已经产生或者可能会产生的负面影响。

履行战略型企业社会责任不只是减轻价值链活动所造成的不利社会影响，而且还要推出一些能产生显著的社会效益和企业效益的重大举措。一般而言，战略型企业社会责任能够更好地发挥企业与社会的共享价值，更有利于社会的稳定与进步。

第 2 节　企业履行社会责任的管理目标、主要风险及管控措施

一、企业履行社会责任的管理目标

企业履行社会责任的管理目标如表 6-1 所示。

表 6-1　企业履行社会责任的管理目标

编号	具体环节	管理目标（供参考）
1	安全生产	（1）建立健全安全生产管理机构 （2）开展生产设备的经常性维护管理，及时排除安全隐患，切实做到安全生产 （3）加强员工的安全生产培训教育，提高员工防范灾害的技能和水平 （4）建立安全生产事故应急预警和报告机制，尽快消除事故产生的影响 （5）加大安全生产的技术更新，保证投入安全生产所需的资金、人力及时到位

（续表）

编号	具体环节	管理目标（供参考）
2	产品质量	（1）建立健全产品质量标准体系，为社会提供优质、安全、健康的产品和服务 （2）建立严格的质量控制标准，严防假冒伪劣产品进入市场 （3）加强对产品质量的检验，严禁未经检验合格的产品流入市场 （4）加强产品的售后服务，拉近与客户、消费者的关系，梳理企业形象，提升产品信誉
3	促进就业与员工权益保护	（1）公开招聘、公平竞争、公正录用，为社会提供尽可能多的就业岗位 （2）建立完善、科学的员工培训和晋升机制，保证员工及时获得必要的知识储备 （3）建立科学、合理的员工薪酬增长机制，最大限度地激发员工的工作热情、敬业精神 （4）维护员工的身心健康，关心员工的身体健康，充分保障员工的休息和休假权利
4	环境保护与资源节约	（1）加强节能减排、降低能耗和污染物排放，实现清洁生产 （2）转变发展方式，重视生态保护，调整产业结构，发展低碳经济和循环经济 （3）依靠科技进步和技术创新，着力开发、利用可再生资源，有效实现资源节约和环境保护 （4）建立环境保护和资源节约监测考核体系，完善激励和约束机制，明确职责，严格监督

二、企业履行社会责任面临的主要风险及管控措施

企业在履行社会责任过程中，可能会面临各种风险，应当充分考虑相关风险防控措施，具体如表 6-2 所示。

表 6-2 企业履行社会责任面临的风险及管控措施

编号	具体层面	风险描述	关键控制措施参考
1	安全生产	（1）安全生产措施不到位，责任不落实，可能导致企业发生安全事故 （2）安全生产事故频繁，可能导致企业经济利益严重受损，甚至倒闭	（1）建立健全安全生产检查监督机制和安全生产责任追究制度 （2）严格遵守特殊岗位资格认证规定 （3）定期和不定期地对生产设备进行维护、检修，及时排除安全隐患 （4）建立完善可行的安全事故应急处理预案

（续表）

编号	具体层面	风险描述	关键控制措施参考
2	产品质量	（1）产品质量低劣，对消费者的权益产生影响，可能导致企业面临巨额赔偿、形象受损，甚至破产 （2）产品质量较差，可能很快失去市场，在国内及国际市场造成不良影响，甚至可能导致企业停产	（1）建立严格的产品质量控制和检验制度 （2）加强售后服务，及时采取召回或其他有效措施控制已销售的存在缺陷和隐患的产品，以防止其继续流通
3	促进就业与员工权益保护	（1）未建立完善、科学的员工权益保护机制，不能维护员工合法权益，可能导致企业形象及经济利益受损 （2）促进就业和员工权益保护不够，可能导致员工积极性受挫，影响企业发展和社会稳定	（1）与员工签订规范的劳动合同，并按照规定办理社会保险 （2）实施员工健康管理，预防、控制和降低员工职业病的发病概率 （3）开展关爱社会弱势群体的慈善工作
4	环境保护与资源节约	环境保护投入不足，资源耗费大，造成环境污染或资源枯竭，可能导致企业面临巨额赔偿、缺乏发展后劲，甚至停业	（1）严格执行废料回收和循环利用制度 （2）制定严格的污染物排放管理制度，并不断改进工艺流程，减少污染物排放 （3）建立严格的污染物排放及资源节约管理的监控机制 （4）建立规范的污染事件应急处理机制和相关岗位责任制

第3节　企业与社会责任

一、企业应当如何履行社会责任

企业应当高度重视并认真履行社会责任，企业承担社会责任是企业的立命之本，既是为社会、为国家负责，也是为企业前途、命运负责。企业应当采取如下措施来切实履行社会责任。

（一）企业负责人要高度重视强化企业履行社会责任

企业负责人应当高度重视这项工作，树立社会责任意识，把履行社会责任提上企业重要议事日程，积极研究和部署社会责任工作，加强社会责任全员培训和普及教育，不断创新管理理念和工作方式，努力形成履行社会责任的企业价值观和企业文化。

（二）建立和完善履行社会责任的体制和运行机制

企业要把履行社会责任融入企业发展战略，落实到生产经营的各个环节，明确归口管理部门，建立健全预算安排，逐步建立和完善企业社会责任指标统计和考核体系，为企业履行社会责任提供坚实的基础和保障。

（三）建立完善的企业社会责任报告制度

企业应发布社会责任报告，让股东、债权人、员工、客户、社会各界人士等知晓本企业在社会责任领域所做的工作、所取得的成就，可以增强企业的战略管理能力，使企业由外而内地深入审视与社会的互动关系，全面提高企业的服务能力和水平，进而提升企业的品牌形象和价值。

二、企业应当履行的社会责任

《企业内部控制应用指引第4号——社会责任》规定，对于一般企业而言，企业履行的社会责任包括安全生产、产品质量、促进就业、员工权益保护、环境保护与资源节约、积极支持慈善事业、重视产学研用等方面。

（一）安全生产

对于履行安全生产的社会责任，企业至少应当做到以下几点。

1. 建立安全生产规章制度，建立健全安全生产管理机构

（1）企业应当依据国家有关安全生产方面的法律法规（例如，《中华人民共和国安全生产法》等），结合本企业生产经营的特点，建立健全安全生产方面的规章制度、操作规范及应急预案。

（2）企业不光要有完善的安全生产规章制度及健全的安全生产管理机构，更重要的是要把制度落实到位。近年来重大安全事故频频发生，原因并不是没有建立规章制

度，而是在巨大的经济利益驱动下，企业无视规章制度。如果将国家和企业制定的一系列涉及安全生产的规章制度落实到位，就能够在很大限度上避免安全事故的发生。

2. 加大安全生产投入，加强生产设备经常性维护管理

（1）企业特别是高危行业的企业，应当将安全生产投入列为首位，将员工的生命安全视为头等大事，引进安全生产新技术，保证投入安全生产所需的资金、人力、财物及时和足额到位。

（2）企业应当组织开展生产设备的经常性维护管理，及时排除安全隐患，切实做到安全生产。

3. 开展员工安全生产教育，实行特殊岗位资格认证制度

（1）加强对员工进行安全生产培训教育至关重要。通过培训教育，让全体员工牢固树立"安全第一、预防为主"的思想，提高他们防范灾害的技能和水平。培训教育应当做到经常化，同时推进企业培训教育制度化，做到警钟长鸣，防患于未然，不能有丝毫放松和懈怠。

（2）对于特殊作业人员和特殊资质要求的生产岗位，因工作接触的不安全因素较多，危险性较大，容易发生事故，相关人员必须依法履行资格认证制度，持证上岗。

4. 建立安全生产事故应急预警与报告机制

（1）企业必须建立事故应急处理预案，建立专门的应急指挥部门，配备专业队伍和必要的专业器材等，在发生安全生产事故时，要做到临危不乱，按照预定程序有条不紊地处理好发生的安全生产事故，尽快消除事故产生的影响。

（2）按照国家有关规定，发生事故时，应及时报告，不得迟报、谎报和瞒报。生产过程中必须实行严格的责任追究制度。

（二）产品质量

保证产品质量是一个企业最基本的底线，确保产品质量安全是企业最大的社会责任，企业履行产品质量责任，至少应当执行以下几点。

1. 建立健全产品质量标准体系

（1）企业应当根据国家法律法规，结合企业产品特点，制定完善的产品质量标准体系，包括生产设备条件、生产技术水平、原料组成、产品规格、售后服务等。

（2）如果企业无视规章制度，终将受到法律的制裁。因此，企业不光要建立完善的产品质量标准体系，更重要的是要按照制度体系严格落实。

2. 建立严格的产品质量控制与检验制度

（1）在产品的各个阶段、所有环节，都必须有严格的质量控制标准作保证。

（2）企业应当加强对产品质量的检验，严禁未经检验合格的产品流入市场。

3. 加强产品售后服务

（1）企业应当把售后服务作为采取有效竞争策略、提高产品服务增值的重要手段，不断加强售后服务，创新售后服务方法，做到每个问题都有结果、有反馈、有分析、有整改、有考核。

（2）对于有缺陷的产品，企业应当采取及时召回等手段，赢得消费者对企业产品的信赖和支持，维护消费者合法权益。

（三）促进就业

促进就业是企业履行社会责任的根本任务。保障就业、稳定就业，是社会稳定与发展的大计。企业履行促进就业的社会责任，至少应当做到以下几点。

（1）企业作为就业工作的最大载体，应当为国家和社会分担困难，促进充分就业。

（2）企业在录用员工时，不能因民族、性别、宗教信仰不同而区别对待，要保证劳动者依法享有平等就业和自主择业的权利。

（3）在各级政府培训提高劳动者专业技能和素质、鼓励企业扩大就业方面给予税收等优惠待遇的同时，企业应当结合实际需要，公开招聘、公平竞争、公正录用，为社会提供尽可能多的就业岗位；特别是建筑企业、服务型企业、商业零售企业、劳动服务企业等劳动密集型企业，应当成为吸纳农民工就业的主体。

（四）员工权益保护

保护员工合法权益是企业生存发展的内在动力。不断提高员工的素质，维护员工的合法权益，既是社会和谐稳定的需要，也是企业长远发展的需要。企业应当尊重员工，关爱员工，维护员工权益，促进企业与员工的和谐稳定和共同发展。企业履行保护员工权益的社会责任，至少应当做到以下几点。

1. 建立完善科学的员工培训与晋升机制

（1）培训的目的是让员工尽快得到发展，保护员工权益，同时也符合企业战略发展对人力资源的需要。

（2）企业应当保证"晋升对每个人都是公平、公正的"。

（3）对于不同员工采用个性化的培训，保持员工及时获得必要的知识储备，通过公平竞争和优越的机会吸引大批有能力的员工真诚地为企业服务。

2.建立科学合理的员工薪酬增长机制

（1）建立科学合理的薪酬增长机制，能够有效地激发员工工作热情、敬业精神与工作绩效。

（2）应当及时发放职工薪酬及福利，及时足额缴纳员工各类社会保险，不得无故拖欠和克扣。

3.积极维护员工身心健康

（1）企业应当关心员工身心健康，充分保障员工的休息休假权利，广泛开展娱乐休闲活动。

（2）加强职工代表大会和工会组织建设，通过企业内部员工热线、举报接待、内部媒体、员工建议箱等渠道，保证员工与企业上层的信息畅通；帮助员工减压，不断提高员工的身体素质。

（3）要加强对职业病的预防、控制和消除，建立职业健康档案，定期安排员工体检，预防、控制和有效消除职业危害，确保员工身心健康。

（五）环境保护与资源节约

保护环境与节约资源，是每个公民的责任。建设资源节约型、环境友好型企业是每一个企业义不容辞的责任。企业履行环境保护与资源节约的社会责任，至少应当做到以下几点。

1.转变发展方式，实现清洁生产和循环经济

（1）企业要在快速增长中破解资源与环境的双重约束，在市场竞争中争取主动，必须转变发展方式，重视生态保护，调整产业结构，发展低碳经济和循环经济。

（2）加大对环保工作的人力、物力、财力的投入和技术支持，不断改进工艺流程，加强节能减排，降低能耗和污染物排放水平，实现清洁生产。

（3）加强对废气、废水、废渣的自行回收、利用和处置等综合治理，推动生产、流通和消费过程中对资源的减量化、再利用、资源化，以最小的资源消耗、最少的废物排放和最小的环境代价来换取最大的经济效益。

2.依靠科技进步和技术创新，着力开发利用可再生资源

企业只有不断增强自主创新能力，通过技术进步推动替代技术和发展替代产品、可再生资源，降低资源消耗和污染物排放，实现低投入、低消耗、低排放和高效率，才能有效实现环境保护与资源节约。

3.建立和完善监测考核体系，强化日常监控

（1）建立环境保护与资源节约监测考核体系，完善激励与约束机制，明确职责，各司其职、各尽其责，严格监督，落实岗位责任制，保证环境保护与资源节约等各项工作落到实处。

（2）企业要加强日常监控，定期开展监督检查，发现问题时，应及时采取措施予以纠正。发生紧急、重大环境污染事件时，应当立即启动应急机制，同时根据国家法律法规及时上报，并依法追究相关责任人的责任。

（六）积极支持慈善事业

积极支持慈善事业，是每个企业履行社会责任的重要组成部分。企业应当勇于承担社会责任，积极参加社会慈善爱心活动，扶助社会弱势群体。积极支持慈善事业，有利于调节贫富差距、缓解社会矛盾等，同时有利于企业自身发展。

（七）重视产学研用

重视产学研用，有利于国家综合实力的提升，因此重视产学研用是企业履行社会责任的又一重要组成部分。

企业应当重视产学研用结合，牢固确立企业技术创新主体地位这个核心，把产学研用结合的基点放在人才培养方面。要充分运用市场机制和手段，积极开展与高校和科研院所的战略合作，联合创建国家重点实验室、工程中心等研发和产业化基地，实行优势互补，激发科研机构的创新活力。要重视和加强与高校和科研院所展开人才培养和交流，加速科技成果的转化和产业化，引导技术创新要素聚集到企业创造社会财富过程中来，使企业获得持续创新的能力。同时促进应用型人才的培养，确保企业发展中急需的人才不断得到补充。

第 7 章
企业文化的内部控制

企业文化指的是企业在生产经营实践中逐步形成的，为整体团队所认同并遵守的价值观、经营理念与企业精神，以及在此基础上形成的行为规范的总称。企业文化建设可以为企业提供精神支柱，提升企业的核心竞争力，为内部控制的有效性提供有力依据。

第 1 节　企业文化概述及企业文化建设

一、企业文化概述

企业文化是一个组织由价值观、信念、符号、仪式、处事方式等组成的其特有的文化形象，是企业在经营过程中逐渐形成的精神财富和物质形态，主要包括企业愿景、经营哲学、企业精神、价值观、行为准则、历史传统、企业制度、文化环境、企业产品、文化观念等，从而构成一个完整的文化体系网络。企业文化是一种管理文化，企业文化是企业的灵魂。

二、企业文化建设

（一）企业文化建设的意义

企业若要实现发展战略，做大做强，应当重视和加强企业文化建设。企业文化建设对企业战略的实现有着非常重要的作用和意义。

（1）企业文化建设可以为企业提供精神支柱。

一个企业要在市场竞争中取胜，保持可持续发展，同样需要具备顽强拼搏、不懈奋斗的精神。企业有了这种精神，就能将企业董事、监事、高级管理人员和全体员工的心紧紧连在一起，让他们尽最大努力，充分发挥主观能动性，为企业创造最大价值；有了这种企业精神，就能让企业在遭遇国际金融危机等重大困难时不被击倒，就能让企业抓住发展机遇，实现跨越式发展。

（2）企业文化建设可以提升企业的核心竞争力。

企业的核心竞争力是企业所具有的不可交易与不可模仿的独特的优势因素，是企业在竞争中最长远和最具有决定性影响的内在因素。

（3）企业文化建设可以为内部控制有效性提供有力保证。

企业文化是企业建立和完善内部控制的重要基础。没有优秀的企业文化，就不能统一董事、监事、高级管理人员和全体员工的思想和意志，就不能激发其潜力和热情，就不能培育其对企业的认同感，就不能形成卓越的执行力。企业文化建设是为了真正发挥内部控制在强化企业管理、提升企业经营管理效率和效果、促进实现发展战略中的重要作用，因此企业应当重视和加强企业文化建设，致力于打造优秀的企业文化。

（二）企业文化建设的途径

企业文化建设的主要内容包括发掘优良传统，挖掘文化底蕴，塑造并提炼企业核心价值观，树立优秀的企业精神，根据企业发展战略培育符合企业实际的经营理念，形成以诚实守信为核心的企业道德，培养各团队的风险防范意识，形成良好的企业文化规范，以及加强企业文化宣传等。企业文化建设的途径主要有以下几个。

1. 塑造并提炼企业核心价值观

企业文化建设始于对核心价值观的精心培育，终于对核心价值观的维护、延续和创新。这是企业不变的成功法则。核心价值观凝聚着董事、监事、高级管理人员和全体员工的思想观念，从而使大家朝着一个方向去努力，反映了一个企业的行为和价值取向。

（1）着力挖掘自身文化。从企业特定的外部环境和内部条件出发，把共性和个性、一般和个别有机地结合起来，总结出本企业的优良传统和经营风格，挖掘整理出本企业长期形成的宝贵的文化资源，在企业精神提炼、理念概括、实践方式上体现出鲜明的特色，形成既具有时代特征又独具魅力的企业文化。

（2）文化引进。要紧紧把握先进文化的前进方向，以开放、学习、兼容、整合的态度，坚持以我为主、博采众长、融合创新、自成一家的方针，广泛借鉴国内外先进企业的优秀文化成果，大胆吸取世界新文化、新思想、新观念中的先进内容，取其精华，去其糟粕，扬长避短，为我所用。

（3）提炼企业核心价值观。根据以上两点，对企业核心价值观进行提炼，形成简短而内涵丰富的企业核心价值观，从而指导企业的实际行动。

2. 重点打造以主业为核心的品牌

品牌通常是指能够给企业带来溢价、产生增值的一种无形资产，其载体是用以和其他竞争者的产品或劳务相区分的名称、术语、象征、记号或者设计及其组合。打造以主业为核心的品牌，是企业文化建设的重要内容。企业应当将核心价值观贯穿于自主创新、产品质量、生产安全、市场营销、售后服务等方面的文化建设中，着力打造以主业为核心且具有强大竞争优势的品牌。

3. 充分体现以人为本的理念

以人为本是企业文化建设应当信守的重要原则。企业要在企业文化建设过程中牢固树立以人为本的思想，坚持全心全意依靠全体员工办企业的方针，尊重劳动、尊重知识、尊重人才、尊重创造，用美好的愿景鼓舞人，用宏伟的事业凝聚人，用科学的机制激励人，用优美的环境熏陶人。努力为全体员工搭建发展平台，提供发展机会，挖掘创造潜能，增强其主人翁意识和社会责任感，激发其积极性、创造性和团队精神。同时，企业要尊重全体员工的首创精神，在统一领导下，有步骤地发动全体员工广泛参与创新，从基层文化抓起，集思广益，群策群力，全员共建，努力使全体员工在主动参与中了解企业文化建设的内容，认同企业的核心理念，形成上下同心、共谋发展的良好氛围。

4. 以领导带动员工建设企业文化

企业文化作为一种柔性的内部控制方式，通过人的意识渗透形成一定的价值观、经营理念，从而影响人的行为。《企业内部控制基本规范》也特别强调了董事、监事、经理及其他高级管理层应当在企业文化建设中发挥主导性作用。要建设好企业文化，管理层必须高度重视，认真规划、狠抓落实，这样才能取得实效。企业主要负责人应当站在促进企业长远发展的战略高度重视企业文化建设，切实履行第一责任人的职责，对企业文化建设进行系统思考，出思想、谋思路、定对策，确定本企业文化建设的目标和内容，提出正确的经营管理理念。

企业不仅要加强领导层的社会责任意识，更要注重培养员工的社会责任意识，使员工明晰自己的行为，为社会负责，完善企业文化体系。现在有些企业是一种以领导为核心的企业文化，认为企业文化就是领导文化，忽视了员工应该参与到企业文化建设中。当然，如果企业的领导层缺乏社会责任感，那么员工们会纷纷效仿，企业终将成为一盘散沙。因此，企业应当形成以领导带动员工建设企业文化的机制，让全员投入企业文化建设。

同时，企业可建立专门的企业文化主管部门，形成企业文化主管部门负责组织、各职能部门分工落实、员工广泛参与的工作体系。要着力将核心价值观转化为企业文化规范，通过梳理和完善相关管理制度，对员工日常行为和工作行为进行细化，逐步形成企业文化规范，以理念引导员工的思维，以制度规范员工的行为，使企业全体员工增强主人翁意识，做到与企业同呼吸、共命运、同成长、共生死，充分发挥核心价值观对企业发展的强大推动作用。

第 2 节　企业文化管理的主要风险和管控措施及其对内部控制的影响

一、企业文化管理的内部控制目标

企业文化管理的内部控制目标如表 7-1 所示。

表 7-1 企业文化管理的内部控制目标

编号	具体环节	管理目标（供参考）
1	企业文化建设	（1）企业应当重视文化建设在实现发展战略中的作用，加大投入力度，建设完善的企业文化体系 （2）企业应当根据发展战略和企业实际情况建立具有企业自身特色的企业文化 （3）应将企业文化建设融入生产经营过程，将文化建设与发展战略有机结合起来 （4）增强员工的责任感和使命感，促使员工自身价值在企业发展中得到充分体现
2	企业文化评估	（1）确保企业经营管理行为与企业文化的一致性 （2）确保企业文化能够渗透到企业内部各个层次、经营方针和管理规范中 （3）确保员工对企业文化具有认同感，包括战略目标、经营方针、管理规范等

二、企业文化管理的主要风险和管控措施

企业文化在建设及评估过程中，可能会面临各种风险，我们应当充分考虑其相关风险及防控措施，具体如表 7-2 所示。

表 7-2 企业文化管理的主要风险及管控措施

编号	具体层面	风险描述	关键控制措施参考
1	企业文化建设	（1）缺乏积极向上的企业文化，可能导致员工丧失对企业的信心和认同感，使企业缺乏凝聚力和竞争力 （2）缺乏开拓创新、团队协作和风险意识，可能导致企业难以实现发展目标，影响企业的可持续发展	（1）打造以主业为核心的企业品牌，形成整体团队的向心力 （2）确定企业文化建设的目标和内容，形成企业文化规范，使其构成员工行为守则的重要组成部分 （3）正确理解企业文化建设，积极主动地进行各项文化建设活动 （4）培育体现企业特色的发展愿景、积极向上的价值观、诚实守信的经营理念、履行社会责任和开拓创新的企业精神 （5）立足于生产经营活动，用文化提高效益，主动创新，为可持续发展提供文化、经济双保障 （6）企业文化建设应当融入企业生产经营的全过程，切实做到文化建设与发展战略的有机结合

（续表）

编号	具体层面	风险描述	关键控制措施参考
1	企业文化建设	（3）缺乏诚实守信的经营理念，可能导致舞弊事件的发生，给企业造成损失，影响企业信誉 （4）忽视企业间的文化差异和理念冲突，可能导致并购重组失败	（7）企业高层领导应发挥主导和示范作用，带动并影响整个团队，共同营造积极向上的企业文化环境，促进文化建设在内部各层级的有效沟通 （8）加强企业文化的宣传和贯彻，树立诚信自律的企业文化理念，确保全体员工共同遵守 （9）增强员工的责任感和使命感，充分体现员工的自身价值，加强对员工的文化教育和熏陶，全面提升员工的文化修养和内在素质 （10）重视并购重组后的企业文化建设，平等对待被并购方的员工，促进并购双方的文化融合
2	企业文化评估	（1）企业文化评估不到位，可能导致企业文化建设流于形式 （2）企业文化评估不准确，可能导致企业经营方向错误，甚至破产 （3）企业文化评估不及时，可能导致企业管理经营偏离企业文化，甚至影响企业发展目标的实现	（1）建立完善的企业文化评估流程，考虑企业文化评估的全面性、准确性、有效性，如考虑评估小组组成是否符合企业的相关规定，企业文化评估内容设置是否科学、合理，企业文化评估程序是否合规，评估结果是否公正，评估报告是否完整等因素 （2）定期对企业文化进行评估，紧急情况下，需立刻对其进行企业文化评估，评估完成后，需根据企业文化评估报告及时调整企业文化，避免产生方向性错误

三、企业文化管理对内部控制的影响

企业在实施内部控制的过程中，往往会存在一定的局限性，如人为因素，即便是制定了健全完善的内部控制制度，在实施的过程中，也完全有可能因为员工的不细心、对命令的理解偏差或者因私心导致相互勾结造成内部控制失效等结果。企业文化可以使得员工在意识及价值理念上充分认同企业文化，可以为企业内部控制的有效性提供有力保障。

企业文化建设可以为企业提供精神支柱，可以提升企业的核心竞争力。因此，企业不仅要制定科学合理的内部控制制度，也要强化企业文化如价值理念及经营理念的建设。

只有增强企业文化建设，内部控制才可以有效运行，企业才能持续、稳定地发展。

第3节 企业文化创新

当企业内外部环境和条件发生变化时，企业的发展战略可能随之发生改变，企业文化也应进行相应的调整，实现企业文化的创新与发展。

一、构建企业文化评估体系

企业文化评估是企业文化建设与创新的重要环节。企业应当定期对企业文化建设工作的进展和实际效果进行检查与评估。要构建完善的企业文化评估体系，企业应当着重考虑评估原则及关注内容。

（一）企业文化检查与评估过程中应当坚持的原则

（1）全面评估与重点评估相结合，注重评估指标的导向性；突出关键指标，确保评估指标的可操作性。

（2）定性与定量相结合，注重评估方法的科学性。根据评估内容和指标功能，量身定制不同的评估标准。

（3）内部评价与外部评价相结合，注重评估结果的有效性。既要引导企业通过对照评估标准，自我改进、自我完善，不断激发企业的积极性、主动性和创造性，又要兼顾社会公众及企业利益相关者，借助专业机构的力量，提升文化评估的专业水平和公信力。

（二）企业文化检查与评估过程中应当重点关注的内容

（1）董事、监事、经理及其他高级管理人员在企业文化建设中的责任履行情况。

（2）全体员工对企业核心价值观的认同感。

（3）企业经营管理行为与企业文化的一致性。

（4）企业品牌的社会影响力。

（5）参与企业并购重组各方文化的融合度。

（6）员工对企业未来发展的信心。

二、推进企业文化创新

创新是事物发展的持续动力。企业要重视企业文化评估结果的利用，既要巩固和发扬文化建设取得的成果，又要针对评估过程中发现的企业文化缺失，研究分析深层次的原因，及时采取措施加以改进，以此推进企业文化的建设。

在此基础上，企业应当结合企业发展战略的调整及政治、经济、技术、资源等因素的变化，着力在价值观、经营理念、管理制度、品牌建设、企业形象等方面持续推动企业文化创新，不断打造以主业为核心的企业品牌，实现企业文化的创新和跨越。

第 3 部分

企业业务层面内部控制实务操作

第 8 章
内部信息传递的内部控制

信息资源（包括但不限于企业生产及管理过程中所涉及的一切文件、资料、图表、数据等各种形式的信息）主要涉及企业生产及经营活动中所产生、获取、处理、使用、存储、传输的一切信息资源。信息资源贯穿企业管理的全过程。

信息资源只有通过传播才能实现其价值，发挥其重要作用。内部信息传递是企业内部各管理层级之间通过内部报告等形式传递生产经营管理信息的过程。

第 1 节　内部信息传递的重要意义和总体要求

一、内部信息传递的重要意义

企业的内部控制活动离不开信息的沟通和传递。信息沟通是内部控制的五大要素之一，内部信息传递是有效实施内部控制的重要保证。

信息在企业内部进行有目的的传递，对贯彻落实企业发展战略、执行企业全面预算、识别企业生产经营活动中的内部风险及外部风险具有重要作用。

内部信息传递主要服务于企业生产及经营管理决策，是各项内部报告工作的基础。信息资源的传递能够较好地促进企业生产经营管理信息在内部各管理层级之间的有效沟通和充分利用，是企业提高管理能力，节约管理成本及提升组织效率的重要手段之一。

二、内部信息传递的总体要求

（一）企业内部信息的主要形式

企业内部信息多种多样，企业管理人员需要从各种渠道获取相应的信息。一个企业的内部信息通常包括但不限于以下几种方式。

1. 业务运营执行过程中所产生的信息

企业在生产运营过程中，业务一线人员根据市场或业务工作整理相应信息，形成内部报告。

2. 业务运营管理中所产生的信息

企业的整体运作离不开企业的战略定位，通过战略定位分解形成具体目标。企业运营管理是为实现具体目标而努力，在此过程中形成的信息包括但不限于制度、程序文件、工作记录、外来协助文件等。

3. 业务监控所产生的信息

企业在运营的整个环节中，除了通过固定的制度及程序文件等来规范，更需要适当的过程监督与控制。根据企业目标及计划，监督企业日常业务也会产生大量的信息。

4. 重大决策产生的信息

企业运行就是通过不断地发现与决策来完成的，企业运作与重大决策两者相辅相成，在此过程中会产生很多重要的信息。

5. 重大评审过程中所产生的信息

企业要实现战略目标，需要根据规划对其进行定期或者不定期评审，评审所产生的数据与信息将是企业持续改进与完善的重要基础。

（二）收集和传递信息时遵循的原则

虽然有关信息的来源、内容、提供者、传递方式及传递渠道等各不相同，但企业收集和传递相关信息时务必遵循以下原则，最大限度地保证信息的有效性，保障企业利益不受损失。

1. 真实准确性原则

虚假或不准确的信息将严重误导信息使用者，甚至导致决策失误，给企业造成巨大的经济损失。内部报告的信息应当与所要表达的现象和状况保持一致，若不能真实反映所计量的经济事项，就不具有可靠性。

2. 及时有效性原则

如果信息未能及时提供，或者及时提供的信息不具有相关性，或者提供的相关信息未被有效利用，都可能导致企业决策延误，增加经营风险，甚至可能使企业较高层次的管理陷入困境，不利于对实际情况进行及时有效的控制和矫正，同时将大大降低内部报告的决策相关性。只有那些切合具体任务和实际工作，并且能够符合信息使用单位需求的信息才是最具有使用价值的。对于企业而言，及时有效地进行内部信息传递是其非常重要的核心竞争力。

3. 保密性原则

企业内部的运营情况、技术水平、财务状况及有关重大事项等通常涉及商业秘密，内幕信息知情者（包括董事会成员、监事、高级管理人员及其他涉及信息披露有关部门的人员）都负有保密义务。这些内部信息一旦泄露，极有可能导致企业的商业秘密被竞争对手获知，使企业处于被动境地，甚至造成重大损失。

第 2 节　内部信息传递的流程和方式

一、内部信息传递的流程

企业应当加强内部报告管理，全面梳理内部信息传递过程中的薄弱环节，建立科学的内部信息传递机制，明确内部信息传递具体要求，关注内部报告的有效性、及时性及安全性，充分发挥内部报告的作用，促进内部报告的有效利用。

一般而言，企业内部信息传递流程主要分为以下两个部分：内部报告形成阶段流程、内部报告使用与传递流程，详见图 8-1、图 8-2。

```
┌─────────────┐                    ┌──────────────────────┐
│   决策层     │ ←─────→            │    提出纲领性指示     │
└─────────────┘                    └──────────────────────┘
                                              │
                                              ↓
┌─────────────┐                    ┌──────────────────────┐
│ 管理层、经理层 │ ←─────→           │  提出内部报告需求与目标 │
└─────────────┘                    └──────────────────────┘
                                              │
                                              ↓
                                   ┌──────────────────────┐
                                   │ 目标分解，设定内部报告指标 │
                                   └──────────────────────┘
                                              │
                                              ↓
                                   ┌──────────────────────┐
                                   │ 收集与整理内部及外部信息 │ ←───┐
                                   └──────────────────────┘      │
                                              │                  │
                                              ↓                  │
┌─────────────┐                    ┌──────────────────────┐      │
│   执行层     │ ←─────→           │   利用各种分析模型      │      │
└─────────────┘                    │ 筛选提取相关有用信息    │      │
                                   └──────────────────────┘      │
                                              │                  │
                                              ↓              不通过，
                                   ┌──────────────────────┐  提出改进建议
                                   │    汇总资料并分析       │      │
                                   └──────────────────────┘      │
                                              │                  │
                                              ↓                  │
                                   ┌──────────────────────┐      │
                                   │   初步形成内部报告      │      │
                                   └──────────────────────┘      │
                                              │                  │
                                              ↓                  │
┌─────────────┐                    ◇──────────────────────◇      │
│ 管理层、经理层 │ ←─────→          ◇    审核内部报告        ◇ ─────┘
└─────────────┘                    ◇──────────────────────◇
                                              │
                                            通过
                                              ↓
┌────────────────┐                 ┌──────────────────────┐
│管理层、经理层、执行层│ ←─────→        │  确认形成最终内部报告   │
└────────────────┘                 └──────────────────────┘
```

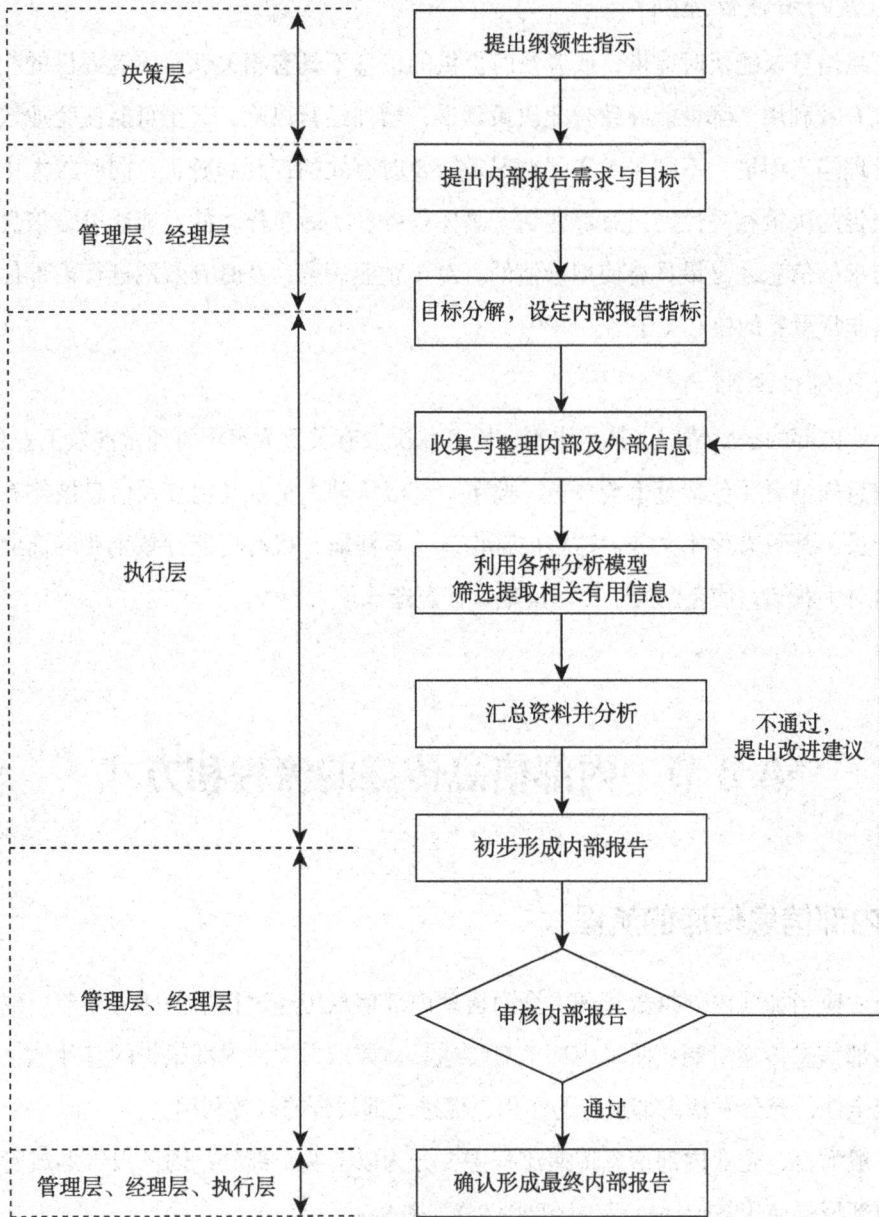

图 8-1　内部报告形成阶段流程

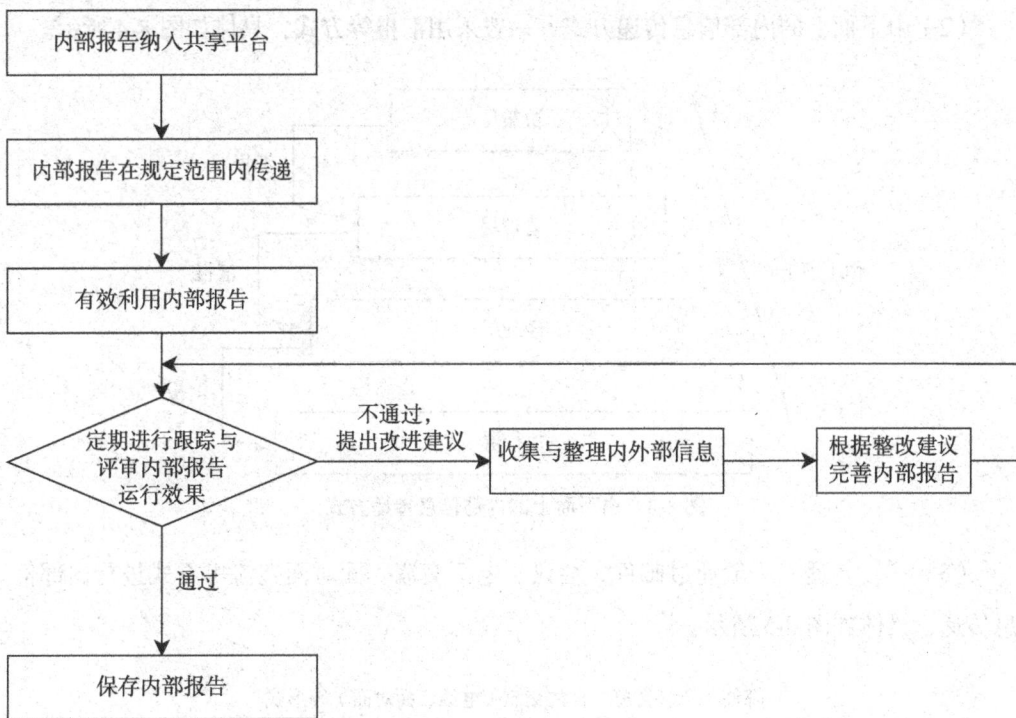

图 8-2　内部报告使用与传递流程

二、内部信息传递的方式

一般而言，企业内部信息的传递方式主要包括但不限于以下三种。

（1）自上而下的内部信息传递方式，一般采用任务发布、通知（包括但不限于口头通知、邮件通知）、发文等方式，具体如图 8-3 所示。

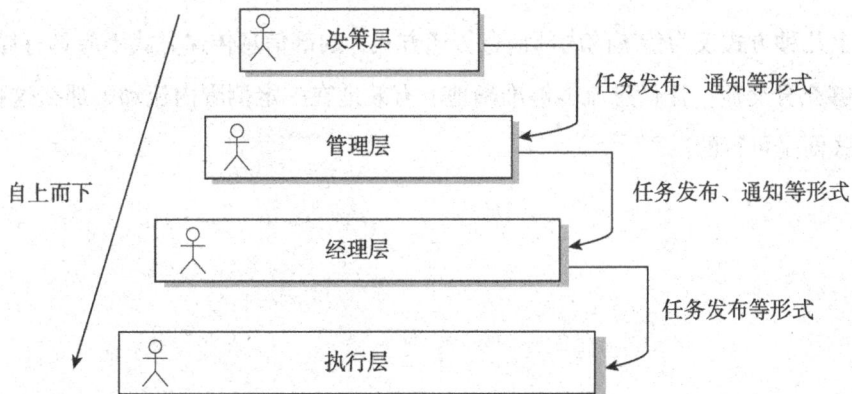

图 8-3　自上而下的内部信息传递方式

（2）由下而上的内部信息传递方式，一般采用汇报等方式，具体如图8-4所示。

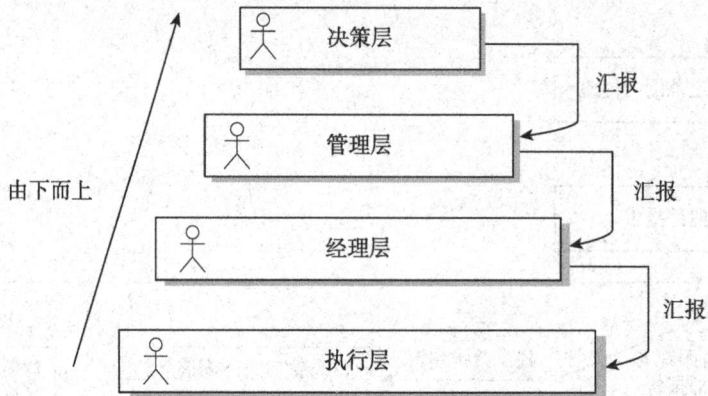

图8-4　由下而上的内部信息传递方式

（3）平行传递，一般通过邮件、会议、电话交流、面对面交流等方式进行内部信息传递，具体如图8-5所示。

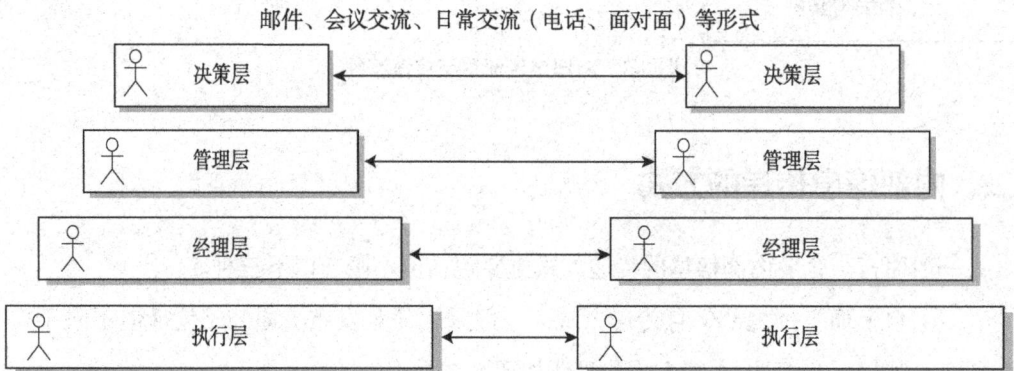

图8-5　平行传递的内部信息传递方式

以上几种方式仅为传统的内部信息传递方式，内部信息传递方式不应具有局限性，只要能够充分交流，让信息流能够准确地、有效地在一定范围内流动，那么这种信息传递方式便是可行的。

第 3 节　内部信息传递的管理目标、主要风险及管控措施

一、内部信息传递的内部控制管理目标

内部信息传递的内部控制设计，是构建内部信息传递内部控制体系的重要过程。要想更好地搭建内部信息传递的内部控制体系，就需要了解内部信息传递的内部控制管理目标。

企业内部信息传递的内部控制管理目标一般包括以下几个。

（1）建立一套层级分明的内部报告指标体系。

科学、完整、层级分明的内部报告指标体系能更好地指导企业的实际发展。内部报告指标体系的科学与否，直接关系到内部报告反映的信息是否完整和有用。企业应当根据自身的战略发展目标、风险控制及业绩考核特点，系统、科学地规范不同层级内部报告的指标体系，合理设置关键信息指标和辅助信息指标，并随着环境和业务的变化不断进行修订和完善。

设计内部报告指标体系时，企业应当根据各"信息用户"的需求选择信息指标，以满足其经营决策、业绩考核、企业价值与风险评估的需要。

（2）对收集的内外部信息进行审核与甄别，确定其真实性及合理性。

为了随时掌握有关市场状况、竞争情况、政策变化及环境的变化，保证企业发展战略和经营目标的实现，企业应当完善内外部重要信息的收集机制和传递机制，使重要信息能够及时获得并向上级呈报。

企业可以通过行业协会组织、社会中介机构、业务往来单位、市场调查、来信来访、网络媒体及有关监管部门等渠道获取外部信息；通过财务会计资料、经营管理资料、调研报告、专项信息、内部刊物、办公网络等渠道获取内部信息。企业应当广泛收集、分析、整理内外部信息，并对收集的内外部信息进行充分审核与甄别，以确定其真实性与合理性。

（3）合理设计内部报告编制程序，提高编制效率，保证内部信息的传递速度。

企业各个职能部门应当将收集的有关资料进行筛选、分析，提取有效数据，并进

行反馈、汇总。在此基础上，进一步优化完善分析模型，进行资料分析，起草内部报告，形成总结性结论，并提出相应的建议，从而对发展趋势、策略规划、前景预测等提供重要的分析指导，为企业的效益分析、业务拓展提供有力的保障。编制内部报告时，务必保证内部信息的传递速度。

（4）以内部报告指标体系为基础，编制内容全面、通俗易懂、简洁明了的内部报告。

（5）建立内部报告审核制度，设定审核权限，确保内部报告的信息质量。形成内部报告后，企业应按照权限进行审核，确保其内部报告信息的质量。

（6）制定内部报告传递制度，并及时更新信息系统，确保内部报告有效、快速、安全传递。

企业应当制定严密的内部报告传递制度和流程，充分利用信息技术，建立信息平台，强化内部报告的集成与共享，确保内部报告有效、快速、安全传递。

（7）将预算控制与内部报告关联，通过内部报告及时反映企业全面预算的执行情况。

（8）建立内部报告保管制度，各部门应当设置专门的内部报告管理员。

（9）建立并完善内部报告的评估制度和奖惩机制，保证内部信息及时、准确地传递。

二、内部信息传递的主要风险及管控措施

内部信息传递对于一个企业的重要性不言而喻，可以说能起到至关重要的作用，没有内部信息的有效传递，企业将无法运转。

内部信息的传递主要包括建立内部报告指标体系、内外部信息的收集与整理、编制及审核内部报告、构建内部报告流转体系、内部报告的使用与保管、内部报告的评估等环节。这些过程中会存在不少问题及潜在风险，我们应当至少关注以下风险，并制定相关风险防控措施，具体如表 8-1 所示。

表 8-1 内部信息传递的主要风险及管控措施

编号	具体层面	风险描述	关键控制措施参考
1	建立内部报告指标体系	(1) 指标体系的设计未结合企业发展战略,可能导致企业目标难以实现 (2) 各层级及层级之间指标之间指标体系不对称,可能导致管理信息不对称 (3) 指标体系设计后未能根据实际环境相脱节,指标设定后,指标设定后未能根据全面预算管理要求及业务变化进行调整,可能导致无法分利用管理信息,资源得不到有效协同与分配	(1) 建立内部报告指标体系时,企业应当认真研究企业的发展战略,结合《企业内部控制基本规范》第17号指引,根据各管理层级对信息的需求,建立一套层级分明的内部报告指标体系 (2) 企业内部报告指标确定后,应当进行细化,逐层分解,使得企业各责任主体职能部门都有明确的目标,以便于业绩考核与风险控制 (3) 内部报告需要根据全面预算的指标准进行信息反馈,将预算控制的过程和结果向企业内部管理层报告,以便有效控制预算的执行情况,明确相关责任,科学地考核业绩。企业应根据新的环境和业务调整和管理协同效应来更好地规划企业的资产及收益,实现资源有效配置和管理协同效应
2	内外部信息的收集与整理	(1) 收集的信息过于散乱,不能突出重点,"大海捞针"式的整理方式可能导致信息整理困难,较难筛选出有用信息做出的 (2) 内容准确性差,根据此类信息做出决策容易误导企业的经营活动 (3) 获取内外部信息的成本过高,违反成本效益原则	(1) 根据特定服务对象的需求,选择信息收集过程中重点关注的信息类型和内容。根据"信息客户"的需求,按照一定的标准对信息进行分类与汇总 (2) 可以采用如查看信息是否符合逻辑(时间、指标等)、信息来源是否可靠等方式,对信息进行审核和鉴别,对已经筛选出的资料做进一步的检查,确保其真实性与合理性 (3) 企业应当在收集信息的过程中考虑获取信息的便利性及其获取成本的高低,如果需要较大代价获取信息,则应当权衡其成本与信息的使用价值,确保所获取信息符合成本效益原则
3	编制及审核内部报告	(1) 内部报告未能根据各内部使用单位的需求进行编制,内容不完整,致使企业无法有效利用传递的信息,影响企业的管理与决策 (2) 内部报告编制不及时,可能导致企业决策延误、增加经营风险	(1) 企业内部报告的编制单位应紧密围绕内部报告使用者的信息需求,以内部报告各管理层级和全体员工掌握相关信息,正确履行职责,编制内容全面、简洁明了、通俗易懂的内部报告,提高编制效率,保证内部报告能在第一时同提供给相关管理部门,向董事会报告 (2) 企业应合理设计内部报告编制程序,对于重大突发事件,应以速度优先,尽可能快地编制出内部报告

（续表）

编号	具体层面	风险描述	关键控制措施参考
3	编制及审核内部报告	（3）没有科学的信息分析模型，可能导致信息分析出现结论性性错误，导致决策与企业经营活动偏离，从而损失企业利益 （4）内部报告未经审核即向有关部门传递，可能导致因信息不完善而无法充分利用其内部报告等情况，增加企业管理成本	（3）建立一套完整、详细、科学的结合企业实际的信息分析与处理模型，科学地分析收集的内外部信息，并在实践过程中不断优化完善信息分析模型，避免给企业带来不必要的损失 （4）企业应当建立内部报告审核制度，设定审核权限，确保内部报告信息质量。企业必须对岗位与职责分工进行控制，内部报告岗位与审核岗位分离，确保内部报告在传递前，必须经签发部门人员审核。对于重要信息，企业应当委派专门人员对其传递过程进行复核，确保将信息正确地传递给使用者
4	构建内部报告流转体系	（1）未建立内部报告传转体系，缺乏内部报告流转流程，导致内部报告传转不及时 （2）内部报告未按照流程流转，导致内部报告流转不及时 （3）未及时更新信息系统，信息处理效率低下，导致内部报告流转不及时	（1）企业应当制定内部报告传递制度，确定不同的流转环节 （2）企业应严格按设定的传递流程进行流转。企业各管理层应对内部报告的流转做好记录，对于未按照流转流程进行操作的事件，应当调查原因，并进行相应处理 （3）及时更新信息系统，确保内部报告有效安全地传递。企业应在实际工作中建立简洁高效的信息系统处理程序，使信息在企业内部更快地传递。对于重要、紧急的特殊信息，员工可以越级向董事会、监事会或经理层直接报告，便于相关负责人迅速做出决策
5	内部报告的使用与保管	（1）企业管理层在决策时并没有使用内部报告提供的信息，内部报告未能用于企业的经营活动 （2）商业秘密通过企业内部报告泄露，导致企业利益受损 （3）企业缺少内部报告保管制度	（1）管理层在进行预算控制、经营管理决策、业绩考核及重大问题决策时，应当充分使用内部报告提供的信息。企业应当将内部报告控制和内部报告接轨，通过内部报告对生产、采购、销售、投资、筹资等业务进行因素分析，对比分析和趋势分析，发现存在的问题，及时查明原因并加以改进；将绩效考评与责任追究制度与内部报告联系起来，依据内部报告流程提供的信息进行透明、客观的定期业绩考核，并对相关责任人进行追究惩罚。企业管理层应通过内部报告系统对企业生产经营管理中存在的风险进行评估，准确识别和分析企业生产经营活动中的内外部风险，涉及发现问题和重大风险的，应当启动应急预案

（续表）

编号	具体层面	风险描述	关键控制措施参考
5	内部报告的使用与保管	(4) 内部报告的保管杂乱无序，未遵循企业内部报告保管制度 (5) 对于重要的资料保管期限过短 (6) 内部报告的保密措施不严	(2) 企业应从内部信息传递的时间、空间、节点、流程等方面建立轻重分离、授权接触、监督和检查等手段防止商业秘密泄露 (3) 企业应当建立内部报告保管制度，各部门应当指定专人按类别保管相应的内部报告 (4) 为了便于内部报告的查阅，对比分析，改善内部报告的格式，提高内部报告的有用性，企业应按类别保管内部报告，对于影响较大、金额较高的内部报告，一般要严格保管，如企业重大重组方案、企业债券发行方案等 (5) 对于不同类别的报告，企业应按其影响程度规定其保管年限，只有超过保管年限的内部报告方可予以销毁。对于影响重大的内部报告，应当永久保管，如公司章程及相应的修改、公司股东登记表等。有条件的企业应当建立电子内部报告保管库，按照保密性质类别、时间、保管年限、影响程度及保密要求分门别类地储存电子内部报告 (6) 企业应当制定严格的内部报告保密制度，明确保密内容、保密措施、保密级别和传递范围，防止泄露商业秘密。电子文档及保存在信息平台的内部报告，务必注意加密。此外，有关企业商业秘密的重要文件，要由企业较高级别的管理人员负责，具体至少由两人共同管理，放置在专用保险箱内。查阅保险箱内，必须经该高层管理人员同意，由两人分别开启相应的锁具方可打开
6	内部报告的评估	(1) 企业缺乏完善的内部报告评价体系 (2) 对各信息传递环节不及时，对传递不及时，信息不准确的内部报告缺乏相应的惩戒机制	(1) 企业应建立并完善对内部报告的评估制度，严格按照评估制度对内部报告进行合理评估，考核内部报告在企业生产经营活动中所起的真实作用 (2) 为保证信息及时并准确地传递，企业必须执行奖惩机制。应当对经常不能及时或准确传递信息的相关人员进行批评和教育，并与绩效考核体系挂钩

第 4 节　舞弊及反舞弊机制的建立

一、舞弊产生的原因及常见的领域

1. 舞弊产生的原因

舞弊主要指的是员工以故意的行为获得不公平的或者非法的收益，一般来说，员工与外部接触越多，涉及利益、钱财的情况越多，产生舞弊行为的可能性就越大。

舞弊产生的原因可以用著名的舞弊三角论来解释，即压力、机会、借口。压力是舞弊者的行为动机，主要包括经济压力、与工作相关的压力等，这些压力促使个人谋取私利，从而损害企业利益。机会指的是能够使自己不容易被发现的舞弊行为。机会的产生大多数情况下源于缺乏发现企业舞弊行为的内部控制，工作质量无法进行有效判断，信息不对称，缺乏有效的惩罚措施。简单来说，机会的根源是企业制度的不健全、不完善。借口即自我合理化，借口往往与本人的道德观念、个人素质、行为准则相关联。

2. 经常发生舞弊的领域

一般而言，容易滋生舞弊的业务模块包括采购、销售、工程建设、财务、招商租赁等。

舞弊行为有虚假财务报告、资产的不适当处置、不恰当的收入和支出、故意的不当关联方交易、税务欺诈、贪污及收受贿赂和回扣等方面。

二、建立并强化反舞弊机制

有效的反舞弊机制是企业防范、发现和处理舞弊行为、优化内部环境的重要制度保障。

有效的信息沟通是成功控制反舞弊的关键。若信息交流机制不畅通，会产生信息不对称的问题，产生舞弊行为的机会就会增大。

企业应当建立反舞弊机制，坚持惩防并举、重在预防的原则，明确反舞弊工作的重点领域、关键环节和有关机构在反舞弊工作中的职责权限，建立举报、投诉制度，建立保密及保护机制，对于收到的举报，应当及时地进行反应与沟通，建立信息分析处理机制，规范舞弊案件的举报、调查、处理、报告和补救程序。

三、建立反舞弊机制存在的主要风险及管控措施

建立反舞弊机制过程中会存在不少问题及潜在风险，我们应当至少关注以下风险，并制定相关风险防控措施，具体如表 8-2 所示。

表 8-2　建立反舞弊机制的主要风险及管控措施

具体层面	风险描述	关键控制措施参考
建立反舞弊机制	（1）忽视了对员工道德准则体系的培训，内部审计监察不严，内部人员容易未经授权或者采取其他不法方式侵占、挪用企业资产，在财务会计报告和信息披露等方面存在虚假记录、误导性陈述或者重大遗漏等 （2）董事、监事、经理及其他高管人员滥用职权，相关机构或人员串通舞弊，举报事务处理不及时，缺乏相应的舞弊风险评估机制 （3）企业对举报人的保护力度小，可能导致举报人被打击报复，也可能给舞弊调查工作带来较大阻碍	（1）企业应当重视和加强反舞弊机制建设，对员工进行道德准则培训，通过设立员工信箱、投诉热线等方式，鼓励员工及企业利益相关方举报和投诉企业内部的违法违规、舞弊和其他有损企业形象的行为 （2）企业应通过审计委员会对举报、内部审计、监察、接收举报过程中收集的信息进行复查，以监督管理层对财务报告施加不当影响的行为、管理层进行的重大不寻常交易及企业各管理层级的批准、授权、认证等，防止企业资产侵占、资金挪用、虚假财务报告、滥用职权等现象的发生。企业应当建立反舞弊情况通报制度，定期召开反舞弊情况通报会，由审计部门通报反舞弊工作情况，分析反舞弊形势，评价现有的反舞弊控制措施和程序 （3）企业应当建立投诉和举报人保护机制，设立举报责任主体、举报程序，明确举报投诉处理程序，并做好投诉记录的保存。切实落实举报人保护制度是举报投诉制度有效运行的关键。结合企业的实际情况，企业应明确举报人应向谁举报，以何种方式进行举报，举报内容的界定等。确定举报责任主体接到投诉报告后进行调查的程序、办理时限、办结要求及将调查结论提交董事会处理的程序等。设立举报热线，鼓励员工举报舞弊违规行为

【案例 8-1】信息安全事件

一、背景介绍

2020 年 6 月，M 公司在内网上发布了一则关于对员工违规操作处罚的通报。意想

不到的是，这则通报的内容截图在一小时后被某公众号发布，第二天该通报内容又被加工成新闻，被各大型网络媒体争相转发。

为何一则常规的内部通报会被媒体如此关注呢？原来该通报内容涉及某外部特殊机构的一些非常规操作，通报内容的披露导致外部机构和集团均遭受了巨大的名誉损害和舆论压力，给后续的合作关系带来了诸多不利变数。

二、思考与分析

随着信息化的发展，越来越多的业务延伸到终端，我们在享受移动办公便捷性的同时，也面临着随之而来的信息安全风险。任何信息都可以在数秒内被截屏或通过公共网络传到网络可达的任一角落，这警示我们在发布信息之前需要进行更多的考量。

对于员工而言，大部分人的心态是"我转发的对象都是我认识的，反正都是我的家人、朋友，没有什么关系"，殊不知一旦转发，信息的传播便不再受控。当这些包含敏感内容的内部公开通报被泄露后，如果遭到外部过度解读，将给企业带来极大的负面影响。企业为了消除这些影响，必将投入巨大的人力、物力，造成不必要的经济损失和无法挽回的声誉损失。依据相关规定，私自将企业秘密级数据传播至企业管理范围之外（如私人存储设备、邮箱、信等）或保管不善导致秘密级数据外泄，都属于信息安全事件，M公司最终对此事件中涉及的员工进行了处罚。

第9章
全面预算的内部控制

全面预算指的是企业对一定期间的投资活动、经营活动、财务活动等做出的预算安排与计划。

第1节　全面预算的概述及作用

一、全面预算的概述

全面预算作为一种全方位、全过程、全员参与编制与实施的预算管理模式，凭借其计划、协调、控制、激励、评价考核等综合管理功能，通过将企业的资金流与实物流、业务流、信息流、人力流等资源相整合，从事前、事中、事后全过程进行预算管理，全面规范企业内部权、责、利的关系，优化企业资源配置，提升企业运营效率，是企业实现发展战略的重要保障。

全面预算的内容主要包括经营预算、专项预算、财务预算三大类。

经营预算是反映企业在计划期间日常发生的各项活动的预算，主要包括研发预算、生产预算、采购预算、销售预算、管理费用预算等。

专项预算指的是企业为不经常发生的长期投资项目或者筹资项目所编制的预算，一般包括资本支出预算和筹资预算等，主要反映何时投资、投资多少、资金来源和投资收益等。

财务预算指的是企业在计划期内反映有关现金收支、经营成果和财务状况的预算，主要包括现金预算、预计利润表、预计资产负债表。

经营预算与专项预算必须以货币形式反映在财务预算中。

二、全面预算管理的作用

全面预算管理是战略管理中非常重要的一部分，其作用主要体现在以下几个方面。

1. 全面预算是企业战略目标的具体化过程

企业编制预算，可以将企业的总目标分解成各部门的具体目标，将战略与企业具体经营活动相关联，可以使得各部门明确目标，根据目标安排自己负责范围的经济业务活动，化战略为行动，确保实现企业总的战略目标，降低经营风险与财务风险。

2. 全面预算是协调企业各部门的重要手段

企业各部门的经济活动之间存在着局部优化与整体优化的关系问题。从全局来看，局部计划的最优化并不能使全局计划合理。

因此，企业整个预算计划并不是各部门最优化方案的简单结合，企业可以以经营目标为起点，以提高投入产出比为目的编制全面预算。其编制与执行过程就是将企业有限的资源加以整合，协调分配到能够提高企业经营效率、效果的业务、活动、环节中去，从而实现企业资源的优化配置，增强资源的价值创造能力，提高企业经济效益。企业应使各部门的计划得到较好的协调，使整个计划体系相互衔接、完整且切合实际。

3. 全面预算是考核企业各部门业绩的标准

全面预算有利于制约和激励员工，可以将企业各层级之间、各部门之间、各责任单位之间等内部权、责、利关系予以规范化、明细化、具体化、量化。通过全面预算的编制，企业可以规范内部各个利益主体对企业具体的约定投入、约定效果及相应的约定利益。

全面预算是企业计划的数量化和货币化的表现，一方面通过对企业各部门及其员工日常活动的规范，使得经营活动有目标可循、有制度可依。另一方面，也为企业各部门的业绩评价提供了标准，方便对企业各部门员工的激励与控制。企业应检查履约情况，并实施相应的奖惩，从而调动员工的积极性，最终实现企业的发展目标。

4. 全面预算是控制企业各部门活动的工具

全面预算是企业实施内部控制、防范风险的重要手段和措施。全面预算的本质是企业内部管理控制的一项工具，预算本身不是最终目标，是为实现企业目标所采用的管理与控制手段，从而有效控制企业风险。

全面预算的制定和实施过程，就是企业不断用量化的工具，使自身所处的经营环境与拥有的资源和企业的发展目标保持动态平衡的过程。全面预算制定后需要按照计划付诸执行，管理工作的重心转为控制。在执行预算中，各部门可以通过计量、计算、对比及分析，寻找预算与实际执行中发生的差异，在此过程中对其所面临的各种风险进行识别、预测、评估与控制；分析其原因，并立即采取必要的措施进行纠正，使得日常经济活动能够有效地控制在预算范围之内。

第 2 节　全面预算管理的工作组织及流程

一、全面预算管理的工作组织

（一）全面预算工作的不相容职务

企业应当建立全面预算工作岗位责任制，明确相关部门和岗位的职责、权限，确保全面预算工作中的不相容职务相互分离、相互制约、相互监督。

全面预算工作中不相容的职务一般包括以下几种。

1. 预算编制（包括预算调整编制）与预算审批

编制预算的人员与审批人员是不相容的。审批人应当根据预算工作授权批准制度的规定，在授权范围内进行审批，不得超越审批权限。经办人应当在职责范围内，按照审批人的批准意见办理预算工作。对于审批人超越授权范围审批的预算事项，经办人有权拒绝办理，同时向上级部门报告。

2. 预算审批与预算执行

预算审批与执行工作是不相容的。预算自行审批，自行执行，存在较大的舞弊风险。执行这两项工作的人员应该各司其职，具有明确的界限，跨过了这个界限，就违背了内部控制关于预算控制的基本规范。

3. 预算执行与预算考核

预算执行人员与对预算进行考核的人员不能为同一个人，这两者属于不相容职务。预算自行执行，自行考核，同样也存在较大的舞弊风险。企业应当配备合格的人员执行预算工作。经办人员应当具备良好的业务素质和职业道德，熟悉国家有关法律法规和本单位的经营业务、管理要求和工作程序。

预算考核人员应该由独立且不参与预算执行的人员担任。

（二）全面预算管理的工作组织及运行机制

为了保障全面预算的有效性，企业应当明确全面预算工作组织，明确企业最高权力机构、决策机构、预算管理部门及各预算执行单位的职责权限、授权批准程序，强化全面预算的运行机制，具体如图 9-1 所示。

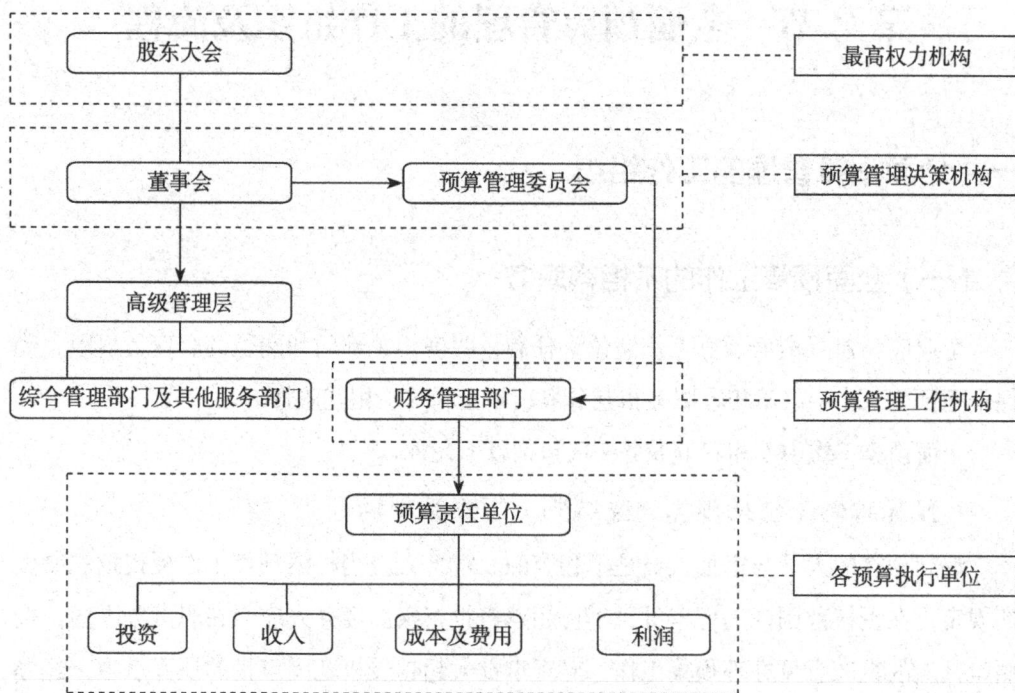

图 9-1　全面预算管理的工作组织

1. 企业最高权力机构

股东大会或企业章程规定的类似最高权力机构负责审批企业年度预算方案，即由企业的权力机构和相关人员负责审批年度预算方案。

2. 预算管理决策机构

一般而言，企业可以在董事会下设立预算管理委员会，预算管理委员会一般由企业的董事长或者总裁担任主任委员，吸纳企业内各相关部门的主管领导加入，如销售模块总经理、研发模块总经理、财务模块总经理等。

预算管理委员会的主要职责一般包括拟定预算目标与预算政策，制定预算管理的具体措施与管理办法、组织编制预算草案、下达经过批准的预算，协调解决预算编制和执行中的问题，考核预算的执行情况，督促完成预算目标。

预算管理委员会主持召开的预算会议是确定预算目标、进行预算调整等工作的主要形式。

3. 预算管理工作机构

预算管理工作机构是预算管理委员会的下设机构，一般设置在企业的财务管理部门，处理与预算相关的日常事务，执行日常管理职能。由于预算管理委员会的成员大部分由企业内各部门的主管兼任，预算草案由各相关部门分别提供，获准付诸执行的预算方案是企业的一个全面性经营计划，预算管理委员会在预算会议上所确定的预算方案绝不是预算草案的简单汇总，这就需要在确定、提交之前对各部门提供的草案进行必要的初步审查、协调与沟通。

为了避免出现各部门满意但对企业整体来说并不是最优的预算执行结果，预算的执行控制、差异分析、业绩考核等环节需要经过多轮沟通与协调。预算管理工作机构的主要职责是预算的汇总编制，在预算管理委员会与各部门之间进行沟通协调，协调、解决预算编制和执行中的具体问题，处理预算管理的日常事务。

4. 各预算执行单位

企业内部生产、投资、筹资、物资管理、人力资源、市场营销等业务部门和所属分支机构在企业预算管理部门的领导下，主要职责为本部门、本机构业务预算的编制、执行、控制、分析等。其应明确预算编制、执行、调整、分析与考核等各环节的控制要求，配合预算管理工作机构做好企业总预算的综合平衡、控制、分析、考核等工作；设置相应的记录或凭证，如实记载各环节工作的开展情况，确保预算工作全过程得到有效控制。各预算执行单位负责人对本企业预算的执行结果负责。

二、全面预算管理的流程

全面预算管理的流程一般包括预算编制与定稿、预算下达与执行、预算考核三个阶段。其中，预算编制与定稿阶段包括预算拟定、预算审批等具体环节；预算下达与执行阶段涉及预算指标分解和责任落实、预算执行控制、预算分析、预算调整等具体环节。这些业务环节相互关联、相互作用、相互衔接，并周而复始地循环，从而实现对企业全面经济活动的控制。

全面预算是企业加强内部控制、实现发展战略的重要工具和手段，也是企业内部控制的对象。

企业可以根据全面预算的基本业务流程（如图 9-2 所示），结合自身的实际情况及管理要求，制定具体的全面预算业务流程。

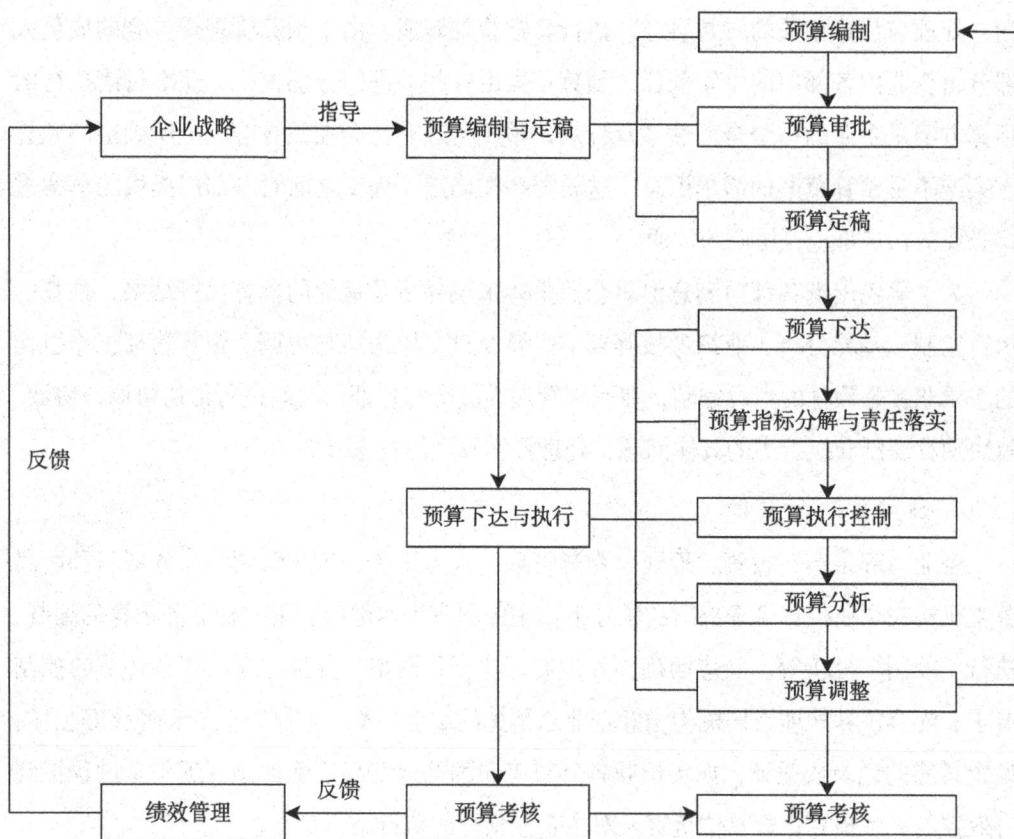

图 9-2　企业全面预算管理的基本业务流程

第 3 节　全面预算管理的内部控制目标、主要风险及管控措施

一、全面预算管理的内部控制管理目标

全面预算管理在企业发展过程中起着非常重要的作用。企业推行全面预算管理，能够比较集中地体现企业内部控制的要求，使企业目标具体化，强化企业内部控制，降低企业风险。全面预算管理的内部控制管理目标一般包括加强内部组织之间的沟通，降低企业的非经营性风险，保证企业管理合法合规、信息真实完整，提高经营效率和效果，为企业内部评估提供依据，促进企业实现发展战略等方面。

（一）加强内部组织之间的沟通

全面预算关系到企业的财务控制、管理控制和合法合规控制，它不只涉及某一部门的工作，需要多个部门之间相互沟通。对企业而言，利用全面预算管理对企业进行内部控制，有利于加强企业内部组织之间的沟通，确保企业生产经营的顺利进行。

（二）降低企业的非经营性风险

全面预算能够降低非经营性风险，这是因为在企业的日常工作中，全面预算管理能够使企业的各项工作运行得更有条理、更有计划性，为企业营造良好的经营环境，在一定程度上可降低企业的内部风险。

（三）保证企业管理合法合规、信息真实完整

全面预算管理能保证企业经营管理合法合规、资产安全、财务报告及相关信息真实、完整。

企业在长期发展中需要了解相关法律法规，如行业法律、税法、劳动法等，以确保企业日常经营管理不因违反法律法规而遭受处罚。

企业为保证实现全面预算目标，必须采取相应的措施，如制定内部管理制度，并在日常经营管理中加以执行，以确保企业有形资产和无形资产的安全、有效使用，减

少不必要的损失，使全面预算发挥最大作用。

虽然全面预算是由企业各部门编制，反映各部门的不同需要，但最终要体现在财务上，如编制现金预算、预计利润表和预计资产负债表、预计现金流量表，通过财务报告及相关财务信息体现出来。企业应通过编制月度、季度、半年度、全年度的预算执行分析表来监控全面预算的执行情况，因此全面预算管理在编制、执行和考核过程中，都需要确保财务报告及相关信息真实、完整。

（四）提高经营效率和效果

编制全面预算，要求预计未来某一特定期间的目标利润，需要实现的收入，研究由此需要产生多少成本和费用支出，需要多少资金和如何管理资金。这些事项都需要企业管理层和各部门相关人员对企业的内外部环境进行调查了解，以期编制出符合企业需要的全面预算，保证企业的收入增长和成本节约计划切实可行。所以，全面预算能够提高企业的经营效率和效果。

通过执行全面预算，企业可以对有限的资源进行最佳的安排，以避免资源浪费和低效使用。企业通过对全体员工进行全面预算管理和考核、奖惩，可以激励并约束全体员工追求尽量高的收入增长和尽量低的成本费用。企业通过对全体员工的技能、内部控制制度的培训和考核，能使全体员工树立良好的成本意识，并在日常工作过程中体现出来。

将全面预算和实际执行情况进行比对和分析，能够为企业管理层提供有效的监控手段，使企业管理层了解采取哪些措施能够不断实现尽量高的收入增长和尽量低的成本费用，这样有利于提高企业的经营效率和效果。

（五）为企业内部评估提供依据

企业进行内部评估，可以确保内部控制制度有效地进行，这对企业的发展壮大至关重要。全面预算管理可以为企业的内部评估提供依据，因此全面预算对加强企业的内部控制起着重要的作用。

全面预算是一项庞大的系统工程，关系到企业运行的方方面面，需要企业全体员工共同参与。全面预算指标能够为企业的内部评估提供科学的参考数据。在企业内部推行全面预算管理，可以根据内部控制的实际情况与预算进行比较分析，并结合企业的实际情况，及时解决问题，以达到对企业内部控制监督与检查的目的。

（六）促进企业实现发展战略

企业的发展战略包括短期战略和长期战略，短期战略需要企业通过预算管理来实现。全面预算监控可以帮助企业发现未能预知的机遇和挑战，这些信息通过预算汇报体系反映到决策机构，从而帮助企业动态地调整战略规划，提升企业战略管理的反应能力。

二、全面预算的主要风险及管控措施

企业在全面预算的编制过程中，可能存在各种问题及潜在风险，应当至少关注以下风险，并制定相关风险防控措施，具体如表 9-1 所示。

表 9-1　全面预算的主要风险及管控措施

编号	具体层面	风险描述	关键控制措施参考
1	预算管理体系建立	（1）若预算目标不合理、不完整或标准不科学，可能造成企业预算管理体系缺乏科学性和准确性 （2）无明确预算管理制度，可能导致预算管理执行困难	（1）预算管理委员会根据企业战略和企业目标拟定企业预算目标与预算政策 （2）制定预算管理制度，明确预算管理的具体措施和办法
2	岗位设置与授权	（1）预算分解不具体、预算责任主体不明确，岗位职责分工不合理，可能造成企业资源浪费和管理效率低下 （2）如果预算业务授权程序不规范或权限模糊，授权体系不健全，也可能产生重大差错或舞弊、欺诈行为，从而导致企业遭受损失	建立预算岗位责任制，制定规范的预算授权审批程序及工作协调机制，设立预算管理委员会进行全面预算管理。措施参考如下： ①企业内部研发、生产、投资、筹资、物资管理、人力资源、市场营销等业务部门在预算管理委员会的领导下，具体负责本部门业务预算的编制工作，并配合预算管理委员会做好企业总预算的综合平衡工作 ②企业预算管理委员会主要负责拟定预算目标和预算政策、制定预算管理的具体措施和办法，组织编制、审议、平衡年度等预算草案 ③董事会即企业决策机构负责制定企业年度预算方案

（续表）

编号	具体层面	风险描述	关键控制措施参考
2	岗位设置与授权	（1）预算分解不具体、预算责任主体不明确，岗位职责分工不合理，可能造成企业资源浪费和管理效率低下 （2）如果预算业务授权程序不规范或权限模糊，授权体系不健全，也可能产生重大差错或舞弊、欺诈行为，从而导致企业遭受损失	④股东大会即企业的最高权力机构负责审批企业年度预算方案 ⑤企业内部生产、投资、筹资、物资管理、人力资源、市场营销等业务部门在预算管理委员会的领导下，具体负责本部门业务预算的执行、控制、分析等工作 ⑥预算管理委员会负责协调、解决预算执行中的具体问题、负责考核预算执行情况，督促完成预算目标
3	预算编制	（1）预算编制以财务部门为主，业务部门参与度较低，可能导致预算编制不合理，预算管理责、权、利不匹配 （2）预算编制范围和项目不全面，各个预算之间缺乏整合，可能导致难以形成全面预算 （3）预算编制所依据的相关信息不足，可能导致预算目标与战略规划、经营计划、市场环境、企业实际等相脱离 （4）编制的预算脱离实际，预算未经有效审批，可能因差错、舞弊、欺诈而导致损失 （5）预算编制基础数据不足，可能导致预算编制准确率降低 （6）预算未经有效审批，可能因差错、舞弊、欺诈而导致损失 （7）如果预算编制程序不规范、预算分解和预算调整不合理，可能造成企业预算管理体系缺乏科学性和准确性 （8）预算编制方法选择不当，可能导致预算目标缺乏科学性和可行性 （9）预算指标体系设计不完整、不合理、不科学，可能导致预算管理在实现发展战略和经营目标、促进绩效考评等方面的功能难以有效发挥 （10）编制预算的时间太早或太晚，可能导致预算准确性不高或影响预算的执行 （11）未将年度预算细分为季度和月度预算，可能导致年度财务预算目标难以实现	（1）建立和完善预算编制工作制度 （2）全面研究和论证预算方案，制定全面预算草案 （3）严格审核全面预算草案 （4）预算管理委员会根据预算目标制定各部门的预算目标和编制要求 （5）各部门根据预算管理委员会发布的预算大纲，组织召开部门预算会议，讨论本部门预算的编制情况 （6）预算管理委员会组织召开预算平衡会议，各部门负责人及相关人员参与 （7）各部门根据预算平衡会议讨论的结果修正本部门的预算 （8）预算管理委员会根据各部门修正后的预算，形成总体修正预算，提交董事会审议 （9）企业年度全面预算方案经股东大会审批后，由董事会下达

（续表）

编号	具体层面	风险描述	关键控制措施参考
4	预算下达与执行	（1）若下达的预算不准确，可能造成预算失去其应有的权威性和严肃性 （2）预算执行中，相关部门未及时查明并解决出现的问题，未定期报告全面预算的执行情况，执行不力可能造成预算体系失去权威性	（1）全面预算经审议批准后，应当及时以文件的形式下达执行 （2）建立严格的预算执行授权审批制度 （3）建立健全有效的预算执行监控、反馈和报告体系 （4）预算管理委员会组织并监督各部门预算的执行
5	预算分析与调整	（1）预算调整不符合调整条件、未经有效审批，可能造成预算调整体系缺乏准确性 （2）预算调整事项偏离企业发展战略和年度财务预算目标，可能造成调整方案无法实现最优化 （3）预算调整依据不充分、方案不合理、审批程序不严格，可能导致预算调整随意、频繁	（1）预算执行部门根据市场变动情况和实际工作需要，提出预算调整申请 （2）科学合理地进行预算分析，及时解决预算差异问题 （3）设立严格有效的预算调整授权审批体系 （4）设置一定的预算保险基金，并制定严格的动用审批制度 （5）预算管理委员会审核执行部门提交的申请，对预算进行调整，并下达新预算方案
6	预算考核	（1）预算分析不正确、不科学、不及时，可能削弱预算执行控制的效果或可能导致预算考评不客观、不公平，造成预算管理流于形式 （2）预算考核未能总结预算管理经验与教训，未能正确评估各类风险水平和经营形势，可能导致企业无法正确认识并防范各类风险 （3）预算考核结果不公平、不合理，可能影响企业部门及相关人员的积极性	（1）预算管理委员会根据预算执行部门提交的预算执行报告对预算执行结果进行分析 （2）完整记录并归档预算考核过程与结果 （3）建立严格的预算考核及相关奖惩制度，预算管理委员会根据企业相关规定就预算执行情况制定考核方案，向人力资源部提交对预算执行部门的奖惩措施

第4节　全面预算管理的内部控制设计

一、建立预算管理体系

1.建立预算工作组织

前文讲述了全面预算的工作组织，其中包括全面预算工作的不相容职务、全面预算工作组织建立、明确岗位职责、岗位设置与授权等内容。企业在建立预算工作组织时可参考上述内容。

2.建立全面预算制度

全面预算更多的属于预防性控制，企业应当建立"以总体预算目标为导向，以现金收支管理为纽带，以成本定额控制为手段，以责任报告制度为基础，以激励约束机制为保障"的全面预算管理模式，充分发挥预算在生产经营管理中的预测、控制、信息反馈、激励约束等作用。

全面预算对两级预算管理机构的职责和经营预算目标，资金预算的编制、审批、执行、检查、分析和考核都做出了明确的规定，可以从制度上保证预算工作的顺利推进。

二、预算编制、审批、执行、调整

（一）预算编制与审批

1.全面性控制

明确企业各个部门、各主体单位的预算编制责任，将企业各个部门、各主体单位的业务活动全部纳入预算管理。

将企业经营、投资、财务等各项经济活动的各个方面、各个环节都纳入预算编制范围，形成由经营预算、投资预算、筹资预算、财务预算等一系列预算组成的相互衔接和勾稽的综合预算体系。

2. 基础性控制与编制依据

企业应当制定明确的战略规划，并依据战略规划制定年度经营目标和计划，作为制定预算目标的首要依据，确保编制的预算真正成为战略规划和年度经营计划的年度行动方案。

同时深入开展企业外部环境的调研和预测，包括对企业预算期内客户需求、同行业发展等市场环境的调研，以及宏观经济政策等社会环境的调研，确保预算编制以市场预测为依据，与市场、社会环境相适应。

此外，企业应当深入分析企业上一核算期间的预算执行情况，充分预测预算期内企业资源状况、生产能力、技术水平等自身环境的变化，确保预算编制符合企业生产经营活动的客观实际。

重视和加强预算编制基础管理工作，包括历史资料记录、定额制定与管理、标准化工作、会计核算等，确保预算编制以可靠、完整的基础数据为依据。

3. 编制程序控制

企业应当按照"上下结合、分级编制、逐级汇总"的程序，编制年度全面预算。其基本步骤及其控制方法如下：

（1）建立系统的指标分解体系，并在与各预算责任中心进行充分沟通的基础上分解、下达初步预算目标；

（2）各预算责任中心按照下达的预算目标和预算政策，结合自身特点及预测的执行条件，认真测算并提出本责任中心的预算草案，逐级汇总上报预算管理工作机构；

（3）预算管理工作机构进行充分协调、沟通，审查平衡预算草案；

（4）预算管理委员会应当对预算管理工作机构在综合平衡基础上提交的预算方案进行研究论证，从企业发展全局角度提出进一步调整、修改的建议，形成企业年度全面预算草案，提交董事会；

（5）董事会审核全面预算草案，确保全面预算与企业发展战略、年度生产经营计划相协调。

4. 编制程序控制

企业应当本着遵循经济活动规律，充分考虑符合企业自身经济业务特点、基础数据管理水平、生产经营周期和管理需要的原则，选择或综合运用固定预算、弹性预算、滚动预算等方法编制预算。

5.预算目标及指标体系设计控制

（1）按照"财务指标为主体、非财务指标为补充"的原则设计预算指标体系；

（2）将企业的战略规划、经营目标体现在预算指标体系中；

（3）将企业产、供、销、投融资等各项活动的各个环节、各个方面的内容都纳入预算指标体系；

（4）将预算指标体系与绩效评价指标协调一致；

（5）按照各责任中心在工作性质、权责范围、业务活动特点等方面的不同，设计不同或各有侧重的预算指标体系。

6.预算编制时间控制

企业可以根据自身规模大小、组织结构和产品结构的复杂性、预算编制工具和熟练程度、全面预算开展的深度和广度等因素，确定合适的全面预算编制时间，并应当在预算年度开始前完成全面预算草案的编制工作。

7.预算审批控制

企业应完善预算审批制度，各预算工作组织应当按照企业的预算审批制度执行，预算管理工作机构应当及时召开预算评审会议。

【案例9-1】预算草案编制时间控制失效

一、具体角色

A：某公司

B：某公司销售子公司

二、背景介绍

A公司目前已经建立较为完善的全面预算管理体系，并且发布了全面预算管理制度，制度中约定每年10月1日前各子公司、各部门预算管理员提交由各子公司、各部门负责人确认后的下一年度预算草案至预算管理机构财务管理部。

2020年10月1日即将来临，预算管理机构财务管理部于2020年9月1日开启了2021年年度预算编制启动会议，要求各单位务必按照全面预算管理制度于2020年10月1日前提交，否则参照制度进行考核（提交草案单位延迟10日将对该单位绩效进行降级处理）。B单位是A公司的销售子公司，一直拖延到11月2日才提交该单位的预算草案，期间，预算管理机构并未进行太多的督促与沟通，导致全面预算管理评审、审批，预算的定稿都未按照计划的时间完成。

三、思考

A 单位的内部控制是否失效？如果失效，有哪些地方需要进行内部控制设计再完善？

四、分析

从制度表面看，A 公司的内部控制似乎很完善，约定了预算编制时间，规定了延期将会产生的后果。从执行过程看，似乎也没有内部控制漏洞，预算管理机构财务管理部如期开展预算编制启动会议。但是，仔细察看并分析，A 公司的内部控制还是有值得改善和提升之处的。

（1）制度规定各子公司、各单位于 2020 年 10 月 1 日前提交下一年度的全面预算草案，尽管在 2020 年 9 月 1 日已经开启了 2021 年年度预算编制启动会议，但是 B 单位一直拖延到 11 月 2 日才提交。那么制度就应该再进行细化，可以要求预算管理机构提前 15 日对各单位进行督促、沟通与协助，时刻保持与各单位的联系，否则应追究预算管理机构的责任。

（2）2020 年 10 月 1 日—11 月 2 日，B 单位整整延期了 33 天，这期间，预算管理机构并未进行太多的督促与沟通。根据《企业内部控制基本规范》，预算管理机构的职责是预算的汇总编制，在预算管理委员会与各部门之间进行沟通、协调，协调、解决预算编制和执行中的具体问题，处理预算管理的日常事务。因此，A 公司还是应当对制度再进行细化，应当根据《企业内部控制基本规范》，结合企业本身的业务情况，对企业制度及操作手册进行细化，可以要求预算管理机构对超期未提交预算草案的单位进行每日预警提醒，并且时刻保持沟通与联系，明确了解 B 单位的困难，同时要求预算管理机构编制预算进度表、预算管理工作日志，以便有据可循。

（3）B 单位整整延期了 33 天，参照制度进行考核（提交草案单位延迟 10 日将对该单位绩效进行降级处理），但其实该制度仅仅是规定对组织绩效进行降级，未明确绩效降级的后果，此外对 B 单位负责人及预算草案编制人也未提及考核事项，因此，A 公司在进行内部控制设计时，应当对预算草案编制的时间控制内容进行细化，预算草案编制时间应该包括具体的延期考核事项，考核事项应当分解，对 B 单位预算草案编制统筹人作何规定，结果未达成应该如何处理。对 B 单位预算草案编制实际执行人作何规定，结果未达成应该如何处理，遇到困难时是否及时与上级汇报，上级领导是否及时协助寻找解决方案等。

因此，初步建立内部控制管理体系之后，企业一定要做精细化管理，同时强化内部控制执行，增强管理效力。

（二）预算下达

全面预算经审议批准后应当及时以文件、通知等形式下达执行。

（三）预算指标分解与责任落实

预算指标分解和建立预算执行责任制应当遵循定量化、全局性、可控性的原则。预算指标的分解需要明确、具体，便于执行和考核，预算指标的分解需要有利于企业实现经营总目标，应当赋予责任部门和责任人具体预算指标，相关责任部门和责任人对预算指标负责。

企业应当建立预算执行责任制度，对照已确定的责任指标，定期或不定期地对相关部门及人员责任指标完成情况进行检查，实施考评。可以通过签订预算目标责任书等形式明确各预算执行部门的预算责任。

企业全面预算一经批准下达，各预算执行单位应当认真组织实施，将预算指标层层分解，横向将预算指标分解为若干相互关联的因素，寻找影响预算目标的关键因素，并对其加以控制；纵向将各项预算指标层层分解落实到最终的岗位和个人，明确责任部门和最终责任人；时间上将年度预算指标分解细化为季度、月度预算，通过实施分期预算控制，实现年度预算目标。

（四）预算执行

加强资金收付业务的预算控制，及时组织资金收入，严格控制资金支付，调节资金收付平衡，防范支付风险。

严格控制资金支付业务的审批流程，及时制止不符合预算目标的经济行为，确保各项业务和活动都在授权的范围内运行。企业应当就涉及资金支付的预算内事项、超预算事项、预算外事项建立规范的授权批准制度和程序，避免出现越权审批、违规审批、重复审批的现象。对于预算内非常规或金额较大的事项，应经过较高的授权批准层（如总经理）审批。对于超预算或预算外的事项，应当实行严格、特殊的审批程序，一般须报经总经理办公会或类似权力机构审批；金额较大的，还应报经预算管理委员会或董事会审批。预算执行单位提出超预算或预算外资金支付申请，应当提供有关发生超预算或预算外支付的原因、依据、金额测算等资料。

建立预算执行实时监控制度，及时发现和纠正预算执行中的偏差。确保企业办理采购与付款、销售与收款、成本费用、工程项目、对外投融资、研究与开发、信息系统、人力资源、安全环保、资产购置与维护等各项业务和事项，均符合预算要求；对于涉及生产过程和成本费用的，还应严格执行相关计划、定额、定率标准。

建立重大预算项目特别关注制度。对于工程项目、对外投融资等重大预算项目，企业应当密切跟踪其实施进度和完成情况，实行严格监控。对于重大的关键性预算指标，也要密切跟踪、检查。

建立预算执行情况预警机制，科学选择预警指标，合理确定预警范围，及时发出预警信号，积极采取应对措施。有条件的企业，应当推进和实施预算管理的信息化，通过现代电子信息技术手段控制和监控预算执行，提高预警与应对水平。

建立健全预算执行情况内部反馈和报告制度，确保预算执行信息传输及时、畅通、有效。预算管理工作机构应当加强与各预算执行单位的沟通，运用财务信息和其他相关资料监控预算执行情况，采用恰当方式及时向预算管理委员会和各预算执行单位报告、反馈预算执行进度、执行差异及其对预算目标的影响，促进企业全面预算目标的实现。

（五）预算调整

1. 明确预算调整条件

由于市场环境、国家政策或不可抗力等客观因素，导致预算执行发生重大差异确需调整预算的，应当履行严格的审批程序。企业应当在有关预算管理制度中明确规定预算调整的条件。

2. 强化预算调整原则

预算调整应当符合企业发展战略、年度经营目标和现实状况，重点放在预算执行中出现的重要的、非正常的、不符合常规的关键性差异方面。此外，预算调整方案应当客观、合理、可行，在经济上能够实现最优化。

预算调整应当谨慎，调整频率应予以严格控制，应尽量减少年度调整次数。

规范预算调整程序，严格审批。调整预算一般由预算执行单位逐级向预算管理委员会提出书面申请，详细说明预算调整理由、调整建议方案、调整前后预算指标的比较、调整后预算指标可能对企业预算总目标的影响等内容。预算管理工作机构应当对预算执行单位提交的预算调整报告进行审核分析，集中编制企业年度预算调整方案，提交预算管理委员会。预算管理委员会应当对年度预算调整方案进行审议，根据预算调整事项性质或预算调整金额的不同，根据授权进行审批或提交原预算审批机构审议批准，然后下达执行。企业预算管理委员会或董事会审批预算调整方案时，应当依据预算调整条件，并考虑预算调整原则，对于不符合预算调整条件的，坚决予以否决；对于预算调整方案欠妥的，应当协调有关部门和单位研究改进方案，并责成预算管理工作机构予以修改后再履行审批程序。

三、严格制定预算考核制度

企业应建立科学的预算考核体系，强化预算约束力。对各预算执行单位和个人进行考核时，要真正体现科学、客观、公正，以充分发挥预算的激励和约束作用。预算考核制度应当明确预算考核执行机构、考核原则、考核标准和依据及考核程序等。

（1）预算考核执行机构。预算考核通常由预算管理委员会定期组织，将各预算执行单位负责人签字上报的预算执行报告和已掌握的动态监控信息进行核对，确认各执行单位预算完成情况。

（2）预算考核的原则。预算执行情况考核工作应当坚持公平、公正、公开的原则，并对考核结果进行完整的记录。

（3）预算考核的标准和依据。预算执行情况考核应以企业正式下达的预算方案为标准，以经过审定的年度财务报告信息为依据。实行中期考核的企业，应以企业中期预算为标准，以中期财务报告为依据。

（4）预算考核的程序。预算执行情况考核，依照预算执行单位上报预算执行报告、预算管理委员会审查核实、企业决策机构批准的程序进行。企业内部预算执行单位上报的预算执行报告，需经本部门负责人签章确认。

第10章
信息系统的内部控制

第1节　信息系统的概述

一、信息系统的含义

信息系统是由计算机硬件、软件、数据通信技术、规章制度与有关人员等组成的系统，通过及时、正确地收集、加工、存储、传递和提供信息，系统性管理与企业活动有关的信息，用于企业变革与发展及各级管理决策与各项业务活动，形成企业的管理信息系统，企业的管理信息系统能对内部控制进行集成、转化和提升。

二、信息系统的功能

一般而言，信息系统有如下功能。

（一）信息处理功能

信息处理功能是信息系统最基本的功能，涉及数据的采集、输入、加工、存储、传输和输出。通过合理分析企业信息管理的需求，信息系统可以全面系统地组织企业信息，并通过相应的技术手段加工、保存并输出企业的信息，为有效地应用这些企业信息奠定数据基础。

（二）事务处理功能

信息系统直接支持业务职能的具体实现，协助企业完成最基本的、每日例行的业务处理活动，帮助管理人员完成一些烦琐的重复性劳动，使他们将更多的精力投入真正的管理工作中。事务处理功能存在于企业的各个业务运作中，如日常生产运作、工资核算、销售订单处理、原材料出库、费用支出报销等。

（三）计划控制功能

计划控制功能是利用信息系统合理安排企业中各部门的计划，向不同层次的管理人员提供相应的计划报告，并对计划的执行情况进行检测、检查，比较执行差异，并分析原因，辅助管理人员及时运用各种方法。与事务处理功能相比，计划控制功能擅长对综合性数据进行处理，而不是每时每日的实时信息处理；与预测决策功能相比，计划控制功能的重点是简单算术运算，而不以模型化分析为重点。

（四）预测决策功能

通过运用数理统计、模拟计算等模型化方式，对内部和外部数据进行处理，力图挖掘信息内在的规律和特征，对未来的发展情况做出估计，及时推导出有关问题的最优解决方案，并以易于理解和使用的多媒体方式提供给决策者，辅助管理人员进行决策。典型的决策支持系统有销售分析与预测、定价决策分析等。

三、信息系统的管理作用

信息系统的管理作用主要包括但不限于以下几个方面。

（一）实现信息共享

信息系统的建立有利于实现信息共享，信息共享能够消除信息不对称的风险。此外，信息在组织内部进行共享是管理的一个重要手段与途径，能够促进各个部门相互协作，提高工作效率，降低管理成本。当然，值得注意的是，在信息共享过程中，企业应当充分审批信息公开与共享的范围，避免信息泄露。

（二）便于日常业务处理

信息系统的建立有利于提升企业日常业务的处理能力。

（三）易于数据分析

信息系统的建立有利于数据的加工，有了信息系统后，可以输入各种科学模型，对内部和外部数据进行处理，挖掘信息内在的规律和特征，不断地进行分析，对未来的发展情况做出估计，及时推导出有关问题的最优解决方案，能够辅助管理人员进行决策。

第 2 节　信息系统建立的主要步骤及主要业务流程

一、信息系统建立的主要步骤

（一）信息系统开发流程

1. 系统规划、准备与立项

企业根据发展战略和业务需要进行信息系统建设，先要确立系统建设目标，根据目标进行系统建设战略规划，再将规划细化为项目建设方案。其中包括确定拟建系统的总体目标、功能、大致规模，粗略估计所需资源，并根据需求的轻、重、缓、急程度及资源和环境的约束，把系统建设内容分解成若干开发项目，以分期分批地进行系统开发。信息系统开发的主要工作包括 IT 战略规划、IT 技术规划、投资管理、质量管理、项目管理、人力资源管理等。

根据前期规划，相关人员将准备的材料根据企业信息化建设立项要求提交信息系统立项审批部门。

2. 系统设计与实施

企业开展信息系统建设，可以根据实际情况选择自行开发、外购调试或业务外包等方式。

选择外购调试或业务外包方式的，应当采用公开招标等形式择优选择供应商或开发单位。

选择自行开发信息系统的，信息系统归口管理部门应当组织企业内部相关业务部门进行需求分析，合理配置人员，明确系统设计、编程、安装调试、验收、上线等全过程的管理要求。

这一阶段的主要工作是根据系统规划阶段确定的拟建系统总体方案和开发项目的安排，分期分批进行系统设计。信息系统开发是企业信息活动的重要基础，直接决定着企业的信息技术水平，应先进行需求分析，明晰调查信息系统应具备的属性和功能，并将其用适当的形式表达出来；然后根据信息系统需求，对系统架构、内容、模块、界面和数据等进行定义和实施。其主要工作包括需求分析、应用系统设计、基础设施获取、运行准备、测试与发布等。

企业信息系统归口管理部门应当加强对信息系统开发全过程的跟踪管理，增进开发单位与企业内部业务部门的日常沟通和协调，组织独立于开发单位的专业机构对开发完成的信息系统进行检查验收，并组织系统上线运行。

（二）信息系统运行维护流程

1. 系统运行管理

信息系统交付使用时，开发工作即告结束，运行工作随即开始。信息系统的运行管理就是控制信息系统的运行，记录其运行状态，保证系统正常运行，并进行必要的修改与扩充，以便及时、准确地向企业提供必要的信息，以满足业务工作和管理决策的需要，其主要工作内容包括日常运行管理（如数据记录与加工、设备管理、安全管理等）、运行情况的记录及对系统的运行情况进行检查和评价。

2. 系统维护管理

为保证信息系统正常而可靠地运行，并使系统不断地得到改善和提高，应对应用系统、数据、代码和硬件进行维护管理，其可以分为纠错性维护、适应性维护、完善性维护和预防性维护。纠错性维护是指对系统进行定期的或不定期的检修，更新易损部件、排除故障、消除隐患等工作；适应性维护是指由于管理或技术环境发生变化，系统中的某些部分已不能满足需求，对这些部分进行适当调整的维护工作；完善性维护是指用户对系统提出某些新的信息需求，在原有系统的基础上进行适当的修改，完善系统的功能；预防性维护是对预防系统可能发生的变化或受到的冲突采取的维护措施。

一般来说，信息系统运行维护是系统生命周期中历时最久的阶段，也是信息系统实现功能、发挥效益的阶段，科学的组织与管理是系统正常运行、充分发挥其效益的必要条件，而及时、完善的系统维护是系统正常运行的基本保证。一般而言，有些信息系统在运行和维护阶段的开支将占整个系统成本的三分之二左右。这一阶段的主要工作包括运行管理、事件管理、问题管理、配置管理、连续性管理、可用性管理和能力管理等。

（三）信息系统安全管理实践

信息系统安全管理即针对当前企业面临的病毒泛滥、黑客入侵、恶意软件、信息失控等复杂环境制定相应的防御措施，保护企业信息和信息系统不被未经授权的访问、使用、泄露中断、修改和破坏，为企业信息和信息系统提供保密性、完整性、真实性、可用性和不可否认性服务。

安全管理手段分为技术类手段和管理类手段两大类，这两类手段是确保信息系统安全不可分割的两个部分。技术类手段与信息系统提供的技术安全机制有关，主要通过在信息系统中部署软硬件并正确地配置其安全功能来实现，主要覆盖物理安全、网络安全、应用安全和数据安全等层面；管理类手段与信息系统中各种角色参与的活动有关，主要通过控制各种角色的活动，从政策制度、规范、流程及记录等方面做出规定来实现，主要覆盖安全管理制度、安全管理机构和人员安全管理等方面。

（四）信息系统岗位职责实践

信息系统建设与运营是一个长期持续的过程，需要一个专门的机构负责。信息部门作为企业的一个职能部门，只有清楚地认识自己的角色定位，才能明白自己拥有的权利和担负的职责，进而有效地执行任务。信息部门并不产生直接利润或收益，但可以通过信息化的手段提高其他部门的效益，降低管理成本，同样为企业创造价值，从而体现自身的价值所在。

二、信息系统的主要业务流程

（一）信息系统设计与开发流程

一般而言，促进企业信息化建设已经是目前大多数企业的重要战略规划，因此信息系统设计与开发尤为重要。

企业可以根据信息系统设计与开发的基本业务流程（如图 10-1 所示），结合自身的实际情况及管理要求，制定具体的信息系统设计与开发业务流程。

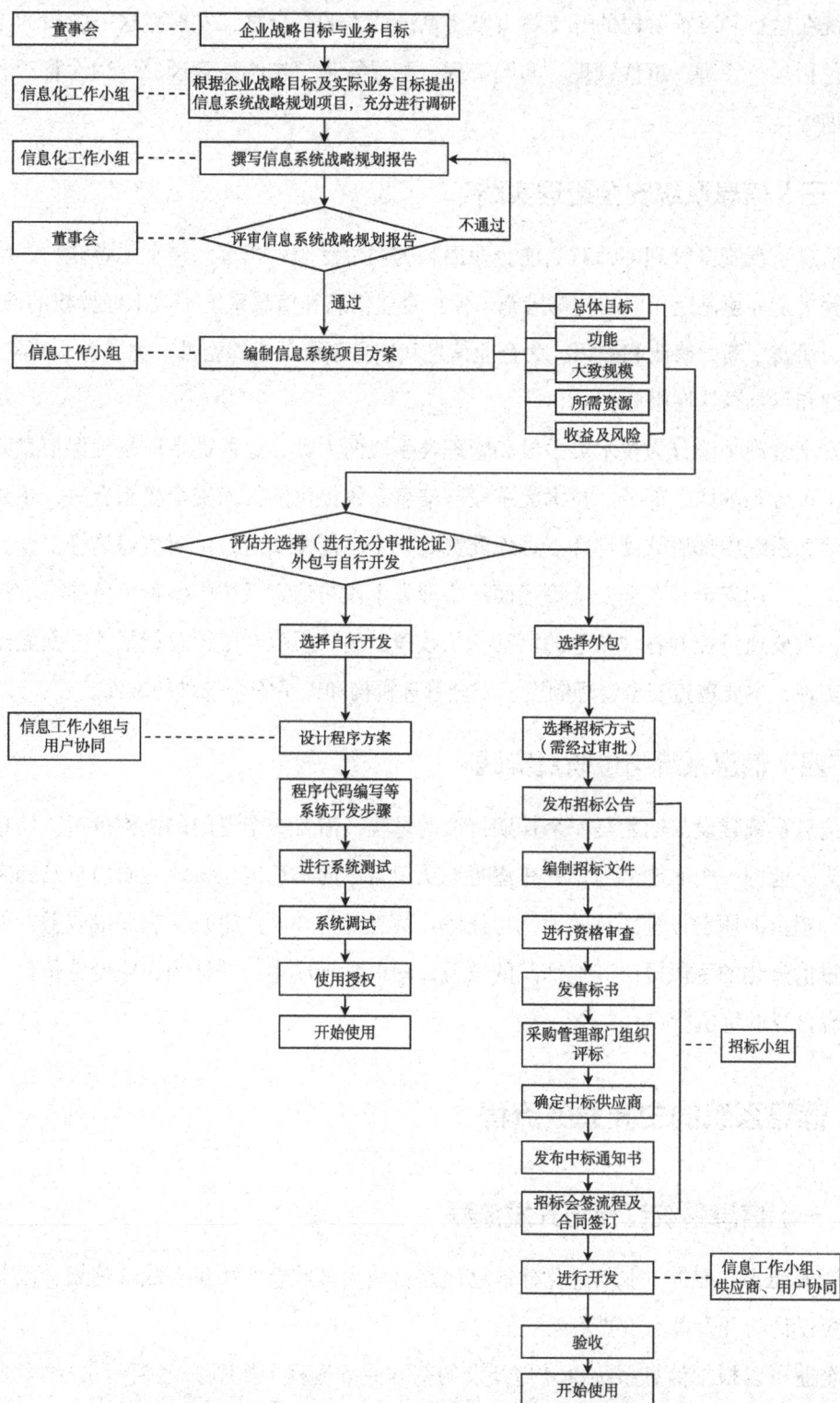

图 10-1　企业信息系统设计与开发的基本业务流程

（二）信息系统运行与维护流程

如果没有信息系统的运行与维护，那么已开发的信息系统就如同"一张废纸"，信息系统运行与维护对企业日常业务的运行相当重要。

企业可以根据信息系统运行与维护的基本业务流程（如图 10-2 所示），结合自身的实际情况及管理要求，制定具体的信息系统运行与维护业务流程。

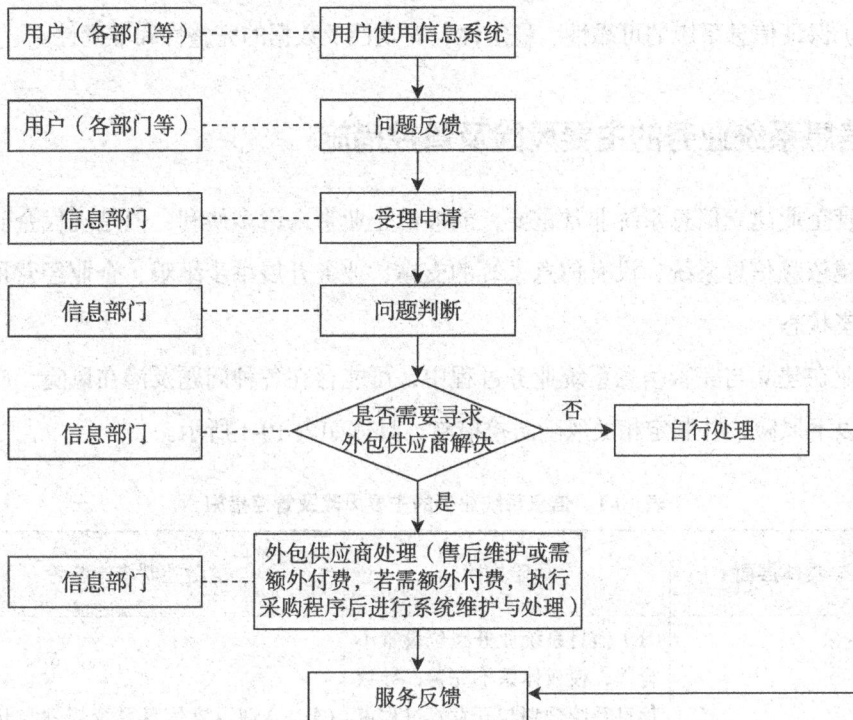

图 10-2　信息系统运行与维护的基本业务流程

第 3 节　信息系统业务的管理目标、主要风险及管控措施

一、信息系统业务的内部控制管理目标

信息系统业务的内部控制管理目标主要包括但不限于以下几点：

（1）保证符合国家及监管部门法律法规的有关要求；

（2）保证遵守保护知识产权的有关法律法规，使用合法软件；

（3）保证企业业务活动的真实性、合法性和效益性；

（4）保证信息系统满足生产经营业务需求；

（5）保证达到信息系统开发预期目标，系统运行安全、稳定；

（6）保证系统出现故障能及时恢复，系统具有扩展性和集成性；

（7）保证信息系统的可靠性、稳定性、安全性及数据的完整性和准确性。

二、信息系统业务的主要风险及管控措施

尽管企业建立信息系统非常重要，能够给企业带来诸多便利，但是现代企业的运营越来越依赖信息系统，没有信息系统的支撑，业务开展举步维艰，企业经营很可能陷入瘫痪状态。

企业在建立与完善信息系统业务过程中，可能存在各种问题及潜在风险，应当至少关注以下风险，并制定相关风险防控措施，具体如表 10-1 所示。

表 10-1　信息系统业务的主要风险及管控措施

编号	具体层面	风险描述	关键控制措施参考
1	岗位设置	（1）信息系统业务岗位设置不合理，授权体系不完善，导致信息系统规划与开发等过程审批不充分，可能导致信息系统业务建设环节出现较大差错 （2）信息系统开发与使用未经审批或越权审批，可能因重大差错、舞弊等导致损失	（1）合理设置信息系统规划与开发岗位，合理分配其分工及权限 （2）实施信息系统归口管理制度，建立有效的工作机制
2	信息系统规划	（1）缺乏战略规划或规划不合理，可能造成信息孤岛或重复建设，导致有的企业产生财务管理信息系统、销售管理信息系统、生产管理信息系统、人力资源管理系统、办公自动化系统等各自为政、孤立存在的现象，削弱了信息系统的协同	（1）与企业战略相结合，制定信息系统开发的战略规划和中长期发展计划，并在每年制定经营计划的同时制定年度信息系统建设计划，促进经营管理活动与信息系统的协调统一 （2）企业应在制定信息化战略过程中，结合企业各项业务需求制定信息系统实施规划；要充分调动和发挥信息系统归

编号	具体层面			风险描述	关键控制措施参考
2	信息系统规划			效用，甚至引发系统冲突，企业经营管理效率低下 （2）没有将信息化与企业业务需求结合起来，降低了信息系统的应用价值	口管理部门与业务部门的积极性，使各部门广泛参与，充分沟通，提高战略规划的科学性、前瞻性和适应性。同时，信息系统战略规划要与企业的组织架构、业务范围、地域分布、技术能力等相匹配，避免相互脱节
3	信息系统开发	自行开发	项目计划	信息系统建设缺乏项目计划或者计划不当，导致项目进度滞后、费用超支、质量低下	（1）企业应当根据信息系统建设整体规划提出分阶段项目的建设方案，明确建设目标、人员配备、职责分工、经费保障和进度安排等相关内容，按照规定的权限和程序审批后实施 （2）企业可以采用标准的项目管理软件制定项目计划，并加以跟踪。在关键环节进行阶段性评审，以保证过程可控 （3）项目关键环节编制的文档应参照《GB 8567 — 88 计算机软件产品开发文件编制指南》等相关国家标准和行业标准进行，以提高项目计划编制水平
			需求分析	（1）需求本身不合理，对信息系统提出的功能、性能、安全性等方面的要求不符合业务处理和控制的需要 （2）技术上不可行、经济上成本效益倒挂或与国家有关法规制度存在冲突 （3）需求文档表述不准确、不完整，未能真实全面地表达企业需求，存在表述缺失、表述不一致甚至表述错误等问题	（1）信息系统归口管理部门应当组织企业内部各有关部门提出开发需求，加强系统分析人员和有关部门的管理人员、业务人员的交流，经综合分析提炼后形成合理的需求 （2）编制表述清晰、表达准确的需求文档。需求文档是业务人员和技术人员共同理解信息系统的桥梁，必须准确表述系统建设的目标、功能和要求。企业应当采用标准建模语言，综合运用多种建模工具和表现手段，参照《GB 8567 — 88 计算机软件产品开发文件编制指南》等相关标准，提高系统需求说明书的编写质量 （3）企业应当建立健全需求评审和需求变更控制流程。依据需求文档进行设计（含需求变更设计）前，应当评审其可行性，由需求提出人和编制人签字确认，并经业务部门与信息系统归口管理部门负责人审批

（续表）

编号	具体层面			风险描述	关键控制措施参考
3	信息系统开发	自行开发	系统设计	（1）设计方案不能完全满足用户需求，不能实现需求文档规定的目标 （2）设计方案未能有效控制建设开发成本，不能保证建设质量和进度 （3）设计方案不全面，导致后续变更频繁 （4）设计方案没有考虑信息系统建成后对企业内部控制的影响，导致系统运行后衍生新的风险	（1）系统设计负责部门应当就总体设计方案与业务部门进行沟通和讨论，说明方案对用户需求的覆盖情况，存在备选方案的，应当详细说明各方案在成本、建设时间和用户需求响应上的差异；信息系统归口管理部门和业务部门应当对选定的设计方案进行书面确认 （2）企业应参照《GB 8567－88 计算机软件产品开发文件编制指南》等相关国家标准和行业标准，提高系统设计说明书的编写质量 （3）企业应建立设计评审制度和设计变更控制流程 （4）在系统设计时，应当充分考虑信息系统建成后的控制环境，将生产经营管理业务流程、关键控制点和处理规程嵌入系统程序，实现手工环境下难以实现的控制功能，例如，对于某一财务软件，当输入支出凭证时，可以让计算机自动检查银行存款余额，防止透支 （5）应充分考虑信息系统环境下新的控制风险，例如，通过信息系统中的权限管理功能控制用户的操作权限，避免将不相容职务的处理权限授予同一用户 （6）应当针对不同的数据输入方式，强化对进入系统数据的检查和校验功能。例如，凭证的自动平衡校对 （7）系统设计时应当考虑在信息系统中设置操作日志功能，确保操作的可审计性。对异常的或者违背内部控制要求的交易和数据，应当设计系统自动报告及跟踪处理机制 （8）预留必要的后台操作通道，对于必需的后台操作，应当加强管理，建立规范的操作流程，确保足够的日志记录，保证后台操作的可监控性

（续表）

编号	具体层面		风险描述	关键控制措施参考
3	信息系统开发	自行开发	编程和测试	（1）编程结果与设计不符 （2）各程序员的编程风格差异大，程序可读性差，导致后期维护困难，维护成本高 （3）缺乏有效的程序版本控制，导致重复修改或修改不一致等问题 （4）测试不充分。单个模块正常运行但多个模块集成运行时出错，开发环境下测试正常而生产环境下运行出错，开发人员自测正常而业务部门用户使用时出错，导致系统上线后可能出现严重问题	（1）项目组应建立并执行严格的代码复查评审制度 （2）项目组应建立并执行统一的编程规范，在标识符命名、程序注释等方面统一风格 （3）应使用版本控制软件系统，保证所有开发人员基于相同的组件环境开展项目工作，协调开发人员对程序的修改 （4）应区分单元测试、组装测试（集成测试）、系统测试、验收测试等不同测试类型，建立严格的测试工作流程，提高最终用户在测试工作中的参与程度，改进测试用例的编写质量，加强测试分析，尽量采用自动测试工具，以提高测试工作的质量和效率。企业可以组织独立于开发建设项目组的专业机构对开发完成的信息系统进行验收测试，确保系统在功能、性能、控制要求和安全性等方面符合开发需求
			上线	（1）缺乏完整可行的上线计划，导致系统上线混乱无序 （2）人员培训不足，不能正确使用系统，导致业务处理错误，或者未能充分利用系统功能，导致开发成本浪费 （3）初始数据准备设置不合格，导致新旧系统数据不一致、业务处理错误	（1）企业应当制定信息系统上线计划，并经归口管理部门和用户部门审核批准。上线计划一般包括人员培训、数据准备、进度安排、应急预案等内容 （2）系统上线涉及新旧系统切换的，企业应当在上线计划中明确应急预案，保证新系统失效时能够顺利切换回旧系统 （3）系统上线涉及数据迁移的，企业应当制定详细的数据迁移计划，并对迁移结果进行测试。用户部门应当参与数据迁移过程，对迁移前后的数据进行书面确认

编号	具体层面			风险描述	关键控制措施参考
3	信息系统开发	其他开发方式	业务外包	由于企业与外包服务商之间本质上是一种"委托—代理"关系，合作双方的信息不对称容易诱发道德风险，外包服务商可能会实施损害企业利益的自利行为，如偷工减料、放松管理、信息泄密等	（1）企业在选择外包服务商时，要充分考虑服务商的市场信誉、资质条件、财务状况、服务能力、对本企业业务的熟悉程度、既往承包服务成功案例等因素，对外包服务商进行严格筛选 （2）企业可以借助外包业界基准来判断外包服务商的综合实力 （3）企业要严格外包服务审批及管控流程，对信息系统外包业务，原则上应采用公开招标等形式选择外包服务商，并实行集体决策审批制度
				合同条款不准确、不完善，可能导致企业的正当权益无法得到有效保障	（1）企业在与外包服务商签约之前，应针对外包可能出现的各种风险损失，恰当拟定合同条款，对涉及的工作目标、合作范畴、责任划分、所有权归属、付款方式、违约赔偿及合约期限等问题做出详细说明，并由法律部门或法律顾问审查把关 （2）开发过程中涉及商业秘密、敏感数据的，企业应当与外包服务商签订详细的"保密协定"，以保证数据安全 （3）在合同中约定付款事宜时，应当选择分期付款方式，尾款应当在系统运行一段时间并经评估验收后再支付 （4）应在合同条款中明确要求外包服务商保持专业技术服务团队的稳定性
				企业缺乏外包服务跟踪评价机制或跟踪评价不到位，可能导致外包服务质量水平不能满足企业信息系统开发需求	（1）企业应当规范外包服务评价工作流程，明确相关部门的职责权限，建立外包服务质量考核评价指标体系，定期对外包服务商进行考评，公布服务周期的评估结果，保持对外包服务水平的跟踪评价 （2）必要时，可以引入监理机制，降低外包服务风险

（续表）

编号	具体层面			风险描述	关键控制措施参考
3	信息系统开发	其他开发方式	外购调试	（1）软件产品选型不当，产品在功能、性能、易用性等方面无法满足企业需求 （2）软件供应商选择不当，产品的支持服务能力不足，产品的后续升级缺乏保障 （3）服务提供商选择不当，削弱了外购软件产品的功能发挥，导致无法有效满足用户需求	（1）企业应明确自身需求，对比分析市场上的成熟软件产品，合理选择软件产品的模块组合和版本 （2）企业在进行软件产品选型时应广泛听取行业专家的意见 （3）企业在选择软件产品和服务供应商时，不仅要评价其现有产品的功能、性能，还要考察其服务支持能力和后续产品的升级能力 （4）在选择服务提供商时，不仅要考核其对软件产品的熟悉、理解程度，也要考核其是否能深刻理解企业所处行业的特点，是否理解企业的个性化需求，是否有过相同或相近的成功案例
4	信息系统运行与维护	日常运行与维护		（1）没有建立规范的信息系统日常运行管理规范，计算机软硬件的内在隐患易于爆发，可能导致企业信息系统出错 （2）没有执行例行检查，导致一些人为恶意攻击会长期隐藏在系统中，可能给企业造成严重损失 （3）企业信息系统数据未能定期备份，可能导致损坏后无法恢复，从而造成重大损失	（1）企业应制定信息系统使用操作程序、信息管理制度及各模块子系统的具体操作规范，及时跟踪、发现和解决系统运行中存在的问题，确保信息系统按照规定的程序、制度和操作规范持续稳定运行 （2）切实做好系统运行记录，尤其是对于系统运行不正常或无法运行的情况，应详细记录异常现象发生的时间和可能的原因 （3）企业要重视系统运行的日常维护，在硬件方面，日常维护主要包括各种设备的保养与安全管理、故障的诊断与排除、易耗品的更换与安装等，这些工作应由专人负责 （4）配备专业人员负责处理信息系统运行中的突发事件，必要时应会同系统开发人员或软硬件供应商共同解决

（续表）

编号	具体层面		风险描述	关键控制措施参考
4	信息系统运行与维护	系统变更管理	（1）企业没有建立严格的变更申请、审批、执行、测试流程，导致系统随意变更 （2）系统变更后的效果达不到预期目标	（1）企业应当建立标准流程来实施和记录系统变更，保证变更过程得到适当的授权与管理层的批准，并对变更进行测试。信息系统变更应当严格遵照管理流程进行操作。信息系统操作人员不得擅自进行软件的删除、修改等操作，不得擅自升级、改变软件版本，不得擅自改变软件系统的环境配置 （2）系统变更程序（如软件升级）需要遵循与新系统开发项目同样的验证和测试程序，必要时还应当进行额外测试 （3）企业应加强紧急变更的控制管理 （4）企业应加强将变更移植到生产环境中的控制管理，包括系统访问授权控制、数据转换控制、用户培训等
		安全管理	（1）硬件设备分布物理范围广，设备种类繁多，安全管理难度大，可能导致设备生命周期短 （2）业务部门信息安全意识薄弱，对系统和信息安全缺乏有效的监管手段。少数员工可能恶意或非恶意滥用系统资源，造成系统运行效率降低 （3）对系统程序的缺陷或漏洞安全防护不够，导致遭受黑客攻击，造成信息泄露 （4）对各种计算机病毒防范清理不力，导致系统运行不稳定甚至瘫痪 （5）缺乏对信息系统操作人员的严密监控，可能导致员工舞弊或利用计算机犯罪	（1）建立信息系统相关资产的管理制度，保证电子设备的安全。硬件和网络设备不仅是信息系统运行的基础载体，也是价值昂贵的固定资产。企业应在健全设备管理制度的基础上，建立专门的电子设备管控制度，对于关键信息设备，未经授权，旁人不得接触 （2）企业应成立专门的信息系统安全管理机构，由企业主要领导整体负责，对企业的信息安全做出总体规划和全方位严格管理，具体实施工作可由企业的信息主管部门负责。强化全体员工的安全保密意识，特别要对重要岗位员工进行信息系统安全保密培训，并签署安全保密协议。企业应当建立信息系统安全保密制度和泄密责任追究制度 （3）企业应当按照国家相关法律法规及信息安全技术标准，制定信息系统安全实施细则 （4）企业应当有效利用IT技术手段，对硬件配置调整、软件参数修改严加控制

（续表）

编号	具体层面		风险描述	关键控制措施参考
4	信息系统运行与维护	安全管理	（1）硬件设备分布物理范围广，设备种类繁多，安全管理难度大，可能导致设备生命周期短 （2）业务部门信息安全意识薄弱，对系统和信息安全缺乏有效的监管手段。少数员工可能恶意或非恶意滥用系统资源，造成系统运行效率降低 （3）对系统程序的缺陷或漏洞安全防护不够，导致遭受黑客攻击，造成信息泄露 （4）对各种计算机病毒防范清理不力，导致系统运行不稳定甚至瘫痪 （5）缺乏对信息系统操作人员的严密监控，可能导致员工舞弊或利用计算机犯罪	（5）企业委托专业机构进行系统运行与维护管理的，应当严格审查其资质条件、市场声誉和信用状况等，并与其签订正式的服务合同和保密协议 （6）企业应当采取安装安全软件等措施防范信息系统受到病毒等恶意软件的感染和破坏 （7）企业应当建立系统数据定期备份制度，明确备份范围、频度、方法、责任人、存放地点、有效性检查等内容 （8）企业应当建立信息系统开发、运行与维护等环节的岗位责任制度和不相容职务分离制度，防范员工利用计算机舞弊和犯罪 （9）企业应积极开展信息系统风险评估工作，定期对信息系统进行安全评估，及时发现系统安全问题并加以整改
		系统停止运行	（1）因经营条件发生剧变，数据可能泄密 （2）信息档案的保管期限不够长	（1）要做好善后工作，不管因何种情况导致系统停止运行，都应将废弃系统中有价值或者涉密的信息进行销毁或转移 （2）严格按照国家有关法规制度和对电子档案的管理规定，妥善保管相关信息档案

第 4 节　信息系统业务的内部控制设计

信息系统业务最核心的部分就是内部控制信息管理系统，搭建内部控制信息管理系统，是内部控制从规范走向成熟的标志。搭建内部控制信息管理系统的前提是全方位、全环节打通业务流程，能够真实地反映业务发生的实际情况并且集成起来。

在没有观察、访谈、调查、初步了解和分析"用户"需求时，就盲目进行信息管理系统的内部控制设计是万万不可取的。此外，沟通障碍是企业管理过程中的"顽疾"，相信不少管理者、职能部门、业务部门都为之困扰。其中很重要的原因就是信息不对称。因此，信息系统业务的内部控制设计尤为重要。企业可以从三个方向——信息系统的岗位分工和授权控制、信息系统开发的内部控制、信息系统运行与维护的内部控制来掌控信息系统业务的内部控制设计。

一、信息系统的岗位分工和授权控制

（一）建立计算机信息系统岗位责任制

一般而言，信息系统岗位一般包括以下内容。

（1）系统分析：分析用户的信息需求，并据此制定设计或修改程序的方案。

（2）编程：通过编写计算机程序来执行系统分析岗位的设计或修改方案。

（3）测试：设计测试方案，对计算机程序是否满足设计或修改方案进行测试，通过反馈给编程岗位以修改程序并最终满足方案。

（4）程序管理：负责保障并监控应用程序的运行。

（5）数据库管理：对信息系统中的数据进行存储、处理、管理，维护组织数据资源。

（6）数据控制：负责维护计算机路径代码的注册，确保原始数据经过正确授权，监控信息系统工作流程，协调输入和输出，将输入的错误数据反馈到输入部门，并跟踪监控其纠正过程，将输出的信息分发给经过授权的用户。

（7）终端操作：终端用户负责记录交易内容，授权处理数据，并使用系统输出的结果。

（二）信息系统业务不相容职务

以下岗位是不能由同一人兼任。

1. 系统开发与维护过程

（1）系统开发与用户测试；

（2）系统程序开发与系统维护；

（3）系统管理、数据库管理与终端系统操作；

（4）系统设置与权限审批；

（5）系统开发（或变更）立项与审批；

（6）系统数据录入与审核；

（7）系统终端业务操作、开发、维护与审计。

2．系统访问过程

（1）系统访问申请与审批；

（2）系统操作与监控；

（3）系统操作与审批。

（三）授权批准与管理

（1）企业信息系统战略规划、重要信息系统政策等重大事项应当经由董事会（或者由企业章程规定的经理、厂长办公会等类似的决策、治理机构）审批通过后，方可实施。

（2）信息系统战略规划应当与企业业务目标保持一致。信息系统使用部门应该参与信息系统战略规划、重要信息系统政策等的制定。

（3）企业可以指定专门部门（或岗位，下称归口管理部门）对计算机信息系统实施归口管理，负责信息系统开发、变更、运行、维护等工作。

二、信息系统开发的内部控制

信息系统的内部控制一般分为两类，即一般控制和应用控制，主要用来预防、发现和纠正系统中所发生的错误、舞弊和故障，使系统能正常运行，以及时提供可靠的信息。

一般控制是指对信息系统的研制开发、组织、鉴定、应用环境等方面进行的控制。一般控制主要包括组织控制、系统开发和操作控制、系统文书控制、系统工作环境控制及其他一般控制等方面。

应用控制是指对信息系统中具体数据处理功能的控制。一般来说，信息系统的应用控制包括输入控制、处理控制、输出结果控制。

前文介绍了信息系统开发的基本业务流程、应当注意的风险及一些参考的管控措施，下面介绍信息系统开发的内部控制的具体内容。

（一）开发过程的内部控制

1. 开发方式选择

信息系统开发一般包括自行设计、外包合作开发和外购调试。企业信息系统开发应当遵循以下原则。

（1）因地制宜原则：企业应当根据行业特点、企业规模、管理理念、组织结构、核算方法等因素设计适合本单位的信息系统。

（2）成本效益原则：信息系统的建设应当能起到降低成本、纠正偏差的作用，根据成本效益原则，企业可以选择对重要领域中的关键因素进行信息系统改造。

（3）理念与技术并重原则：信息系统建设应当将信息系统技术与信息系统管理理念整合，企业应当倡导全体员工积极参与信息系统建设，正确理解和使用信息系统，提高信息系统运作效率。

2. 信息系统开发必须经过正式授权

系统开发具体程序包括用户部门提出需求，归口管理部门审核，企业负责人授权批准，系统分析人员设计方案，程序员编写代码，测试员进行测试，系统最终上线，系统维护等。

3. 信息系统开发过程管理

企业应当成立项目管理小组，例如，信息化工作小组负责信息系统的开发，对项目整个过程实施监控；对于外包合作开发的项目，企业应当加强对外包第三方的监控。

（二）信息系统的变更控制

企业应当制定详细的信息系统上线计划。对涉及新旧系统切换的情形，企业应当在上线计划中明确应急预案，保证新系统一旦失效能够顺利切换回旧的系统状态。新旧系统切换时，如涉及数据迁移，企业应当制定详细的数据迁移计划。用户部门应当积极参与数据迁移过程，对数据迁移结果进行测试，并在测试报告上确认。

三、信息系统运行与维护的内部控制

信息系统运行与维护的内部控制主要包括以下几个方面：

（1）企业应当建立系统数据定期备份制度，明确备份范围、备份频度、备份方法、备份责任人、备份存放地点、备份有效性检查等内容；

（2）企业应当根据业务性质、重要性程度、涉密情况等确定信息系统的安全等级，采用相应的制度和技术手段，确保信息系统安全、稳定、高效运行；

（3）企业应当建立信息系统安全保密和泄密责任追究制度；

（4）企业应当综合利用防火墙、路由器等网络设备，漏洞扫描、入侵检测等软件技术，以及远程访问安全策略等手段加强网络安全，防范来自网络的攻击和非法侵入；

（5）对于通过网络传输的涉密或者关键数据，应当采取加密传输等措施确保信息传递的保密性、准确性和完整性；

（6）企业应当加强服务器等关键信息设备的管理，建立良好的物理环境，指定专人负责检查，及时处理异常情况，任何人未经授权不得接触关键信息设备。

【案例 10-1】信息系统维护等漏洞

一、角色

A：某公司

B：平台（主要为操作采购全过程审批等环节的信息系统）

C：某服务项目

D：某服务项目负责人

二、案例描述

A 公司 B 平台（主要为操作采购全过程审批等环节的信息系统）C 服务项目立项流程已闭环且经过充分论证审批，经过公开招标后确定某供应商，同时签订了合同，合同约定的付款比例为第一期 40%、第二期 30%、第三期 20%、第四期 10%，项目执行后分阶段进行了验收，同时进行了付款，其中第一期与第二期进行了合并支付且为同一个流程。C 服务项目款项全部支付完毕，但因国家税率调降及前序验收环节的影响，扣款系统显示目前已支付 90%。

服务项目负责人 D 与供应商进行勾结，整理了之前的验收材料（之前验收材料各部门的签字），又提起了一次付款流程。流程中的审批人员未进行仔细审批，最终导致公司多付款项给供应商。D 从供应商处获得项目费用的 5%，导致公司利益受损。

三、思考与分析

（1）A 公司未定期对系统进行检查及维护，未及时进行信息系统的漏洞分析。针对上述案例，该公司可以采取如下优化完善措施：

①合同约定付款比例为第一期40%、第二期30%、第三期20%、第四期10%，每次付款比例均不得超过合同约定比例，如超过，系统应该自动弹窗阻拦；

②系统应当设定合同付款不得打包进行支付；

③目前审批人员存在责任心不足的问题，当然，公司应当根据制度向流程中的审批人员及相关负责人追究责任。除此之外，公司还应在信息系统中完善控制，例如，审核发现项目完毕时应当执行项目关闭流程。此外，可以在信息系统中加入智能化判断，设定好控制程序，例如，在进行第四期付款时发现该项目中的验收内容与前序环节存在重复，可以提醒业务提起人，从源头扼杀舞弊现象。将人工控制转为系统控制，能够减少纰漏，降低公司损失。

（2）为保证公司资产安全，公司应当加强绩效制度管理，强化内部控制管理。

第11章
合同管理的内部控制

加强合同管理既是内部控制的重要手段，又是企业维护合法权益、保证营运安全、控制财务风险、提高企业经营管理水平的重要基础。

第1节　合同管理概述及总体要求

一、合同管理概述

（一）合同管理概述

合同是企业与自然人、法人及其他组织平等主体之间设立、变更、终止民事权利义务关系的协议，它起到维系市场主体，规范、约束市场的交易行为，维护市场经济秩序的重要作用。

对于企业而言，合同管理往往是企业内部控制中最容易疏忽也是最薄弱的环节之一。若企业未订立合同，未经授权对外订立合同，合同对方主体资格未达要求，合同内容存在重大疏漏和欺诈，会导致企业合法权益受到侵害；若合同未全面履行或监控不当，又可能导致企业诉讼失败，经济利益受损；如果合同纠纷处理不当，则会损害企业利益、信誉和形象。

因此，企业应当建立有效的合同管理制度，维护自身合法权益、防范合同过程中的风险，促进合同管理的有效控制。

（二）加强合同管理的意义

（1）加强合同管理有利于防范企业法律风险，维护企业的合法权益。

（2）加强合同管理有助于降低企业的运营风险，提高经营管理水平。

（3）加强合同管理有助于控制企业的财务风险，提升资金使用效率。

二、合同管理总体要求

企业需要建立一系列制度体系和机制保障，促进合同管理的作用得到有效发挥。

（一）建立分级授权管理制度

企业应当根据经济业务性质、组织架构设置和管理层级安排，建立合同分级管理制度。

（1）属于上级管理权限的合同，下级单位不得签署。

（2）对于重大投资类、融资类、担保类、知识产权类、不动产类合同，上级部门应加强管理。

（3）对于下级单位认为确有需要签署涉及上级管理权限的合同，应当提出申请，并经上级合同管理机构批准后办理。

（4）上级单位应当加强对下级单位合同订立、履行情况的监督检查。

（二）实行统一归口管理

企业可以根据实际情况指定法务部门等作为合同归口管理部门，对合同实施统一规范管理，具体负责制定合同管理制度，审核合同条款的权利义务对等性，管理合同标准文本，管理合同专用章，定期检查和评价合同管理中的薄弱环节，采取相应控制措施，促进合同的有效履行等。

（三）明确职责分工

作为合同的承办部门，企业各业务部门负责在职责范围内承办相关合同，并履行合同调查、谈判、订立、履行和终结责任。

企业财务管理部门侧重于履行对合同的财务监督职责。

企业法务部门侧重于合同洽谈及在签订过程中把控风险。

（四）健全考核与责任追究制度

企业应当健全合同管理考核与责任追究制度，开展合同后评估；对合同订立、履行过程中出现的违法违规行为，应当追究有关机构或人员的责任。

（五）建立合同履行情况评估制度

企业应当遵循诚实信用原则严格履行合同，对合同履行实施有效监控，发现显失公平、条款有误或对方有欺诈行为等情形，或因政策调整、市场变化等客观因素，已经或可能导致企业利益受损，应当按照规定程序及时报告，并经双方协商一致，按照规定权限和程序办理合同变更或解除事宜；存在合同纠纷情形的，应依据国家相关法律法规，在规定时效内与对方当事人协商并按照规定权限和程序及时报告，协商无法解决的，根据合同约定选择仲裁或诉讼方式解决。

企业应当建立合同履行情况评估制度，至少于每年年末对合同履行的总体情况和重大合同的履行情况进行分析和评估。对于分析和评估中发现的不足或问题，应及时加以改进。

第 2 节　合同管理的主要环节和业务流程

一、合同管理的主要环节

企业的合同管理可以划分为合同订立阶段、合同履行阶段与合同后续评估管理阶段。

（1）合同订立阶段主要包括合同调查、合同谈判、合同文本拟定、合同审核、合同签订等环节。

（2）合同履行阶段主要包括合同履行、合同变更及合同解除、合同结算、合同档案管理等环节。

（3）合同后续评估管理阶段主要是对合同履行的总体情况和重大合同履行的具体情况进行分析和评估，对分析和评估中发现的合同履行存在的不足，及时采取有效措施加以改进。

二、合同管理的主要业务流程

企业可以根据合同管理的主要业务流程（如图 11-1 所示），结合自身的实际情况及管理要求，制定具体的合同管理主要业务流程。

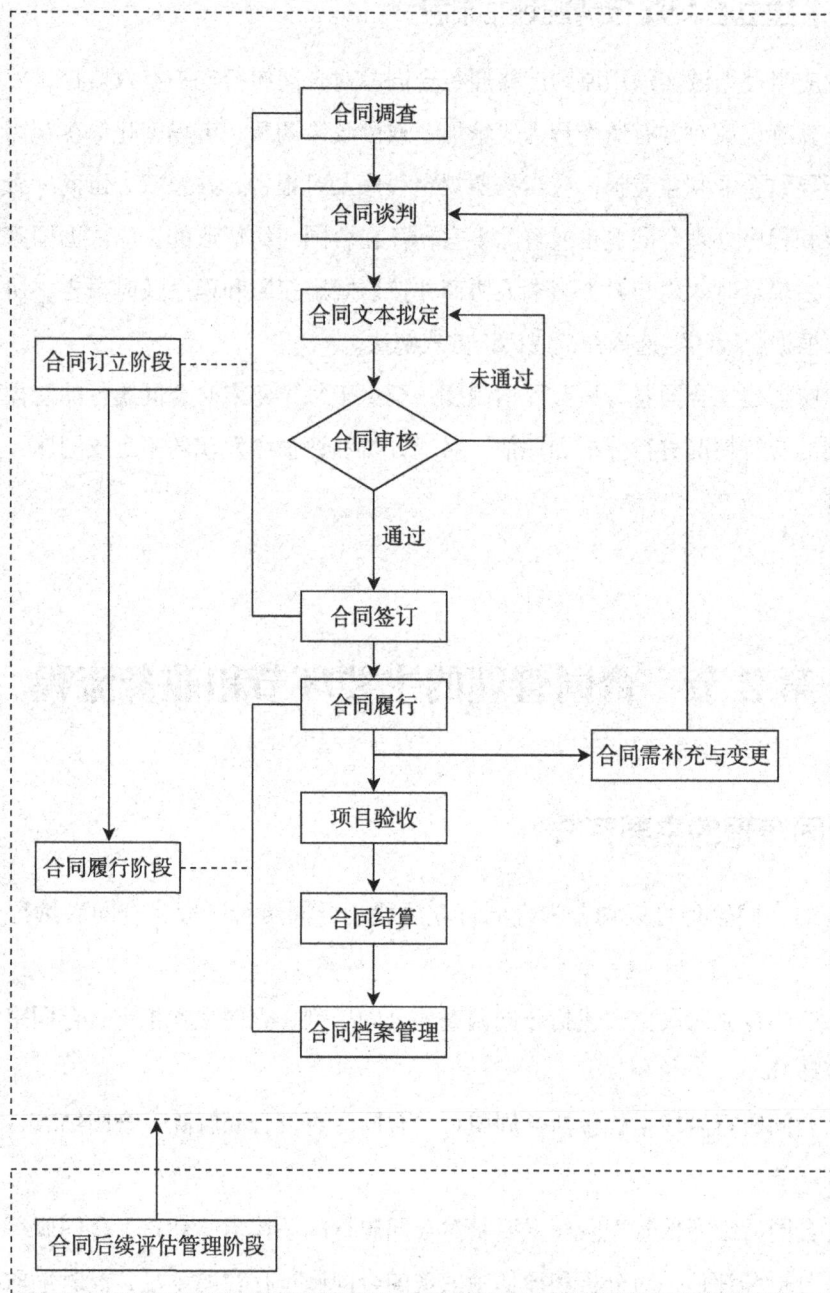

图 11-1　合同管理的主要业务流程

第 3 节　合同管理的内部控制目标、主要风险及
管控措施

一、合同管理的内部控制目标

合同管理的内部控制目标主要包括但不限于以下几点：

（1）合同订立应符合相关法律法规和企业合同管理制度；

（2）有效实行分级授权，归口管理；

（3）合同、协议的履行、变更或解除符合相关规定；

（4）及时识别和有效处理合同、协议的违约行为；

（5）严格审核签约主体的资格及规范合同、协议订立的程序、形式和内容；

（6）明确企业合同、协议审批权限，规范企业合同、协议订立行为；

（7）确保合同、协议的签订符合国家及行业有关规定和企业自身利益；

（8）规范企业经营行为，强化合同管理，防范法律风险，有效维护企业的合法权益；

（9）明确各岗位的职责、权限，确保合同、协议管理的不相容职务相互分离、制约和监督。

二、合同管理的主要风险及管控措施

企业的合同管理主要可以分为合同调查、合同谈判、合同文本拟定、合同审核、合同签订、合同履行、合同变更及合同解除、合同结算、合同档案管理、合同后续评估管理等环节，在合同管理的过程中，可能存在各种问题及潜在风险，企业应当至少关注以下风险并制定相关风险防控措施，如表 11-1 所示。

表 11-1　合同管理的主要风险及管控措施

编号	具体层面	风险描述	关键控制措施参考
1	合同调查	（1）忽视被调查对象的主体资格审查，对方当事人不具有相应民事权利能力和民事行为能力，或者不具备特定资质，或者与无权代理人、无处分权代理人签订合同，导致合同无效或引发潜在风险 （2）在合同签订前，错误判断被调查对象的信用状况，资格审查不严谨，或者在合同履行过程中没有持续关注对方的资信变化，致使企业蒙受损失 （3）对被调查对象的履约能力给出不当评价，导致合同对方难以满足生产经营需要	（1）审查被调查对象的身份证件、法人登记证书、资质证明、授权委托书等证明原件，必要时，可通过发证机关查询证书的真实性和合法性，在充分收集相关证据的基础上，评价主体资格是否恰当 （2）获取调查对象经审计的财务报告、以往交易记录等财务和非财务信息，分析其获利能力、偿债能力和营运能力，评估其财务风险和信用状况，并在合同履行过程中持续关注其资信变化，建立和及时更新合同对方的商业信用档案 （3）对被调查对象进行现场调查，实地了解和全面评估其生产能力、技术水平、产品类别和质量等生产经营情况，分析其合同履约能力 （4）与被调查对象的主要供应商、客户、开户银行、主管税务机关和工商管理部门等沟通，了解对方的生产经营能力、商业信誉、履约能力等情况
2	合同谈判	（1）忽略合同重大问题或在重大问题上做出不恰当让步 （2）谈判经验不足，缺乏技术、法律和财务知识的支撑，导致企业利益受损 （3）泄露本企业谈判策略，导致企业在谈判中处于不利地位	（1）收集谈判对手资料，充分熟悉谈判对手情况，做到知己知彼；研究国家相关法律法规、行业监管、产业政策、同类产品或服务价格等与谈判内容相关的信息，正确制定本企业谈判策略 （2）关注合同核心内容、条款和关键细节，具体包括合同标的的数量、质量或技术标准，合同价格的确定方式与支付方式，履约期限和方式，违约责任和争议的解决方法、合同变更或解除条件等 （3）对影响重大、涉及较高专业技术或法律关系复杂的合同，组织法律、技术、财会等专业人员参与谈判，充分发挥团队智慧，及时总结谈判过程中的得失，研究确定下一步谈判策略 （4）必要时，可聘请外部专家参与相关工作，并充分了解外部专家的专业资质、胜任能力和职业道德情况 （5）加强保密工作，定期开展保密意识培训，建立严格的责任追究制度 （6）对谈判过程中的重要事项和参与谈判人员的主要意见予以记录并妥善保存，作为避免合同舞弊的重要手段和责任追究的依据

（续表）

编号	具体层面	风险描述	关键控制措施参考
3	合同文本拟定	（1）选择不恰当的合同形式 （2）合同与国家法律法规、行业产业政策、企业总体战略目标或特定业务经营目标发生冲突 （3）合同内容和条款不完整，表述不严谨、不准确或存在重大疏漏和欺诈，导致企业合法利益受损 （4）有意拆分合同、规避合同管理规定等 （5）对于合同文本须报经国家有关主管部门审查或备案的，未履行相应程序	（1）企业对外发生经济行为，除即时结清方式外，应当订立书面合同 （2）严格审核合同需求与国家法律法规、产业政策、企业整体战略目标的关系，保证其协调一致，考察合同是否以生产经营计划、项目立项书等为依据，确保完成具体业务经营目标 （3）合同文本一般由业务承办部门起草，法律部门审核；重大合同或法律关系复杂的特殊合同应当由法律部门参与起草；国家或行业有合同示范文本的，可以优先选用，但应当对涉及权利义务关系的条款进行认真审查，并根据实际情况进行适当修改 各部门应当各司其职，保证合同内容和条款的完整性和准确性 （4）通过统一归口管理和授权审批制度，严格合同管理，防止通过化整为零等方式故意规避招标的做法和越权行为 （5）对于由签约对方起草的合同，企业应当认真审查，确保合同内容准确反映企业诉求和谈判达成的一致意见，特别留意"其他约定事项"等需要补充填写的栏目，如不存在其他约定事项时，应注明"此处空白"或"无其他约定"，防止合同后续被篡改 （6）部分合同文本若须报经国家有关主管部门审查或备案的，应当履行相应程序
4	合同审核	（1）合同审核人员因专业素质或工作态度等原因，未能发现合同文本中的不当内容和条款 （2）审核人员虽然通过审核发现问题，但未提出恰当的修订意见 （3）合同起草人员没有根据审核人员的改进意见修改合同，导致合同中的不当内容和条款未被纠正	（1）审核人员应当对合同文本的合法性、经济性、可行性和严密性进行重点审核，关注合同的主体、内容和形式是否合法，合同内容是否符合企业的经济利益，对方当事人是否具有履约能力，合同权利和义务、违约责任和争议解决条款是否明确等 （2）建立会审制度，对于影响重大或法律关系复杂的合同文本，组织财会部门、内部审计部、法律部、业务关联的相关部门进行审核，各相关部门应当认真履行职责 （3）认真分析研究，对审核意见准确无误地加以记录，必要时对合同条款做出修改并再次提交审核

（续表）

编号	具体层面	风险描述	关键控制措施参考
5	合同签订	超越权限签订合同，合同印章管理不当，签署后的合同被篡改，因手续不全导致合同无效等	（1）按照规定的权限和程序与对方当事人签署合同。对外正式订立的合同应当由企业法定代表人或由其授权的代理人签名或加盖有关印章。授权签署合同的，应当签署授权委托书 （2）严格合同专用章保管制度，合同经编号、审批及企业法定代表人或由其授权的代理人签署后，方可加盖合同专用章。用印后保管人应当立即收回，并按要求妥善保管，以防止他人滥用。保管人应当记录合同专用章使用情况以备查，如果发生合同专用章遗失或被盗现象，应当立即报告企业负责人并采取妥善措施，如向公安机关报案、登报声明作废等，以最大限度消除可能带来的负面影响 （3）采取恰当措施，防止已签署的合同被篡改，如在合同各页码之间加盖骑缝章、使用防伪印记、使用不可编辑的电子文档格式等 （4）按照国家有关法律、行政法规规定，需办理批准、登记等手续之后方可生效的合同，企业应当及时按规定办理相关手续
6	合同履行	（1）企业或合同对方当事人没有恰当地履行合同中约定的义务 （2）合同生效后，对于合同条款未明确约定的事项，没有及时协议补充，导致合同无法正常履行 （3）在合同履行过程中，未能及时发现已经或可能导致企业利益受损的情况或未能采取有效措施 （4）合同纠纷处理不当，导致企业遭受外部处罚、诉讼失败，损害企业利益、信誉和形象等	（1）强化对合同履行情况及效果的检查、分析和验收，全面适当执行本企业义务，敦促对方积极执行合同，确保合同全面有效履行 （2）对合同对方的合同履行情况实施有效监控，一旦发现有违约可能或违约行为，应当及时提示风险，并立即采取相应措施将合同损失降到最低 （3）加强合同纠纷管理，在履行合同过程中发生纠纷的，应当依据国家相关法律法规，在规定时效内与对方当事人协商并按规定权限及程序及时报告。合同纠纷经协商一致的，双方应当签订书面协议；合同纠纷经协商无法解决的，根据合同约定选择仲裁或诉讼方式解决 （4）企业内部授权处理合同纠纷，应当签署授权委托书。纠纷处理过程中，未经授权批准，相关经办人员不得向对方当事人做出实质性答复或承诺

（续表）

编号	具体层面	风险描述	关键控制措施参考
7	合同变更及合同解除	（1）发生变更或需要补充时，未及时签订补充协议或者变更合同，导致纠纷的产生 （2）根绝合同履行过程中的评价，或者根据业务实际需求或因其他纠纷需解除合同未及时解除的，可能导致经济利益受损	（1）对于合同没有约定或约定不明确的内容，通过双方协商一致对原有合同进行补充；无法达成补充协议的，按照国家相关法律法规、合同有关条款或者交易习惯确定 （2）对于显失公平、条款有误或存在欺诈行为的合同，以及因政策调整、市场变化等客观因素已经或可能导致企业利益受损的合同，按规定程序及时报告，并经双方协商一致，按照规定权限和程序办理合同变更或解除事宜 （3）对方当事人提出中止、转让、解除合同造成企业经济损失的，应向对方当事人书面提出索赔
8	合同结算	（1）违反合同条款，未按合同规定期限、金额或方式付款 （2）疏于管理，未能及时催收到期合同款项 （3）在没有合同依据的情况下盲目付款等导致经济利益受损的	（1）财务部门应当在审核合同条款后办理结算业务，按照合同规定付款，及时催收到期欠款 （2）未按合同条款履约或应签订书面合同而未签订的，财会部门有权拒绝付款，并及时向企业有关负责人报告
9	合同档案管理	合同档案不全，合同泄密，合同滥用等情况导致企业利益受损	（1）合同管理部门应当加强合同登记管理，充分利用信息化手段，定期对合同进行统计、分类和归档，详细登记合同的订立、履行和变更、终结等情况，合同终结时，应及时办理销号和归档手续，以实行合同的全过程封闭管理 （2）建立合同文本统一分类和连续编号制度，以防止或及早发现合同文本的遗失 （3）加强合同信息安全保密工作，未经批准，任何人不得以任何形式泄露合同订立与履行过程中涉及的国家或商业秘密 （4）规范合同管理人员职责，明确合同流转、借阅和归还的职责权限和审批程序等有关要求
10	合同后续评估管理	未定期对合同总体情况及履行情况进行分析，可能导致未发现以前项目的问题，不利于后续项目的风险规避	建立合同管理的后评估制度，至少于每年年末对合同履行的总体情况和重大合同履行的具体情况进行分析和评估，对分析和评估中发现的合同履行存在的不足，应当及时采取有效措施加以改进

第12章
工程项目管理业务的内部控制

工程项目主要指的是企业自行或委托其他单位进行的建造、安装活动，包括企业自行建造房屋、建筑物、各种设施，以及进行大型机器设备的安装工程、固定资产建筑工程、安装工程、技术改造工程、大修理工程等。

第1节　工程项目管理概述及总体要求

一、工程项目管理概述

一般而言，重大工程项目往往可体现企业的发展战略和中长期规划，对于企业提高支撑保障能力和再生产能力、促进企业的可持续发展具有关键作用。

但是工程项目一般周期长、投资多、占用资金大、风险高且建成后无法再进行改变，工程项目由许多前后衔接的阶段及各种各样的生产技术活动构成，所处的环境是开放的、复杂多变的，有较大的风险性和不确定性。项目建设涉及多个不同的利益主体，包括建设单位、承包商、供应商、设计单位及咨询中介机构等。同时，工程项目也是经济犯罪与腐败的"高危区域"。

这些特殊性决定了工程项目内部控制的重要性程度。工程项目管理的内部控制必须遵循客观规律，按特定目的、原则和程序实行内部控制。工程项目内部控制对于企业实现工程项目管理目标，提高单位资金使用效率具有重要的意义。

二、加强工程项目内部控制管理的意义

（1）加强工程项目内部控制是实现在建工程项目建设目标的重要保障。企业通过建立和实施完善的工程项目内部控制体系，可以提高在建工程项目决策的科学性。

（2）加强工程项目内部控制管理能够确保在建工程项目遵循国家法律、法规及相关政策，保证在建工程项目的安全性和合法性。

（3）加强工程项目内部控制管理能够确保工程管理活动有序进行，提高资金使用效率和工程项目的经济效益。

三、工程项目管理内部控制的总体要求

（1）明确工程项目管理相关部门和岗位的职责权限。

（2）全面梳理工程项目管理各环节的业务流程，并进行风险识别。

（3）根据风险识别的内容及内部控制设计要求完善工程项目各项管理制度。

第 2 节　工程项目管理业务的工作组织及主要流程

一、工程项目管理的工作组织

企业在建立与实施工程项目内部控制中，应当在制度体系中明确规范职责分工、权限范围和审批程序，机构设置与人员配备应当科学合理。

（一）建立工程项目业务的岗位责任制

企业应当建立工程项目业务的岗位责任制，明确相关部门和岗位的职责权限，确保办理工程项目业务的不相容职务相互分离、制约和监督。

工程项目业务不相容职务主要包括以下几种：

（1）项目建议、可行性研究与项目决策；

（2）概预算编制与审核；

（3）项目决策与项目实施；

（4）项目实施与价款支付；

（5）项目实施与项目验收；

（6）竣工决算与竣工决算审计。

（二）人员配备

企业应当根据工程项目的特点，配备合格的人员办理工程项目业务。办理工程项目业务的人员应当具备良好的业务素质和职业道德。

企业应当配备专门的财务人员办理工程项目核算业务，办理工程项目核算业务的人员应当熟悉国家法律法规及工程项目管理方面的专业知识。

对于重大项目，企业应当考虑聘请具备规定资质和胜任能力的中介机构（如招标代理、工程监理、财务监理等）和专业人士（如工程造价专家、质量控制专家等），协助企业进行工程项目业务的实施和管理。企业应建立适当的程序对所聘请的中介机构和专业人士的工作进行必要的监督与指导。

（三）建立工程项目授权制度和审核批准制度

企业应当建立工程项目授权制度和审核批准制度，并按照规定的权限和程序办理工程项目业务。

完善的授权批准制度内容如下：

（1）企业的资本性预算只有经过董事会等高层治理机构批准方可生效；

（2）所有工程项目的立项和建造均需经企业管理者的书面认可。

（四）制定工程项目业务流程

企业应当制定工程项目业务流程，明确项目决策、概预算编制、款项支付、竣工决算等环节的控制要求，并设置相应的记录或凭证，如实记载工程项目各环节业务的开展情况，确保工程项目全过程得到有效控制。

除在建工程总账外，企业还必须设置在建工程明细分类账和工程项目登记卡，按工程项目类别和每项工程项目进行明细分类核算。对投入的工程物资等，应及时、准确地进行记录和核算。

二、工程项目管理业务的主要流程

　　企业可以根据工程项目管理业务的主要流程（如图 12-1 所示），结合自身的实际情况及管理要求，制定企业专属的工程项目管理业务流程。

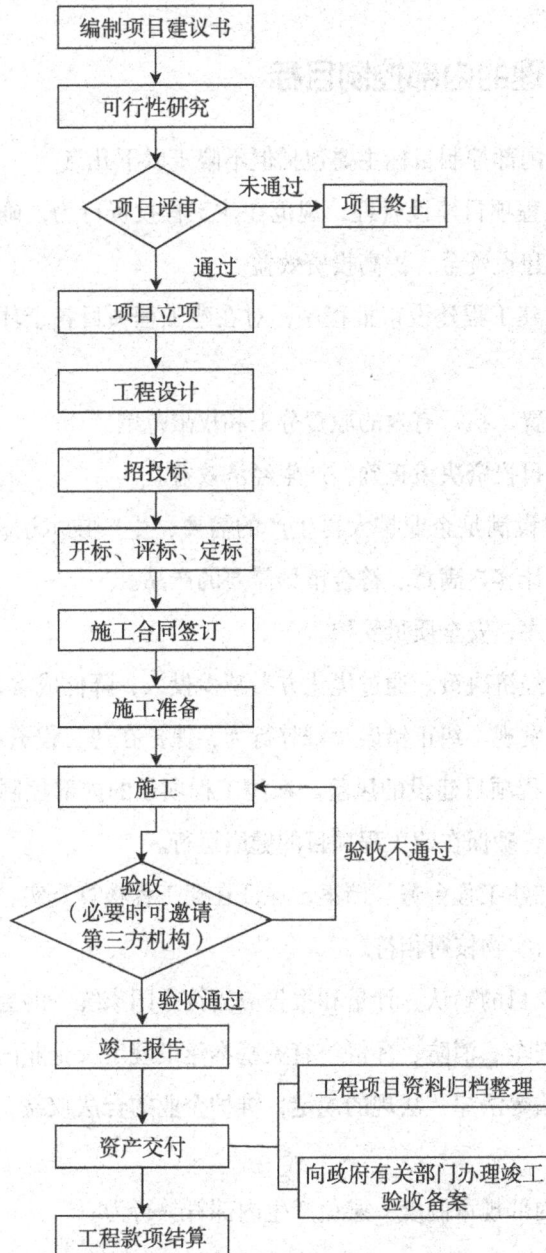

图 12-1　工程项目管理业务的主要流程

第 3 节 工程项目管理业务的内部控制目标、主要风险及管控措施

一、工程项目管理的内部控制目标

工程项目管理的内部控制目标主要包括但不限于以下几点。

（1）加强在建工程项目建设管理，规范在建工程投资行为，确保在建工程质量与安全，有效地使用好建设资金，提高投资效益。

（2）严格执行在建工程建设审批程序，对在建工程项目各个环节进行管理，保证投资计划的完成。

（3）优化人员配置，执行有效的职责分工和权限范围。

（4）在建工程项目投资决策正确，产生经济效益。

（5）在建工程建设满足企业扩大再生产的需要，生产技术达标、产品质量合格，安全、高效地生产出让客户满意、符合市场需要的产品。

（6）施工管理有序，安全质量受控。

（7）技术入手，经济决策。通过优化方案减少投入，降低成本，保证项目效益。

（8）防止并及时发现、纠正错误及舞弊行为，保护在建工程资产的安全。

（9）降低在建工程项目建设的风险。在建工程项目的内部控制应当对风险采取必要的预防与控制措施，确保在建工程项目的健康运行。

（10）建立健全在建工程台账、档案，保证在建工程核算真实、准确、完整。

（11）财务账表与实物核对相符。

（12）在建工程项目的确认、计量和报告应当符合国家统一的会计准则制度。

（13）符合国家安全、消防、环保等有关基本建设规定及企业内部规章制度。

（14）遵守合同法等法律、法规的规定，维护企业的合法权益，避免企业承担法律风险。

（15）遵守企业内部规章制度，避免产生内部舞弊行为。

二、工程项目管理业务的主要风险及管控措施

企业的工程项目管理业务主要可以分为工程立项、工程设计、工程招标、工程建设、工程验收等环节，在工程项目管理业务的过程中，可能存在各种问题及潜在风险，企业应当至少关注以下风险并制定相关风险防控措施，如表 12-1 所示。

表 12-1　工程项目管理业务的主要风险及管控措施

编号	具体层面		风险描述	关键控制措施参考
1	工程立项	编制项目建议书	（1）投资意向与国家产业政策和企业发展战略脱节（2）项目建议书内容不合规、不完整，项目性质、用途模糊，拟建规模、标准不明确，项目投资估算和进度安排不协调	（1）明确投资分析、编制和评审项目建议书的职责分工（2）全面了解所处行业和地区的相关政策规定，以法律法规和政策规定为依据，结合实际建设条件和经济环境变化趋势，客观分析投资机会，确定工程投资意向（3）根据国家和行业有关要求，结合本企业实际，规定项目建议书的主要内容和格式，明确编制要求；在编制过程中，要对工程质量标准、投资规模和进度计划等进行分析论证，做到协调平衡（4）对于专业性较强和较为复杂的工程项目，可以委托专业机构进行工程投资分析，编制项目建议书（5）企业决策机构应当对项目建议书进行集体审议，必要时可以成立专家组或委托专业机构进行评审；承担评审任务的专业机构不得参与项目建议书的编制（6）根据国家规定应当报批的项目建议书，必须及时报批并取得有效批文
		可行性研究	（1）缺乏可行性研究或可行性研究流于形式，导致决策不当，难以实现预期效益，甚至可能导致项目失败（2）可行性研究的深度达不到质量标准和实际要求，无法为项目决策提供充分、可靠的依据	（1）企业应当根据国家和行业有关规定及本企业实际，确定可行性研究报告的内容和格式，明确编制要求（2）委托专业机构进行可行性研究的，应当制定专业机构的选择标准，确保可行性研究科学、准确、公正。在选择专业机构时，应当重点关注其专业资质、业绩和声誉、专业人员素质、相关业务经验等（3）切实做到投资、质量和进度控制的有机统一，即技术先进性和经济可行性要有机结合。建设标准要符合企业实际情况和财力、物力的承受能力，技术要先进适用，对于拟采用的工艺，既要考虑其对产品质量的提升作用，又要考虑企业营销状况和走势，避免盲目追求技术先进而造成投资损失浪费

（续表）

编号	具体层面		风险描述	关键控制措施参考
1	工程立项	项目评审与决策	（1）项目评审流于形式，误导项目决策 （2）权限配置不合理，或者决策程序不规范，导致决策失误，给企业带来巨大经济损失	（1）企业应当组建项目评审组或委托具有资质的专业机构对可行性研究报告进行评审。项目评审组成员不得参与可行性研究，委托专业机构进行评审的，该专业机构不得参与项目可行性研究；评审组成员应当熟悉工程业务，并具有较广泛的代表性；评审组的决策机制不能简单采用"少数服从多数"原则，而要充分兼顾项目投资、质量、进度各方面的不同意见；项目评审应实行问责制，评审组成员要对其出具的评审意见承担责任 （2）在项目评审中，要重点关注项目投资方案、投资规模、资金筹措、生产规模、布局选址、技术、安全、环境保护等方面情况，核实相关资料的来源和取得途径是否真实、可靠，特别要对经济技术可行性进行深入分析和全面论证 （3）企业应当按照规定的权限和程序对工程项目进行决策，决策过程必须有完整的书面记录，并实行决策责任追究制度。对于重大工程项目，应当报经董事会或者类似决策机构集体审议批准，任何个人不得单独决策或者擅自改变集体决策意见，防止出现"一言堂"
2	工程设计	初步设计	（1）设计单位不符合项目资质要求 （2）初步设计未进行多方案比选 （3）设计人员对相关资料研究不透彻，初步设计出现较大疏漏 （4）设计深度不足，造成施工组织不周密、工程质量存隐患、投资失控及投产后运行成本过高等	（1）建设单位应当引入竞争机制，尽量采用招标方式确定设计单位，根据项目特点选择具有相应资质和经验的设计单位 （2）在工程设计合同中，要细化设计单位的权利和义务，特别是一个项目由几个单位共同设计时，要指定一个设计单位为主体设计单位，主体设计单位对建设项目设计的合理性和整体性负责 （3）建设单位应当向设计单位提供开展设计所需的详细基础资料，并进行有效的技术经济交流，避免因资料不完整造成设计保守、投资失控等问题 （4）建立严格的初步设计审查和批准制度，通过严格的复核、专家评议等制度，层层把关，确保评审工作质量。在初步设计审查中，技术方案是审查的核心和重点，对于重大技术方案，必须进行技术经济分析比较、多方案比选。此外，还应关注初步设计规模是否与可行性研究报告、设计任务书一致，有无夹带项目、超规模、超面积和超标准的问题

（续表）

编号	具体层面		风险描述	关键控制措施参考
2	工程设计	施工图设计	（1）概预算严重脱离实际，导致项目投资失控 （2）工程设计与后续施工未有效衔接或过早衔接，导致技术方案未得到有效落实，影响工程质量或造成工程变更，发生重大经济损失	（1）建立严格的概预算编制与审核制度。概预算的编制要严格执行国家、行业和地方政府有关建设和造价管理的各项规定和标准，完整、准确地反映设计内容和当时当地的价格水平。建设单位应当组织工程、技术、财会等部门的相关专业人员或委托具有相应资质的中介机构对编制的概算进行审核，重点审查编制依据、项目内容、工程量的计算、定额套用等是否真实、完整和准确。如发现施工图预算超过初步设计批复的投资概算规模，应对项目概算进行修正，并经审批 （2）建立严格的施工图设计管理制度和交底制度。在对施工图设计进行审查时，应重点关注施工图设计深度能否满足全面施工及各类设备安装要求，施工图设计质量是否符合国家和行业规定，各专业工种之间是否做到了有效配合等。施工图设计基本完成后，应召开施工图会审会议，由建设单位、设计单位、施工单位、监理单位等共同审阅施工图文件，设计单位应进行技术交底，介绍设计意图和技术要求，及时沟通问题，修改不符合实际和有错误的图纸，会议应形成书面纪要 （3）制定严格的设计变更管理制度。设计单位应当提供全面、及时的现场服务，避免发生设计与施工相脱节的现象，减少设计变更的发生次数。对确需进行的变更，应尽量控制在设计阶段，采用层层审批等方法，以使投资得到有效控制。因设计单位的过失造成设计变更的，应由设计单位承担相应责任 （4）建设单位应当严格按照国家法律法规和本单位管理要求执行各项设计报批要求，上一环节尚未批准的，不得进入下一环节，杜绝出现边勘察、边设计、边施工的"三边"现象 （5）可以引入设计监理，提高设计质量
3	工程招标	招标	（1）招标人肢解建设项目，致使招标项目不完整或逃避公开招标 （2）投标资格条件因人而设，未做到	（1）建设单位应当按照《中华人民共和国招标投标法》《工程建设施工招标投标管理办法》等相关法律法规，结合本单位实际情况，本着公平、公正、公开等竞争的原则，建立健全本单位的招投标管理制度，明确应当进行招标的工程项目范围、招标方式、招标程序，以及投标、开标、评标、定标等各环节的管理要求

编号	具体层面		风险描述	关键控制措施参考
3	工程招标	招标	公平、合理，可能导致中标人并非最优选择 （3）相关人员违法违纪泄露标底，存在舞弊行为	（2）工程立项后，对于是否采用招标，以及招标方式、标段划分等，应由建设单位工程管理部门牵头提出方案，报经建设单位招标决策机构集体审议通过后执行 （3）建设单位确需划分标段组织招标的，应当进行科学分析和评估，提出专业意见；划分标段时，应当考虑项目的专业要求、管理要求、对工程投资的影响及各项工作的衔接，不得违背工程施工组织设计和招标设计方案，将应当由一个承包单位完成的工程项目肢解成若干部分发包给几个承包单位 （4）招标公告的编制要公开、透明，严格根据项目特点确定投标人的资格要求，不得根据"意向中标人"的实际情况确定投标人资格要求。建设单位不具备自行招标能力的，应当委托具有相应资质的招标机构代理招标 （5）建设单位应当根据项目特点决定是否编制标底；需要编制标底的，标底编制过程和标底应当严格保密
		投标	（1）招标人与投标人串通投标，存在舞弊行为 （2）投标人的资质条件不符合要求或挂靠、冒用他人名义投标，可能导致工程质量难以达到规定标准等	（1）应对投标人的信息采取严格的保密措施，防止投标人之间串通舞弊 （2）科学编制招标公告，合理确定投标人资格要求，尽量扩大潜在投标人的范围，增强竞争性 （3）严格按照招标公告或资格预审文件中确定的投标人资格条件对投标人进行实质审查，通过查验资质原件、实地考察或到工商和税务机关调查核实等方式，确定投标人的实际资质，预防假资质中标 （4）建设单位应当履行完备的标书签收、登记和保管手续。签收人要记录投标文件签收日期、地点和密封状况，签收标书后，应将投标文件存放在安全保密的地方，任何人不得在开标前开启投标文件
		开标、评标和定标	（1）开标不公开、不透明，损害投标人利益 （2）评标委员会成员缺乏专业水平，或者建设单位向评标委员会施加影	（1）在开标过程中，应邀请所有投标人或其代表出席，并委托公证机构进行检查和公证 （2）依法组建评标委员会，确保其成员具有较高的职业道德水平，并具备招标项目专业知识和丰富经验。评标委员会成员名单在中标结果确定前应当严格保密。评标委员会成员和参与评标的有关工作人员不得私下接触投标人，不得收受投标人任何形式的商业贿赂

（续表）

编号	具体层面		风险描述	关键控制措施参考
3	工程招标	开标、评标和定标	响，致使评标流于形式 （3）评标委员会成员与投标人串通作弊，损害招标人利益	（3）建设单位应当为保证评标委员会独立、客观地进行评标工作创造良好条件，不得向评标委员会成员施加影响，干扰其客观评判 （4）评标委员会应当在评标报告中详细说明每位成员的评价意见及集体评审结果，对于中标候选人和落标人要分别陈述具体理由。每位成员应对其出具的评审意见承担个人责任 （5）中标候选人是一个以上时，招标人应当按照规定的程序和权限，由决策机构审议决定中标人
		签订合同	（1）超越权限签订合同，合同印章管理不当，签署后的合同被篡改，因手续不全导致合同无效等 （2）合同签订内容不清晰，附件不齐全	（1）建设单位应当制定工程合同管理制度，明确各部门在工程合同管理和履行中的职责，严格按照合同行使权力和履行义务 （2）建设工程施工合同、各类分包合同、工程项目施工内部承包合同应当按照国家或本建设单位制定的示范文本的内容填写，清楚列明质量、进度、资金、安全等各项具体标准，有施工图纸的，施工图纸是合同的重要附件，与合同具有同等法律效力 （3）建设单位应当建立合同履行执行情况台账，记录合同的实际履约情况，并随时督促对方当事人及时履行其义务，建设单位的履约情况也应及时做好记录并经对方确认
4	工程建设	施工质量、进度和安全	（1）盲目赶进度，牺牲质量、费用目标，导致质量低劣，费用超支 （2）质量、安全监管不到位，存在质量隐患	工程进度管控方面 （1）监理单位应当建立监理进度控制体系，明确相关程序、要求和责任 （2）承包单位应按合同规定的工程进度编制详细的分阶段或分项进度计划，报送监理机构审批后，严格按照进度计划开展工作。制定的进度计划应当适合建设工程的实际条件和施工现场的实际情况，并与承包单位劳动力、材料、机械设备的供应计划协调一致。确需调整进度的，必须优先保证质量，并同建设单位、监理机构达成一致意见 （3）承包单位至少应按月对完成投资情况进行统计、分析和对比，工程的实际进度与批准的合同进度计划不符时，承包单位应提交修订合同进度计划的申请报告，并附原因分析和相关措施，报监理机构审批

（续表）

编号	具体层面		风险描述	关键控制措施参考
4	工程建设	施工质量、进度和安全	（1）盲目赶进度，牺牲质量、费用目标，导致质量低劣，费用超支 （2）质量、安全监管不到位，存在质量隐患	工程质量管控方面
				（1）承包单位应当建立全面的质量控制制度，按照国家相关法律法规和本单位质量控制体系进行建设，并在施工前列出重要的质量控制点，报经监理机构同意后，在此基础上实施质量预控。质量控制点中的重点控制对象包括人的行为，关键过程、关键操作，施工设备材料的性能和质量，施工技术参数，某些工序之间的作业顺序，有些作业之间的技术间歇时间，新工艺、新技术、新材料的应用，对工程质量产生重大影响的施工方法等 （2）承包单位应按合同约定对材料、工程设备，以及工程的所有部位及其施工工艺进行全过程的质量检查和检验，定期编制工程质量报表，报送监理机构审查。关键工序作业人员必须持证上岗 （3）监理机构有权对工程的所有部位及其施工工艺进行检查验收，发现工程质量不符合要求的，应当要求承包单位立即返工修改，直至符合验收标准。对于主要工序作业，只有监理机构审验后，才能进行下一道工序
				安全建设管控方面
				（1）建设单位应当加强对施工单位的安全检查，并授权监理机构按合同约定的安全工作内容监督、检查承包单位安全工作的实施。此外，建设单位不得对承包单位、监理机构等提出不符合建设工程安全生产法律法规和强制性标准规定的要求，不得压缩合同约定的工期。建设单位在编制工程概算时，应当确定建设工程安全作业环境及安全施工措施所需费用 （2）工程监理单位和监理工程师应当按照法律法规和工程建设强制性标准实施监理，并对建设工程安全生产承担监理责任。在实施监理过程中，发现存在安全事故隐患的，应当要求施工单位整改；情况严重的，应当要求施工单位暂时停止施工，并及时报告建设单位

（续表）

编号	具体层面		风险描述	关键控制措施参考	
4	工程建设	施工质量、进度和安全	（1）盲目赶进度，牺牲质量、费用目标，导致质量低劣，费用超支 （2）质量、安全监管不到位，存在质量隐患	安全建设管控方面	（3）承包单位应当设立安全生产管理机构，配备专职安全生产管理人员，依法建立安全生产、文明施工管理制度，细化各项安全防范措施。承包单位应当对所承担的建设工程进行定期和专项安全检查，并做好安全检查记录
		工程物资采购	工程物资采购过程控制不力，材料和设备质次价高，不符合设计标准和合同要求，影响工程质量和进度		（1）重大设备和大宗材料的采购应当采用招标方式 （2）对于由承包单位购买的工程物资，建设单位应当采取必要措施，确保工程物资符合设计标准和合同要求。首先，在施工合同中，建设单位应具体说明建筑材料和设备应达到的质量标准，明确责任追究方式。其次，对于承包单位提供的重要材料和工程设备，应由监理机构进行检验，查验材料合格证明和产品合格证书，一般材料要进行抽检。未经监理人员签字，工程物资不得在工程上使用或安装，不得进行下一道工序施工。再次，运入施工场地的材料、工程设备，包括备品、备件、安装专用工器具等，必须专用于合同工程，未经监理人员同意，承包单位不得运出施工场地或挪作他用
		工程款项结算	建设资金使用管理混乱，项目资金不落实，导致工程进度延迟或中断		（1）建设单位应当建立完善的工程价款结算制度，明确工作流程和职责权限划分，并切实遵照执行。财务部门应当安排专职的工程财会人员，认真开展工程项目核算与财务管理工作 （2）资金筹集和使用应与工程进度协调一致，建设单位应当根据项目组成（分部、分项工程）结合时间进度编制资金使用计划，作为资产管控和工程价款结算的重要依据。这方面的管控措施同时可参照《企业内部控制应用指引第 6 号——资金活动》 （3）建设单位财务部门应当加强与承包单位和监理机构的沟通，准确掌握工程进度，确保财务报表能够准确、全面地反映资产价值，并根据施工合同约定，按照规定的审批权限和程序办理工程价款结算。建设单位财务部门应认真审核相关凭证，严格按合同规定的付款方式付款，既不应违规预支，也不得无故拖欠 （4）在施工过程中，如果工程的实际成本突破了工程项目预算，建设单位应当及时分析原因，按照规定的程序予以处理

编号	具体层面		风险描述	关键控制措施参考
4	工程建设	工程变更	现场控制不当，工程变更频繁，导致费用超支、工期延误	（1）建设单位要建立严格的工程变更审批制度，严格控制工程变更，确需变更的，要按照规定程序尽快办理变更手续，减少经济损失。对于重大的变更事项，必须经过建设单位、监理机构和承包单位集体商议，同时严加审核文件，提高审批层级，依法需报有关政府部门审批的，必须取得同意变更的批复文件 （2）工程变更获得批准后，应尽快落实变更设计和施工，承包单位应在规定期限内全面落实变更指令 （3）如因人为原因引发工程变更，如设计失误、施工缺陷等，应当追究当事单位和人员的责任 （4）对工程变更价款的支付实施更为严格的审批制度，变更文件必须齐备，变更工程量的计算必须经过监理机构复核并签字确认，防止承包单位虚列工程费用
5	工程验收	竣工验收	（1）竣工验收不规范，质量检验把关不严，可能导致工程存在重大质量隐患 （2）虚报项目投资完成额、虚列建设成本或者隐匿结余资金，竣工决算失真 （3）固定资产达到预定可使用状态后，未及时进行估价、结转	（1）建设单位应当健全竣工验收各项管理制度，明确竣工验收的条件、标准、程序、组织管理和责任追究等 （2）竣工验收必须履行规定的程序，至少应经过承包单位初检、监理机构审核、正式竣工验收三个程序。正式竣工验收前，根据合同规定应当进行试运行的，应当由建设单位、监理单位和承包单位共同参与试运行。试运行符合要求的，才能进行正式验收。正式验收时，应当组建由建设单位、设计单位、施工单位、监理单位等构成的验收组，共同审验。重大项目的验收，可吸收相关方面专家进行评审 （3）初检后，确定固定资产达到预定可使用状态的，承包单位应及时通知建设单位，建设单位会同监理单位初验后，应及时对项目价值进行暂估，转入固定资产核算。建设单位财务部门应定期根据所掌握的工程项目进度核对项目固定资产暂估记录 （4）建设单位应当加强对工程竣工决算的审核，应先自行审核，再委托具有相应资质的中介机构实施审计；未经审计的，不得办理竣工验收手续 （5）建设单位要加强对完工后剩余物资的管理。工程竣工后，建设单位对各种节约的材料、设备、施工机械工具等，要清理核实，妥善处理 （6）建设单位应当按照国家有关档案管理的规定，及时收集、整理工程建设各环节的文件资料，建立工程项目档案。需报政府有关部门备案的，应当及时备案

第13章
研发项目管理业务的内部控制

第1节　研发项目管理的总体要求

一、研发项目概述

　　研究与开发是企业核心竞争力的本源，是促进企业自主创新的重要体现，是企业加快转变经济发展方式的强大推动力。在经济全球化背景下，特别是为了抢抓重要发展机遇，企业应当重视和加强研究与开发，并将相关成果转化为生产力，在竞争中赢得主动权，夺得先机。企业的研发项目主要指的是企业为了获取新产品、新技术、新工艺等所开展的各种研发活动，主要涉及立项与研究、研究成果开发与保护等。

二、加强研发项目内部控制管理的意义

　　对于企业本身而言，研究与开发阶段具有较大探索性，研发项目业务往往是企业最容易出现漏洞、控制失效的业务之一。因此，企业应当建立研发项目管理业务的内部控制，防范研发过程中的风险，促进研发项目管理的有效控制。加强研发项目内部控制管理有助于提升企业自主创新能力，充分发挥科技的支撑引领作用，促进企业发展战略的实现。

第2节　研发项目管理业务的基本环节及主要流程

一、研发项目管理的基本环节

企业研发业务不仅要注重研发项目的目标与结果，还要对中间的研发过程实施有效的管理。一个具有流程化、结构化的研发项目，其工作流程中应包含对过程的层层控制及有效的反馈来逐步达到最终目标。

企业的研发项目管理业务主要可以分为研发立项、研发过程、结题验收、研发成果开发、研发成果保护等环节。针对每个环节建立规范的研发业务管理流程，不仅可以指导和帮助团队成员进行研发实践，也可以降低研发风险，保证研发质量，提高研发工作的效率和效益。

二、研发项目管理业务的主要流程

企业可以根据研发项目管理业务的主要流程（如图 13-1 所示），结合自身的实际情况及管理要求，制定企业专属的研发项目管理业务流程。

```
                    ┌─────────────┐
                    │    立项      │
                    └──────┬──────┘
                           │
                           ▼
                      ◇─────────◇              ┌─────────────┐
                     ╱  是否通过  ╲──── 否 ────▶│   项目终止    │
                      ◇─────────◇              └─────────────┘
                           │
                           │ 是
                           ▼
                    ┌─────────────┐
                    │  研发过程管理  │
                    └──────┬──────┘
                           │
                           ▼
                    ┌─────────────┐
                    │  结题并验收   │
                    └──────┬──────┘
                           │
                           ▼
                      ◇─────────◇
                     ╱  是否通过  ╲
                      ◇─────────◇
                           │
                           │ 是
                           ▼
                    ┌─────────────┐
                    │  研发成果开发  │
                    └──────┬──────┘
                           │
                           ▼
                    ┌─────────────┐
                    │  研发成果保护  │
                    └─────────────┘


                    ┌───────────────┐
                    │  研发项目评估与改进 │
                    └───────────────┘
```

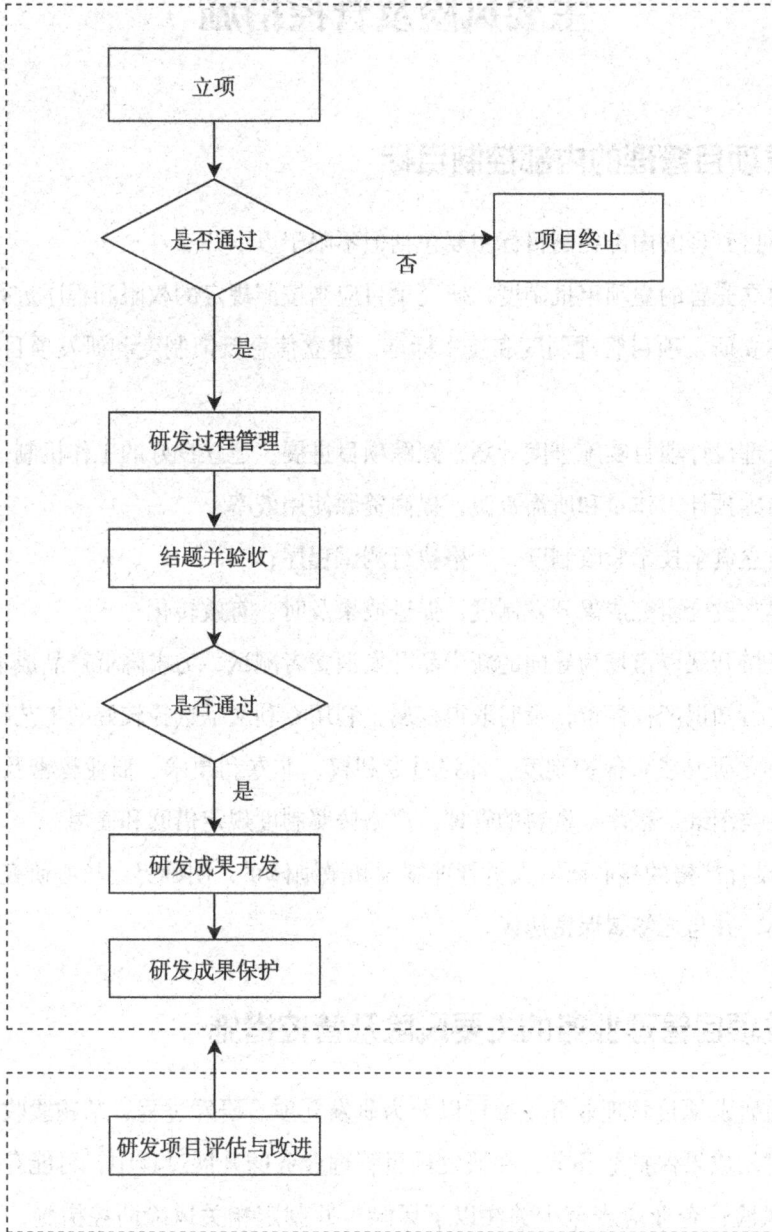

图 13-1　研发项目管理业务的主要流程

第3节 研发项目管理业务的内部控制目标、主要风险及管控措施

一、研发项目管理的内部控制目标

研发项目管理的内部控制目标主要包括但不限于以下几点：

（1）建立完善的立项审批制度，研究项目应当按照规定的权限和程序进行审批；

（2）建立研发项目管理制度和技术标准，建立信息反馈制度和研发项目重大事项报告制度；

（3）合理设计项目实施进度计划，跟踪项目进展，建立良好的工作机制；

（4）精确预计工作量和所需资源，提高资源使用效率；

（5）建立健全技术验收制度，严格执行测试程序；

（6）建立健全研究成果开发制度，促进成果及时、有效转化；

（7）坚持开展以市场为导向的新产品开发消费者测试，力求降低产品成本；

（8）进行知识产权评审，及时取得权属，利用专利文献选择较好的工艺路线；

（9）建立研究成果保护制度，加强对专利权、非专利技术、商业秘密及研发过程中形成的各类图纸、程序、资料的管理，严格按照制度规定借阅和使用；

（10）设计严格的核心研究人员管理制度和激励体系，明确界定核心研究人员范围和名册清单，并与之签署保密协议。

二、研发项目管理业务的主要风险及管控措施

企业的研发项目管理业务主要可以分为研发立项、研发过程、结题验收、研发成果开发、研发成果保护等环节，在研发项目管理业务的开展过程中，可能存在各种问题及潜在风险，企业应当至少关注以下风险，并制定相关风险防控措施，如表13-1所示。

表 13-1　研发项目管理业务的主要风险及管控措施

编号	具体层面		风险描述	关键控制措施参考
1	立项		（1）研发计划与国家（或企业）科技发展战略不匹配 （2）研发承办单位或专题负责人不具有相应资质 （3）研究项目未经科学论证或论证不充分，评审和审批环节把关不严，可能导致创新不足或资源浪费	（1）建立完善的立项、审批制度，确定研究开发计划制定原则和审批人，审查承办单位或专题负责人的资质条件和评估、审批流程等 （2）结合企业发展战略、市场及技术现状，制定研究项目开发计划 （3）企业应当根据实际需要，结合研发计划，提出研究项目立项申请，开展可行性研究，编制可行性研究报告。企业可以组织独立于申请及立项审批之外的专业机构和人员进行评估论证，出具评估意见 （4）研究项目应当按照规定的权限和程序进行审批，对于重大研究项目，应当报经董事会或类似权力机构集体审议决策。在审批过程中，应当重点关注研究项目促进企业发展的必要性、技术的先进性及成果转化的可行性 （5）制定开题计划和报告，开题计划经科研管理部门负责人审批，开题报告应对市场需求与效益、国内外在该方向的研究现状、主要技术路线、研究开发目标与进度、已有条件与基础、经费等进行充分论证、分析，保证项目符合企业需求
2	研发过程	自主研发	（1）研究人员配备不合理，导致研发成本过高、舞弊或研发失败 （2）研发过程管理不善，费用失控或科技收入形成账外资产，影响研发效率，提高研发成本甚至造成资产流失 （3）多个项目同时进行时，相互争夺资源，出现资源的短期局部缺乏，可能造成研发效率下降 （4）研究过程中未能及时发现错误，导致修正成本提高 （5）科研合同管理不善，导致权属不清，知识产权存在争议	（1）建立研发项目管理制度和技术标准，建立信息反馈制度和研发项目重大事项报告制度；严格落实岗位责任制 （2）合理设计项目实施进度计划和组织结构，跟踪项目进展，建立良好的工作机制，保证项目顺利实施 （3）精确预计工作量和所需资源，提高资源使用效率 （4）建立科技开发费用报销制度，明确费用支付标准及审批权限，遵循不相容岗位牵制原则，完善科技经费入账管理程序，按项目正确划分资本性支出和费用性支出，准确开展会计核算，建立科技收入管理制度 （5）开展项目中期评审，及时纠偏调整；优化研发项目管理的任务分配方式

（续表）

编号	具体层面		风险描述	关键控制措施参考
2	研发过程	委托（合作）研发	（1）委托（合作）研发单位选择不当，知识产权界定不清 （2）合作研发还包括与合作单位沟通障碍、合作方案设计不合理、权责利不能合理分配、资源整合不当等风险	（1）加强委托（合作）研发单位资信、专业能力等方面的管理 （2）委托研发应采用招标、议标等方式确定受托单位，制定规范详尽的委托研发合同，明确产权归属、研究进度和质量标准等相关内容 （3）合作研发应对合作单位进行尽职调查，签订书面合作研究合同，明确双方投资、分工、权利义务、研究成果产权归属等 （4）加强项目的管理监督，严格控制项目费用，防止发生挪用、侵占资金等行为 （5）根据项目进展情况、国内外技术最新发展趋势和市场需求变化情况，对项目的目标、内容、进度、资金进行适当调整
3	结题验收		（1）由于验收人员的技术、能力、独立性等造成验收成果与事实不符 （2）测试与鉴定投入不足，导致测试与鉴定的不充分，不能有效地降低技术失败的风险	（1）建立健全技术验收制度，严格执行测试程序 （2）对验收过程中发现的异常情况，应重新进行验收申请或补充进行研发，直至研发项目达到研发标准 （3）落实技术主管部门验收责任，由独立的、具备专业胜任能力测试人员进行鉴定实验，并按计划进行正式、系统、严格的评审 （4）加大企业在测试和鉴定阶段的投入，对重要的研究项目可以组织外部专家参加鉴定
4	研究成果开发		（1）研究成果转化应用不足，导致资源闲置 （2）新产品未经充分测试，导致大批量生产不成熟或成本过高 （3）营销策略与市场需求不符，导致营销失败	（1）建立健全研究成果开发制度，促进成果及时有效转化 （2）科学鉴定大批量生产的技术成熟度，力求降低产品成本 （3）坚持开展以市场为导向的新产品开发消费者测试 （4）建立研发项目档案，推进有关信息资源的共享和应用

（续表）

编号	具体层面	风险描述	关键控制措施参考
5	研究成果保护	（1）未能有效识别和保护知识产权，权属未能得到明确规范，开发出的新技术或产品被限制使用 （2）核心研究人员缺乏管理激励制度，导致形成新的竞争对手或技术秘密外泄	（1）进行知识产权评审，及时取得权属 （2）研发完成后，确定采取专利或技术秘密等不同保护方式 （3）利用专利文献选择较好的工艺路线 （4）建立研究成果保护制度，加强对专利权、非专利技术、商业秘密及研发过程中形成的各类涉密图纸、程序、资料的管理，严格按照制度规定借阅和使用。禁止无关人员接触研究成果 （5）建立严格的核心研究人员管理制度，明确界定核心研究人员范围和名册清单，并与之签署保密协议 （6）企业与核心研究人员签订劳动合同时，应当特别约定研究成果归属、离职条件、离职移交程序、离职后保密义务、离职后竞业限制年限及违约责任等内容 （7）实施合理有效的研发绩效管理，制定科学的核心研发人员激励体系，注重长效激励

第14章
采购业务的内部控制

第1节 采购业务概述及加强采购业务
内部控制管理的意义

一、采购业务概述

（一）采购业务概述

采购指的是企业购买物资（或接受服务）及支付款项等相关活动。采购是在一定的条件下从供应市场获取产品或者服务作为企业资源，主要用以保证企业生产及经营活动正常开展的一项重要的经营活动。

采购是企业生产经营的起点，既是企业"实物流"的重要组成部分，又与"资金流"密切关联。

（二）采购业务的地位

采购已经成为企业经营的一个核心环节，是获取利润的重要来源，已由战术地位提高到了战略地位。

1. 采购的价值地位

采购成本是企业成本管理中的主体和核心部分，是促进企业提高利润的关键因素。

2. 采购的供应地位

采购是整体供应链管理中的主导力量，保障企业需求正常供应，保障日常业务正常开展，提升企业运营效率。

3. 采购的质量地位

采购物料环节不仅应关注价格问题，更应关注质量水平、质量保证能力等。产品的质量很大限度上受采购质量控制的影响。

（三）采购的原则

采购决策应该以正确的商业导向为基础，兼顾对其他部门的影响，并且以适宜企业内部用户要求为目的，应符合以下原则。

（1）商业原则：对企业的战略目标、经营方针进行全面的理解。

（2）整体效应原则：不能孤立地制定采购政策，要考虑这些决策对其他主要业务活动的影响。

（3）适用性原则：主动地适应企业内部客户的要求。

二、加强采购业务内部控制管理的意义

企业应当对采购业务管理现状进行全面分析与评价，既要对照现有采购管理制度，检查相关管理要求是否落实到位，又要审视相关管理流程是否科学合理，是否能够较好地保证物资和劳务供应顺畅，物资采购是否能够与生产和销售等供应链其他环节紧密衔接。着力健全各项采购业务管理制度，落实责任制，不断提高制度执行力，确保物资和劳务采购按质、按量、按时和经济、高效地满足生产经营的需求。

采购物资的质量和价格、供应商的选择、采购合同的订立、物资的运输、验收等供应链状况在很大限度上决定了企业的生存与可持续发展。

而采购流程中蕴藏的风险也是巨大的。因此，企业健全采购业务内部控制尤为重要。

加强采购业务内部控制管理的意义包括但不限于以下几点：

（1）提高采购管理水平，促使采购"阳光化"，促进采购业务合法合规；

（2）从实际成本的节约提高企业利润，保证物资质量，提高企业竞争力；

（3）提高资本周转率；

（4）促进产品标准化，减少库存；

（5）提高企业部门间的协作水平。

第 2 节　采购业务管理的基本环节及主要流程

一、采购业务管理的基本环节

采购业务管理流程主要涉及编制需求计划和采购计划、请购、选择供应商、确定采购价格、订立框架协议或采购合同、管理供应过程、验收、退货、付款、会计控制等环节。

（一）不相容职务

企业应当建立采购业务的岗位责任制，明确相关部门和岗位的职责、权限，确保办理采购业务的不相容职务相互分离、制约和监督。

企业采购业务的不相容职务至少包括以下几种。

1. 请购与审批

企业物品采购应由使用部门根据其需要提出申请，并经分管采购工作的负责人审批。

2. 供应商的选择与审批

企业应由采购部门和相关部门共同参与询价程序及确定供应商，但是决定供应商的人员不能同时负责审批。

3. 采购合同的拟订、审核与审批

企业应由采购部门下订单或起草购货合同并经授权部门或人员审核、审批。

4. 采购、验收与相关记录

企业采购、验收与会计记录工作职务应当分离，以保证采购数量的真实性，采购价格、质量的合规性，采购记录和会计核算的正确性。

5. 付款的申请、审批与执行

企业付款的审批人与付款的执行人职务应当分离，付款方式不恰当、执行有偏差，可能导致企业资金损失或信用受损。

（二）授权审批制度

（1）企业的生产计划部门一般会根据销售订单或对销售预测及存货要求的分析来决定生产授权。

（2）企业对资本支出和租赁合同通常会特别授权，只容许特定人员提出请购。

（3）企业对于重要和技术性较强的采购业务，应当组织专家进行论证，实行集体决策和审批，防止出现决策失误而造成严重损失。

（4）采购合同的签订、采购款项的支付需经有关授权人员审批。

二、采购业务管理的主要流程

企业可以根据采购业务管理的主要流程（如图 14-1 所示），结合自身的实际情况及管理要求，制定企业专属的采购业务流程。

需求计划

采购计划

项目立项 / 需求申请

采购方式选择

供应商资格审核

供应商选择

采购价格确定

订立框架协议
或者采购合同

供应过程管理

验收

换货

合格与否

否

退货

否

办理索赔

是

入库

若为服务，将
验收报告存档

取得发票

付款

会计控制

采购业务后续评估

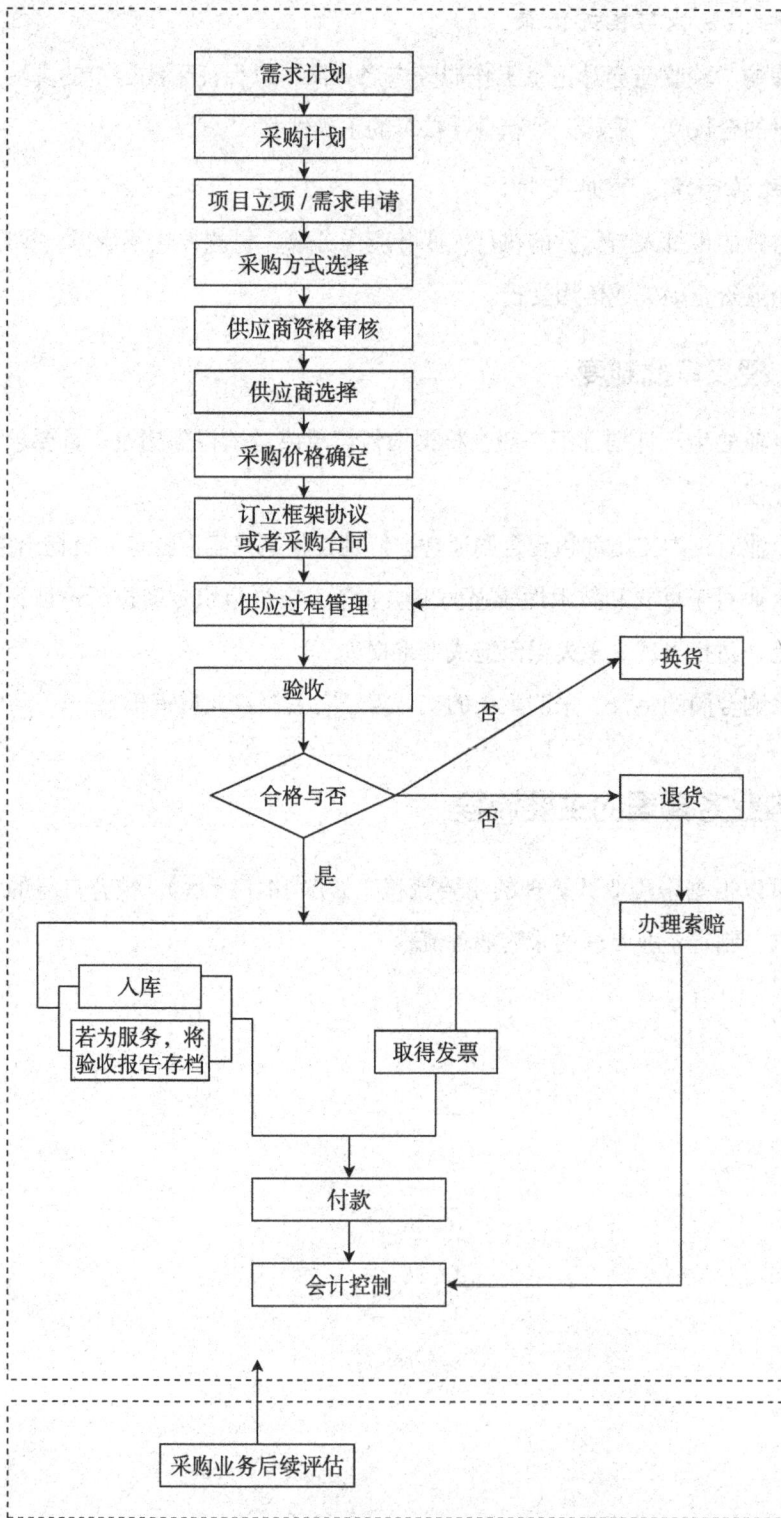

图 14-1 采购业务管理的主要流程

第 3 节　采购业务管理的内部控制目标、主要风险及管控措施

一、采购业务管理的内部控制目标

采购业务管理的内部控制目标主要包括但不限于以下几点：

（1）促进企业合理采购，满足企业经营需要，规范采购行为，防范采购风险；

（2）确保采购活动及供应商的管理方法和程序符合国家法律法规和企业内部规章制度的要求；

（3）保证供应商的资料数据保存完整，记录真实准确，易于管理，便于追踪，同时合理设置供应商审核程序与审核权限，提高企业的决策效益与效率；

（4）维护和发展良好、长期且稳定的供应商合作关系，开发有潜质的供应商，促进企业的长远发展；

（5）确保授权合理，与采购相关的关键岗位、职责相分离，保证采购资料及数据记录的真实性、准确性与完整性；

（6）加快资金周转，降低采购成本，防止资金占用，提高经营效率。

二、采购业务管理的主要风险及管控措施

企业的采购业务管理主要可以分为编制需求计划和采购计划、请购、选择供应商、确定采购价格、订立框架协议或采购合同、供应过程管理、验收、付款、会计控制、采购业务后续评估等环节，在采购业务管理的过程中，可能存在各种问题及潜在风险，企业至少应当关注以下风险，并制定相应的风险防控措施，具体如表 14-1 所示。

表 14-1　采购业务管理的主要风险及管控措施

编号	具体层面	风险描述	关键控制措施参考
1	编制需求计划和采购计划	需求或采购计划不合理、不按实际需求安排采购或随意超计划采购，甚至与企业生产经营计划不协调等	（1）生产、经营、项目建设等部门，应当根据实际需求准确、及时编制需求计划。需求部门提出需求计划时，不能指定或变相指定供应商。对于独家代理、专有、专利等特殊产品，应提供相应的独家、专有资料，经专业技术部门研讨后，经具备相应审批权限的部门或人员审批 （2）采购计划是企业年度生产经营计划的一部分，在制定年度生产经营计划过程中，企业应当根据发展目标实际需要，结合库存和在途情况，科学安排采购计划，防止采购成本过高或过低 （3）采购计划应纳入采购预算管理，经相关负责人审批后，作为企业刚性指令严格执行
2	请购	缺乏采购申请制度，请购未经适当审批或超越授权审批，可能导致采购物资过量或短缺，影响企业正常生产经营	（1）建立采购申请制度，依据购买物资或接受劳务的类型，确定归口管理部门，授予相应的请购权，明确相关部门或人员的职责权限及相应的请购程序。企业可以根据实际需要设置专门的请购部门，对需求部门提出的采购需求进行审核，并进行归类汇总，统筹安排企业的采购计划 （2）对于预算内采购项目，具有请购权的部门应当严格按照预算执行进度办理请购手续，并根据市场变化提出合理采购申请。对于超预算和预算外采购项目，应先履行预算调整程序，由具备相应审批权限的部门或人员审批后，再行办理请购手续 （3）具备相应审批权限的部门或人员审批采购申请时，应重点关注采购申请内容是否准确、完整，是否符合生产经营需要，是否符合采购计划，是否在采购预算范围内等。对不符合规定的采购申请，应要求请购部门调整请购内容或拒绝批准
3	选择供应商	供应商选择不当，可能导致采购物资质次价高，甚至出现舞弊行为	（1）建立科学的供应商评估和准入制度，对供应商资质信誉情况的真实性和合法性进行审查，确定合格的供应商清单，健全企业统一的供应商网络。企业新增供应商的市场准入、供应商新增服务关系及调整供应商物资目录，都要由采购部门根据需要提出申请，并按规定的权限和程序审核批准后，纳入供应商网络。企业可委托具有相应资质的中介机构对供应商进行资信调查 （2）采购部门应当按照公平、公正和竞争的原则，择优确定供应商，在切实防范舞弊风险的基础上，与供应商签订质量保证协议

（续表）

编号	具体层面	风险描述	关键控制措施参考
3	选择供应商	供应商选择不当，可能导致采购物资质次价高，甚至出现舞弊行为	（3）建立供应商管理信息系统和供应商淘汰制度，对供应商提供物资或劳务的质量、价格、交货及时性、供货条件及其资信、经营状况等进行实时管理和考核评价，根据考核评价结果，提出供应商淘汰和更换名单，经审批后对供应商进行合理选择和调整，并在供应商管理系统中做出相应记录
4	确定采购价格	采购定价机制不科学，采购定价方式选择不当，缺乏对重要物资品种价格的跟踪监控，引起采购价格不合理，可能造成企业资金损失	（1）健全采购定价机制，采取协议采购、招标采购、询比价采购、动态竞价采购等多种方式，科学合理地确定采购价格。对标准化程度高、需求计划性强、价格相对稳定的物资，通过招标、联合谈判等公开、竞争方式签订框架协议 （2）采购部门应当定期研究大宗通用重要物资的成本构成与市场价格变动趋势，确定重要物资品种的采购执行价格或参考价格。建立采购价格数据库，定期开展重要物资的市场供求形势及价格走势商情分析，并进行合理利用
5	订立框架协议或采购合同	（1）框架协议签订不当，可能导致物资采购不顺畅 （2）未经授权对外订立采购合同，合同对方主体资格、履约能力等未达要求、合同内容存在重大疏漏和欺诈，可能导致企业合法权益受到侵害	（1）对拟签订框架协议的供应商的主体资格、信用状况等进行风险评估；框架协议的签订应引入竞争制度，确保供应商具备履约能力 （2）根据确定的供应商、采购方式、采购价格等情况，拟订采购合同，准确描述合同条款，明确双方权利、义务和违约责任，按照规定权限签署采购合同。对于影响重大、涉及较高专业技术或法律关系复杂的合同，应当组织法律、技术、财会等专业人员参与谈判，必要时可聘请外部专家参与相关工作 （3）对重要物资验收量与合同量之间允许的差异，应当做出统一规定
6	供应过程管理	缺乏对采购合同履行情况的有效跟踪，运输方式选择不合理，忽视运输过程中的保险风险，可能导致采购物资损失或无法保证供应	（1）依据采购合同中确定的主要条款跟踪合同履行情况，对有可能影响生产或工程进度的异常情况，应出具书面报告并及时提出解决方案，采取必要措施，保证需求物资的及时供应 （2）对重要物资建立并执行合同履约过程中的巡视、点检和监造制度。对需要监造的物资，择优确定监造单位，签订监造合同，落实监造责任人，审核确认监造大纲，审定监造报告，并及时向技术等部门通报

编号	具体层面	风险描述	关键控制措施参考
6	供应过程管理	缺乏对采购合同履行情况的有效跟踪，运输方式选择不合理，忽视运输过程中的保险风险，可能导致采购物资损失或无法保证供应	（3）根据生产建设进度和采购物资特性等因素，选择合理的运输工具和运输方式，办理运输、投保等事宜 （4）实行全过程的采购登记制度或信息化管理，确保采购过程的可追溯性
7	验收	验收标准不明确、验收程序不规范、对验收中存在的异常情况不做处理，可能造成账实不符、采购物资损失	（1）制定明确的采购验收标准，结合物资特性确定必检物资目录，规定此类物资出具质量检验报告后方可入库 （2）验收机构或人员应当根据采购合同及质量检验部门出具的质量检验证明，重点关注采购合同、发票等原始单据与采购物资的数量、质量、规格型号等核对一致。对验收合格的物资，填制入库凭证，加盖物资"收讫章"，登记实物账，及时将入库凭证传递给财会部门。物资入库前，采购部门须检查质量保证书、商检证书或合格证等证明文件。当验收时涉及技术性强、大宗和新、特物资，还应进行专业测试，必要时可委托具有检验资质的机构或聘请外部专家协助验收 （3）对于验收过程中发现的异常情况，比如无采购合同或大额超采购合同的物资、超采购预算采购的物资、毁损的物资等，验收机构或人员应当立即向企业有权管理的相关机构报告，相关机构应当查明原因并及时处理。对于不合格物资，采购部门依据检验结果办理让步接收、退货、索赔等事宜。对延迟交货造成生产建设损失的，采购部门要按照合同约定索赔
8	付款	付款审核不严格、付款方式不恰当、付款金额控制不严，可能导致企业资金损失或信用受损	（1）严格审查采购发票等票据的真实性、合法性和有效性，判断采购款项是否确实应予支付。如审查发票填制的内容是否与发票种类相符合、发票加盖的印章是否与票据的种类相符合等。企业应当重视采购付款的过程控制和跟踪管理，如果发现异常情况，应当拒绝向供应商付款，避免出现资金损失和信用受损 （2）根据国家有关支付结算的相关规定和企业生产经营的实际情况，合理选择付款方式，并严格遵循合同规定，防范因付款方式不当带来的法律风险，保证资金安全。除了不足转账起点金额的采购可以支付现金，采购价款应通过银行办理转账

（续表）

编号	具体层面	风险描述	关键控制措施参考
8	付款	付款审核不严格、付款方式不恰当、付款金额控制不严，可能导致企业资金损失或信用受损	（3）加强预付账款和定金的管理，对于涉及大额或长期的预付款项，应当定期进行追踪核查，综合分析预付账款的期限、占用款项的合理性、不可收回风险等情况，发现有疑问的预付款项，应当及时采取措施，尽快收回款项
9	会计控制	缺乏有效的采购会计系统控制，未能全面真实地记录和反映企业采购各环节的资金流和实物流情况，相关会计记录与相关采购记录、仓储记录不一致，可能导致企业采购业务未能如实反映，以及采购物资和资金受损	（1）企业应当加强对购买、验收、付款业务的会计系统控制，详细记录供应商、采购申请、采购合同、采购通知、验收证明、入库凭证、退货情况、商业票据、款项支付等情况，做好采购业务各环节的记录，确保会计记录、采购记录与仓储记录核对一致 （2）指定专人通过函证等方式，定期向供应商寄发对账函，核对应付账款、应付票据、预付账款等往来款项，对供应商提出的异议应及时查明原因，报有权管理的部门或人员批准后，做出相应调整
10	采购业务管理的后续评估	未定期对采购业务进行综合分析与评估，可能导致未发现以前的项目问题，不利于规避后续采购项目中的风险	企业应当建立采购业务后评估制度，定期对物资需求计划、采购计划、采购渠道、采购价格、采购质量、采购成本、协调或合同签约与履行情况等物资采购供应活动进行专项评估和综合分析，及时发现采购业务薄弱环节，优化采购流程，同时，将物资需求计划管理、供应商管理、储备管理等方面的关键指标纳入业绩考核体系，促进物资采购与生产、销售等环节的有效衔接，不断防范采购风险，全面提升采购效率

第 15 章
销售业务的内部控制

第 1 节　销售业务概述及加强销售业务
内部控制管理的意义

一、销售业务概述

销售指的是企业出售商品、提供劳务、收取货款等行为。可以说销售指的是实现企业生产成果的活动，是服务于客户的一场经济活动。

当然，企业的销售业务也不是简单的交易过程，而是分步骤的交易行为：从收到对方的订单，洽谈交易事宜，到货物的交接，再到货款的支付，可能发生退货和折让等。

二、加强销售业务内部控制管理的意义

企业生存、发展、壮大的过程，其实就是不断加大销售力度、拓宽销售渠道、扩大市场占有率的过程。生产企业的产品或流通企业的商品如不能实现销售的稳定增长，售出的货款如不能足额收回或不能及时收回，必将导致企业持续经营受阻、难以为继。此外，众所周知，销售业务的风险非常大。

因此，企业需要加强销售业务的内部控制管理，有利于保证销售业务的合法合规，

促进企业销售稳定增长、扩大市场份额，防范销售业务中的风险，保证资产安全，提高销售业务经营效率。

第 2 节　销售业务管理的基本环节及基本流程

一、销售业务管理的基本环节

企业的销售业务管理主要涉及销售计划管理、客户开发与信用管理、销售定价、订立销售合同、发货、收款、客户服务等环节。

企业应当建立销售与收款业务的岗位责任制，明确相关部门和岗位的职责权限，确保办理销售与收款业务的不相容职务相互分离、制约和监督。

企业销售业务的不相容职务至少包括以下几种：

（1）客户信用管理与销售合同协议的审批、签订；

（2）销售合同协议的审批、签订与办理发货；

（3）销售货款的确认、回收与相关会计记录；

（4）销售退回货品的验收、处置与相关会计记录；

（5）销售业务经办与发票开具、管理；

（6）坏账准备的计提与审批、坏账的核销与审批；

（7）销售业务与信用检查、信用额度确定是不相容职务，不能由同一人负责。

同时，企业应当建立销售业务授权制度和审核批准制度，按照规定的权限和程序办理销售业务，应当根据具体情况对办理销售业务的人员进行岗位轮换或者管区、管户调整。

此外，企业可以设立专门的信用管理部门或岗位，负责制定企业信用政策，监督各部门信用政策的执行情况。信用政策应当明确规定企业应定期（或至少每年）对客户资信情况进行评估；应分级设置批准赊销信用的权限，并在程序中设置操作权限。不同信用额度的赊销由不同层次的管理人员审批。

二、销售业务管理的基本流程

企业强化销售业务管理，对现行销售业务流程进行全面梳理，查找管理漏洞，及时采取切实有效的措施加以改正。与此同时，还应当注重健全相关管理制度，明确以风险为导向、符合成本效益原则的销售管控措施，实现与生产、资产、资金等方面管理的衔接，落实责任制，有效防范与降低经营风险。

企业可以根据销售业务管理的基本流程（如图 15-1 所示），结合自身的实际情况及管理要求，制定企业专属的销售业务流程。

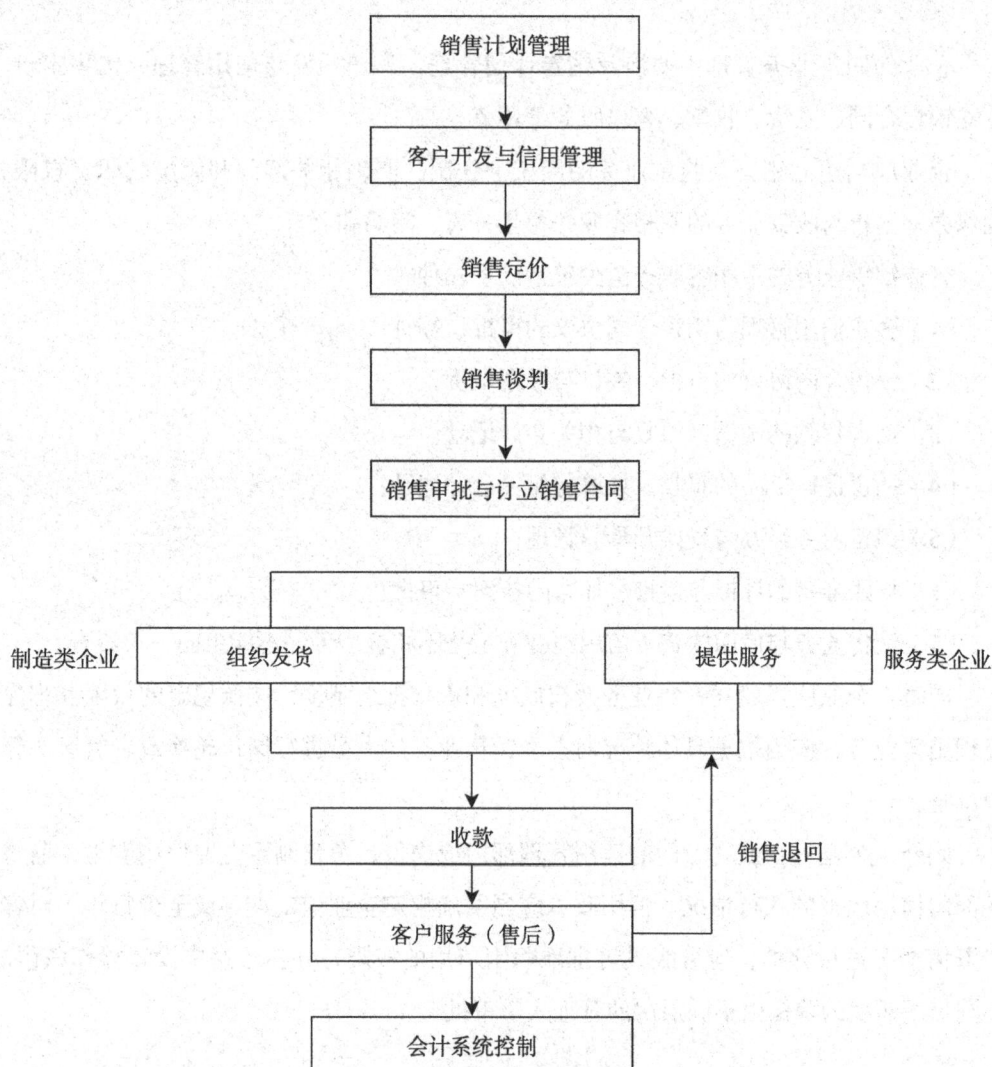

图 15-1　销售业务管理的基本流程

第 3 节　销售业务的内部控制目标、主要风险及管控措施

一、销售业务的内部控制目标

销售业务的内部控制目标包括但不限于以下几点。

（1）销售过程符合国家有关法律法规及企业内部规章制度。

（2）产品销售合同的订立符合国家法律法规，确保合同订立的合理性及有效性。

（3）获取经营利润，扩大市场份额。

（4）防范销售过程中的差错与舞弊现象，降低销售费用，提高销售效率。

（5）确保销售收入、销售费用等业务核算规范、保证销售收入及应收账款真实、准确和完整。销售收入是对企业生产经营中发生耗费的补偿，为企业未来发展提供资金来源。通过加强对销售业务的控制，可以保证企业所发生的所有销售收入都及时、准确地记录，完整地反映企业销售的全过程，防止少记、未记或漏记已实现的销售收入，防止虚增销售收入，防止销售货款被挪用或贪污。

（6）销售收入与销售费用的确认、计量和报告符合国家会计准则的统一规定。

（7）确保发货装运的准确性及时效性。交付已销售的产品应当数量准确，出库货物应同对方购买货物的订单或合同要求一致，运送产品时，应该保证产品在运输途中安全、质量不变、数量完整。

（8）保证资金安全，降低货款回笼风险，保证货款及时足额收回。对货款收回的控制是销售控制中最关键的一点，如果货款无法及时收回，就会形成大批坏账，导致企业难以实现盈利目标。企业只有加强对货款结算的控制，做好事前客户信用调查和事后应收账款催收工作，才能保证及时、足额地收回货款。

（9）应保证销售折扣的适度性。销售折扣是企业信用政策中的一个重要组成部分，它是指企业在得到一定利益的情况下放弃部分销售收入，是信用经济条件下的必然产物。通过加强对销售折扣的内部控制，使销售折扣政策达到促进销售、及时收回货款的目的，防止销售折扣业务中发生以权谋私的行为。

（10）保证销售折让和退回的合理性与正确性。销售中可能由于货物在运输中被损

坏、变质或装运中出现数量或品种错误等情况，要给予客户一定的折让或发生货物退回。当发生这些情况时，企业要加强控制，检查其理由是否充分，金额是否正确，保证折让和退回的手续完备，并在相关会计资料上予以体现。

二、销售业务管理的主要风险及管控措施

企业的销售业务管理主要可以分为销售计划管理、客户开发与信用管理、销售定价、订立销售合同、发货、收款、客户服务、会计系统控制等环节，在销售业务管理的过程中，可能存在各种问题及潜在风险，企业应当至少关注以下风险，并制定相关风险防控措施，如表 15-1 所示。

表 15-1　销售业务管理的主要风险及管控措施

编号	具体层面	风险描述	关键控制措施参考
1	销售计划管理	销售计划缺乏或不合理或未经授权审批，导致产品结构和生产安排不合理，难以实现企业生产经营的良性循环	（1）企业应当根据发展战略和年度生产经营计划，结合企业实际情况，制定年度销售计划，在此基础上，结合客户订单情况，制定月度销售计划，并按规定的权限和程序审批后下达执行 （2）定期对各产品（商品）的区域销售额、进销差价、销售计划与实际销售情况等进行分析，结合生产现状，及时调整销售计划，调整后的销售计划需履行相应的审批程序
2	客户开发与信用管理	（1）现有客户管理不足、潜在市场需求开发不够，可能导致客户丢失或市场拓展不利 （2）客户档案不健全，缺乏合理的资信评估，可能导致客户选择不当，销售款项不能收回或遭受欺诈，从而影响企业的资金流转和正常经营	（1）企业应当在进行充分市场调查的基础上，合理细分市场，并确定目标市场，根据不同目标群体的具体需求，确定定价机制和信用方式，灵活运用销售折扣、销售折让、信用销售、代销和广告宣传等多种策略和营销方式，促进销售目标的实现，不断提高市场占有率 （2）建立和不断更新维护客户信用动态档案，由与销售部门相对独立的信用管理部门对客户付款情况进行持续跟踪和监控，提出划分、调整客户信用等级的方案。根据客户信用等级和企业信用政策，拟定客户赊销限额和时限，经销售、财会等部门具有相关权限的人员审批。对于境外客户和新开发客户，应当建立严格的信用保证制度

（续表）

编号	具体层面	风险描述	关键控制措施参考
3	销售定价	（1）定价或调价不符合价格政策，未能结合市场供需状况、盈利测算等进行适时调整，造成价格过高或过低、销售利润受损 （2）商品销售价格未经恰当审批或存在舞弊，可能导致损害企业经济利益或者企业形象	（1）应根据有关价格政策、综合考虑企业财务目标、营销目标、产品成本、市场状况及竞争对手情况等多方面因素，确定产品基准定价。定期评价产品基准价格的合理性，定价或调价需经具有相应权限的人员审核批准 （2）在执行基准定价的基础上，针对某些商品，可以授予销售部门一定限度的价格浮动权，销售部门可结合产品市场特点，将价格浮动权向下实行逐级递减分配，同时明确权限执行人。价格浮动权限执行人必须严格遵守企业规定的价格浮动范围，不得擅自突破 （3）销售折扣、销售折让等政策应由具有相应权限的人员审核批准。销售折扣、销售折让授予的实际金额、数量、原因及对象应予以记录，并归档备查
4	订立销售合同	（1）合同内容存在重大疏漏和欺诈，未经授权对外订立销售合同，可能导致企业合法权益受到侵害 （2）销售价格、收款期限等违背企业销售政策，可能导致企业经济利益受损	（1）订立销售合同前，企业应当指定专门人员与客户进行业务洽谈、磋商或谈判，关注客户信用状况，明确销售定价、结算方式、权利与义务条款等相关内容。重大的销售业务谈判还应当吸收财会、法律等专业人员参加，并形成完整的书面记录 （2）企业应当建立健全销售合同订立及审批管理制度，明确必须签订合同的范围，规范合同订立程序，确定具体的审核、审批程序和所涉及的部门人员及相应权责。审核、审批应当重点关注销售合同草案中提出的销售价格、信用政策、发货及收款方式等。对于重要的销售合同，应当征询法律专业人员的意见 （3）销售合同草案经审批同意后，企业应授权有关人员与客户签订正式销售合同
5	发货	未经授权发货或发货不符合合同约定，可能导致货物损失或客户与企业的销售争议、销售款项不能收回	（1）销售部门应当按照经审核后的销售合同开具相关的销售通知，并提交仓储部门和财会部门 （2）仓储部门应当落实出库、计量、运输等环节的岗位责任，对销售通知进行审核，严格按照所列的发货品种和规格、发货数量、发货时间、发货方式、接货地点等，按规定时间组织发货，形成相应的发货单据，并应连续编号 （3）应当以运输合同或条款等形式明确运输方式，商品短缺、毁损或变质的责任，到货验收方式，运输费用承担，保险等内容，货物交接环节应做好装卸和检验工作，确保货物的安全发运，由客户验收确认 （4）应当做好发货各环节的记录，填制相应的凭证，设置销售台账，实现全过程的销售登记制度

（续表）

编号	具体层面	风险描述	关键控制措施参考
6	收款	（1）企业信用管理不到位，结算方式选择不当，票据管理不善，账款回收不力，导致销售款项不能收回或遭受欺诈 （2）收款过程中存在舞弊，使企业经济利益受损	（1）结合企业销售政策，选择恰当的结算方式，加快款项回收，提高资金的使用效率。对于商业票据，企业应结合销售政策和信用政策，明确应收票据的受理范围和管理措施 （2）建立票据管理制度，特别是加强商业汇票的管理： ①对票据的取得、贴现、背书、保管等活动予以明确规定 ②严格审查票据的真实性和合法性，防止票据欺诈 ③由专人保管应收票据，对即将到期的应收票据，及时办理托收，定期核对盘点 ④票据贴现、背书应经恰当审批 （3）加强赊销管理： ①需要赊销的商品，应由信用管理部门按照客户信用等级审核，并经具有相应权限的人员审批 ②赊销商品一般应取得客户的书面确认，必要时，要求客户办理资产抵押、担保等收款保证手续 ③应完善应收款项管理制度，落实责任、严格考核、实行奖惩。销售部门负责应收款项的催收，催收记录（包括往来函电）应妥善保存 ④加强代销业务款项的管理，及时与代销商结算款项 ⑤收取的现金、银行本票、汇票等应及时缴存银行并登记入账。防止由销售人员直接收取款项，如必须由销售人员收取的，应由财会部门加强监控
7	客户服务	客户服务水平低，消费者满意度不足，影响企业品牌形象，造成客户流失	（1）结合竞争对手客户服务水平，建立和完善客户服务制度，包括客户服务内容、标准、方式等 （2）设专人或部门进行客户服务和跟踪。有条件的企业可以按产品线或地理区域建立客户服务中心。加强售前、售中和售后技术服务，将客户服务人员的薪酬与客户满意度挂钩 （3）建立产品质量管理制度，加强销售、生产、研发、质量检验等相关部门之间的沟通协调 （4）做好客户回访工作，定期或不定期开展客户满意度调查；建立客户投诉制度，记录所有的客户投诉，并分析其产生原因及解决措施 （5）加强销售退回控制。销售退回前，需经具有相应权限的人员审批后方可执行；销售退回的商品应当参照物资采购入库管理

（续表）

编号	具体层面	风险描述	关键控制措施参考
8	会计系统控制	缺乏有效的销售业务会计系统控制，可能导致企业账实不符、账证不符、账账不符或者账表不符，影响销售收入、销售成本、应收款项等会计核算的真实性和可靠性	（1）企业应当加强对销售、发货、收款业务的会计系统控制，详细记录销售客户、销售合同、销售通知、发运凭证、商业票据、款项收回等情况，确保会计记录、销售记录与仓储记录核对一致。具体如下：财会部门开具发票时，应当依据相关单据（计量单、出库单、货款结算单、销售通知单等）并经相关岗位审核。销售发票应遵循有关发票管理规定，严禁开具虚假发票。财会部门应审核销售报表等原始凭证中的销售价格、数量等，并根据国家统一的会计制度确认销售收入，登记入账。财会部门与相关部门应在月末核对当月销售数量，保证各部门销售数量的一致性 （2）建立应收账款清收核查制度，销售部门应定期与客户对账，并取得书面对账凭证，财会部门负责办理资金结算并监督款项回收 （3）及时收集应收账款相关凭证资料并妥善保管；及时要求客户提供担保；对未按时还款的客户，采取申请支付令、申请诉前保全和起诉等方式及时清收欠款。对收回的非货币性资产应经评估和恰当审批 （4）企业对于可能成为坏账的应收账款，应当按照国家统一的会计准则计提坏账准备，并按照权限范围和审批程序进行审批。对确定发生的各项坏账，应当查明原因，明确责任，并在履行规定的审批程序后做出会计处理。企业核销的坏账应当进行备查登记，做到账销案存。已核销的坏账又收回时应当及时入账，防止形成账外资金

第16章
担保业务的内部控制

第1节 担保业务概述

担保指的是企业作为担保人按照公平、自愿、互利的原则与债权人约定，当债务人不履行债务时，依照法律规定与合同协议承担相应法律责任的行为。担保业务是企业的一项或有负债，它关系到企业的资金运转与生死存亡。

担保制度起源于商品交易活动，但早期简单的商品交易往往是以物易物，或者是钱货两清的即时交易，交易主体间失信问题不突出，那么也就没有担保的必要。随着商品交换形式的不断发展，非即时交易大量出现，商品和货币的交付有了时间差，债权债务应运而生，随之而来的问题就是，在对债务人没有百分之百信赖的情形下，债权人需要通过某种方式确保债权的实现，而担保制度正好满足了这种需要。

担保一方面有利于银行等债权人降低贷款风险，另一方面使债权人与债务人形成了稳定可靠的资金供需关系。

第 2 节　担保业务的职责分工与授权批准及基本流程

一、担保业务的职责分工与授权批准

（一）担保业务的不相容职务

担保业务的不相容职务至少应该包括以下几种：

（1）担保业务的评估与审批；

（2）担保业务的审批与执行；

（3）担保业务的执行与核对；

（4）担保业务的财产保管与担保业务的记录。

（二）制定担保制度与政策

企业应当制定详细的担保制度与政策，明确担保的对象、范围、程序、条件、方式、担保限额及禁止担保的事项，明确担保业务的评估、审批与执行。与此同时，企业应当定期检查担保制度与政策的执行情况与效果。

（三）建立担保授权制度与审核批准制度

企业应当明确审批人对担保业务的授权批准方式、权限、程序、责任与相关控制措施。

二、担保业务的基本流程

企业办理担保业务，一般包括申请受理、调查评估、审批、担保合同签订、进行日常监控等流程。

（1）担保申请人提出担保申请；

（2）担保人对担保项目和被担保人资信状况进行调查，对担保业务进行风险评估；

（3）担保人根据调查评估结果，结合本企业的担保政策和授权审批制度，对担保业务进行审批，对于重大担保业务，应提交董事会或类似权力机构批准；

（4）担保人根据既定权限和程序，与被担保人签订担保合同；

（5）担保人加强对担保合同的日常管理，对被担保人经营情况、财务状况和担保项目执行情况等进行跟踪监控；

（6）若被担保人不能如期偿债，担保人应履行代为清偿义务并向被担保人追偿债务，同时，应当按照本企业担保业务责任追究制度，严格追究有关人员的责任。

企业可以根据担保业务管理的基本流程（如图 16-1 所示），结合自身的实际情况及管理要求，制定企业专属的担保业务管理流程，强化每一个环节的管控，有效防范与降低经营风险。

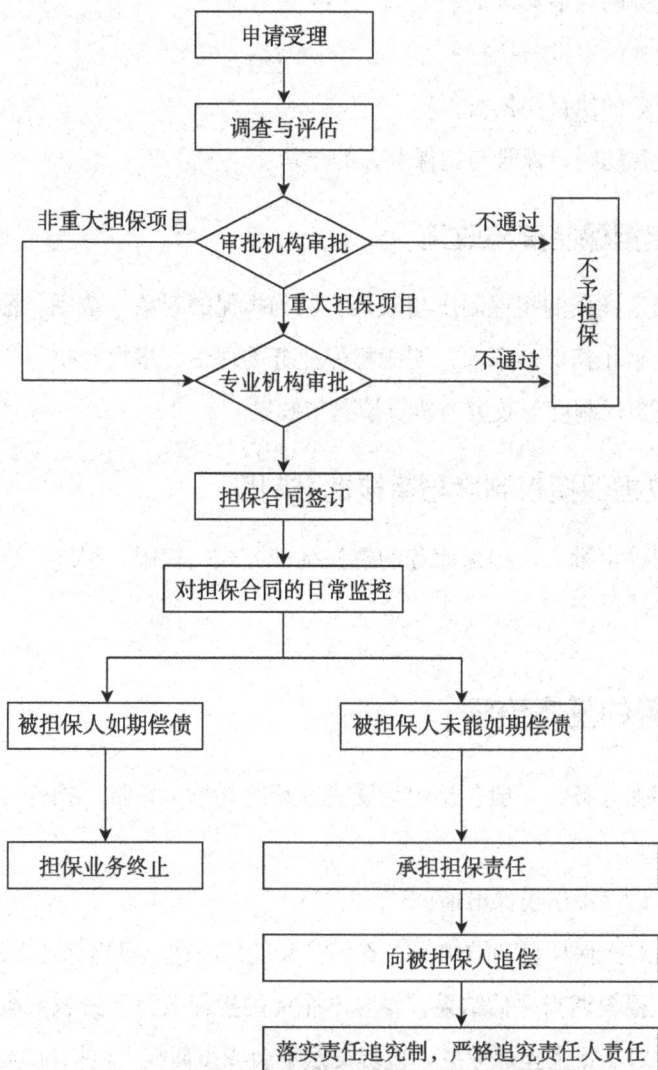

图 16-1　担保业务管理的基本流程

第 3 节　担保业务的内部控制目标、主要风险及管控措施

一、担保业务的内部控制目标

担保业务的内部控制目标包括但不限于以下几点：

（1）规范担保业务审核审批程序，设计组织架构及人员配置合理的管理体系；

（2）建立科学合理的担保评估管理体系；

（3）建立并完善担保业务执行过程中的财务监控管理体系；

（4）保证担保业务财务信息的真实、完整和准确，满足担保信息披露的需要；

（5）完善担保执行控制体系；

（6）确保担保业务规范，防范和控制或有负债风险。

二、担保业务的主要风险及管控措施

企业的担保业务主要可以分为受理申请、调查和评估、审批、签订担保合同、日常监控、会计控制、代为清偿和权利追索等环节，在担保业务管理的过程中，可能存在各种问题及潜在风险，企业应当至少关注以下风险并制定相关防控措施，如表 16-1 所示。

表 16-1　担保业务的主要风险及管控措施

编号	具体层面	风险描述	关键控制措施参考
1	受理申请	（1）企业担保政策和相关管理制度不健全，导致难以对担保申请人提出的担保申请进行初步评价和审核 （2）虽然建立了担保政策和相关管理制度，但对担保申请人提出的担保申请审查把关不严，导致申请受理流于形式	（1）依法制定和完善本企业的担保政策和相关管理制度，明确担保的对象、范围、方式、条件、程序、担保限额和禁止担保的事项 （2）严格按照担保政策和相关管理制度对担保申请人提出的担保申请进行审核

（续表）

编号	具体层面	风险描述	关键控制措施参考
2	调查和评估	对担保申请人的资信调查不深入、不透彻，对担保项目的风险评估不全面、不科学，导致企业担保决策失误或遭受欺诈，为担保业务埋下巨大隐患	（1）委派具备胜任能力的专业人员开展调查和评估 （2）对担保申请人资信状况和有关情况进行全面、客观的调查评估 （3）对担保项目经营前景和盈利能力进行合理预测 （4）划定不予担保的"红线"，并结合调查评估情况做出判断 （5）形成书面评估报告，全面反映调查评估情况，为担保决策提供第一手资料
3	审批	（1）授权审批制度不健全，导致对担保业务的审批不规范 （2）审批不严格或者越权审批，导致担保决策出现重大疏漏，可能引发严重后果 （3）审批过程存在舞弊行为，可能导致经办审批等相关人员涉案或企业利益受损	（1）建立和完善担保授权审批制度，明确授权批准的方式、权限、程序、责任和相关控制措施，规定各层级人员应当在授权范围内进行审批，不得超越权限审批 （2）建立和完善重大担保业务的集体决策审批制度。企业应当根据《公司法》等国家法律法规，结合企业章程和有关管理制度，明确重大担保业务的判断标准、审批权限和程序 （3）认真审查对担保申请人的调查评估报告，在充分了解掌握有关情况的基础上，权衡比较本企业净资产状况、担保限额与担保申请人提出的担保金额，确保将担保金额控制在企业设定的担保限额之内 （4）从严办理担保变更审批。被担保人要求变更担保事项的，企业应当重新履行调查评估程序，根据新的调查评估报告重新履行审批手续
4	签订担保合同	未经授权对外订立担保合同，或者担保合同内容存在重大疏漏和欺诈，可能导致企业诉讼失败、权利追索被动、经济利益和形象信誉受损	（1）严格按照经审核批准的担保业务订立担保合同。合同订立经办人员应当在职责范围内，按照审批人员的批准意见拟订合同条款 （2）认真审核合同条款，确保担保合同条款内容完整、表述严谨准确、相关手续齐备 （3）实行担保合同会审联签 （4）加强对有关身份证明和印章的管理 （5）规范担保合同记录、传递和保管，确保担保合同运转轨迹清晰完整、有案可查

（续表）

编号	具体层面	风险描述	关键控制措施参考
5	日常监控	重合同签订，轻后续管理，对担保合同履行情况疏于监控或监控不当，导致企业不能及时发现和妥善应对被担保人的异常情况，可能延误处置时机，加剧担保风险，加重经济损失	（1）指定专人定期监测被担保人的经营情况和财务状况，对被担保人进行跟踪和监督，了解担保项目的执行、资金的使用、贷款的归还、财务运行及风险等情况，促进担保合同有效履行 （2）及时报告被担保人异常情况和重要信息。企业有关部门和人员在实施日常监控过程中发现被担保人经营困难、债务沉重，或者存在违反担保合同的其他各种情况，应当按照《企业内部控制应用指引第 17 号——内部信息传递》的要求，在第一时间向企业有关管理人员报告，以便及时采取有针对性的应对措施
6	会计控制	会计系统控制不力，可能导致担保业务记录残缺不全，日常监控难以奏效，或者担保会计处理和信息披露不符合有关监管要求，可能引发行政处罚	（1）健全担保业务经办部门与财会部门的信息沟通机制，促进担保信息及时有效沟通 （2）建立担保事项台账，详细记录担保对象、金额、期限、用于抵押和质押的物品或权利及其他有关事项；同时，及时足额收取担保费用，维护企业担保权益 （3）严格按照国家统一的会计制度进行担保会计处理，发现被担保人出现财务状况恶化、资不抵债、破产清算等情形的，应当合理确认预计负债和损失。属于上市公司的，还应当区别不同情况依法予以公告 （4）切实加强对反担保财产的管理，妥善保管被担保人用于反担保的权利凭证，定期核实财产的存续状况和价值，发现问题后，应及时处理，确保反担保财产安全完整 （5）夯实担保合同基础管理，妥善保管担保合同与担保合同相关的主合同、反担保函或反担保合同，以及抵押、质押的权利凭证和有关原始资料，做到担保业务档案完整无缺。当担保合同到期时，企业要全面清查用于担保的财产、权利凭证，按照合同约定及时终止担保关系

（续表）

编号	具体层面	风险描述	关键控制措施参考
7	代为清偿和权利追索	（1）违背担保合同约定不履行代为清偿义务，可能被银行等债权人诉诸法律成为连带被告，影响企业形象和声誉 （2）承担代为清偿义务后，向被担保人追索不力，可能给企业造成较大经济损失	（1）强化法制意识和责任观念，在被担保人确实无力偿付债务或履行相关合同义务时，自觉按照担保合同承担代偿义务，维护企业诚实守信的市场形象 （2）运用法律武器向被担保人追索赔偿权利，在此过程中，企业担保业务经办部门、财会部门、法律部门等应当通力合作，在司法程序中举证有力；同时，依法处置被担保人的反担保财产，尽力减少企业经济损失 （3）启动担保业务后评估工作，严格落实担保业务责任追究制度，对在担保中出现重大决策失误、未履行集体审批程序或不按规定管理担保业务的部门及人员，严格追究其行政责任和经济责任，并深入开展总结和分析，举一反三，不断完善担保业务内部控制制度，严控担保风险，促进企业健康稳健发展

第 1 节　业务外包概述

一、业务外包的定义

业务外包是指企业整合利用外部的专业化资源，将企业内部的某项职能或某项任务分包给其他企业或组织来完成，从而达到降低成本、提高效率、最大限度地发挥本企业的核心优势，增加对外界环境应变能力的一种管理模式。

从本质上来讲，业务外包与采购业务属于相同的性质，其所需要经过的环节也是相似的，都需要经过立项申请、项目审核、乙方选择、活动实施、过程管理、验收等环节。从业务本身而言，业务外包更侧重于服务型业务，通常包括研发、委外加工、物流管理、物业管理、资信调查、客户服务等。

二、业务外包的特点

业务外包的特点主要可以分为以下三种类型。

（1）外包偏向于后台业务。市场瞬息万变，企业生存的基本准则就是能及时获取终端信息，随市而变。为了把握终端市场，许多企业对前台业务都是亲力而为，着力发展，而将后台业务及离市场较远的业务外包出去。

（2）外包偏向于机械性业务。在信息社会，产品的生命周期缩短、品种增加、批量减小，顾客对产品的交货周期、价格和质量的要求也越来越高。在这种背景下，满足个性化需求，已成为企业重中之重。为此，企业要将机械性、重复性的业务，通过数字化、软件化外包出去。

（3）外包业务偏向于非现场业务。企业的重要业务需要现场作业，必须由企业自身完成，对于那些非现场的或者以网络为平台的业务，可实施外包。企业可以通过互联网与合作伙伴实现资料互换、信息共享。

第2节　业务外包的基本流程

企业可以根据业务外包管理的基本流程（如图 17-1 所示），结合自身的实际情况及管理要求，制定企业专属的业务外包管理流程，强化对每一个环节的管控，有效防范与降低经营风险。

需求计划

↓

项目立项 / 需求申请

↓

承包方资格审核

↓

承包方选择

↓

外包价格确定

↓

订立业务外包合同

↓

组织实施业务外包工作

↓

业务外包过程管理 → 是否存在违约行为且无法继续履约

验收 ← 否

是否合格 否

是

验收报告存档

↓

取得发票

↓

付款

↓

会计控制

是 → 合同终止 → 办理索赔

业务外包后续评估

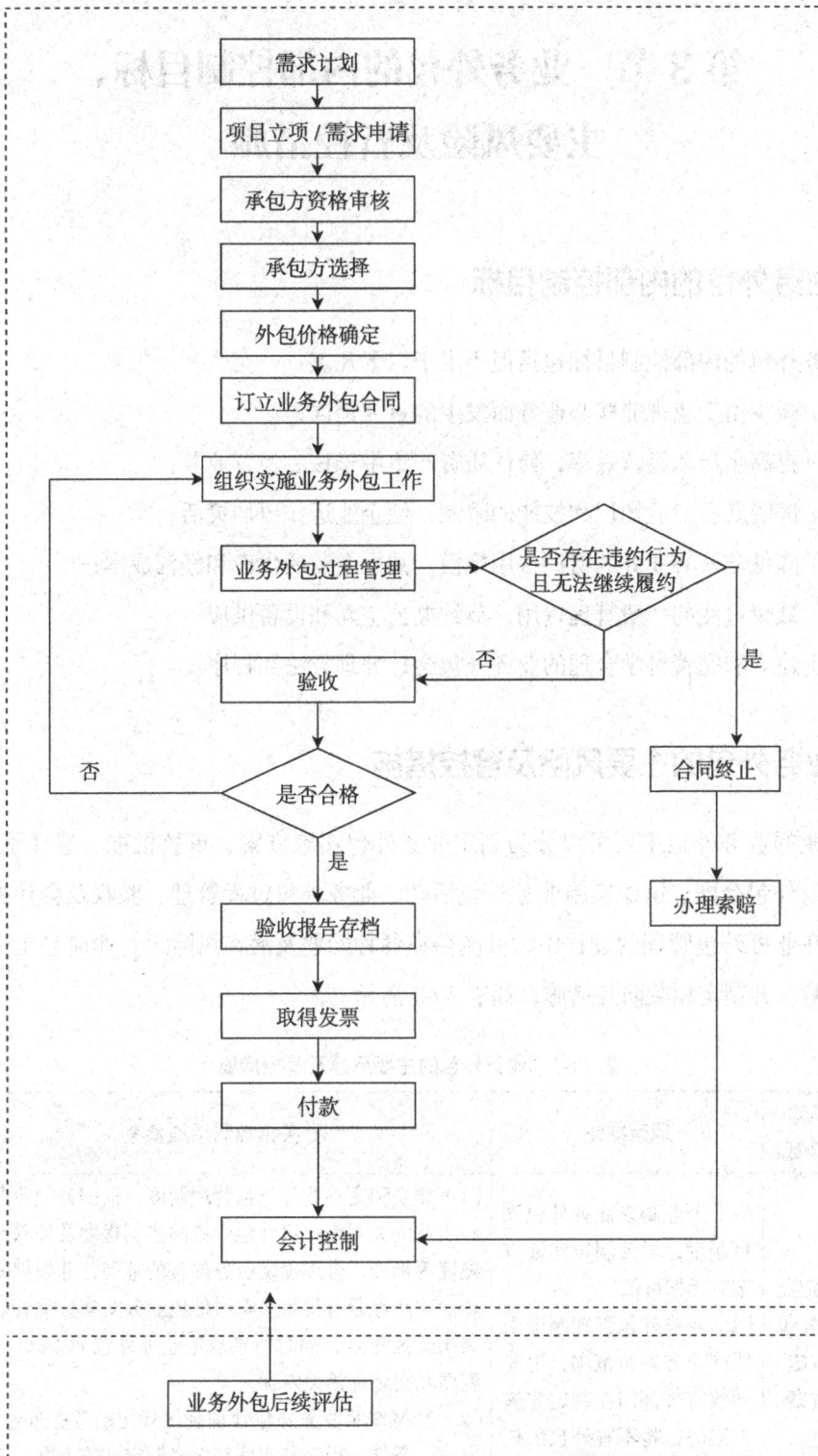

图 17-1 业务外包的基本流程

第3节　业务外包的内部控制目标、主要风险及管控措施

一、业务外包的内部控制目标

业务外包的内部控制目标包括但不限于以下几点：

（1）减少由于忽视非核心业务而发生的重大错误；

（2）提高生产和经营效率，使优质资产集中于核心经营业务；

（3）摆脱既有专业知识和技能的限制，使企业运作更加灵活；

（4）降低非核心业务的财产占用规模，减少企业的生产和经营成本；

（5）减少可变的一般管理费用，节约办公空间和设备供应；

（6）建立和完善科学合理的业务外包会计处理方法和程序。

二、业务外包的主要风险及管控措施

企业的业务外包主要可以分为制定业务外包实施方案、审核批准、选择承包方、签订业务外包合同、组织实施业务外包活动、业务外包过程管理、验收及会计控制等环节，在业务外包管理的过程中，可能存在各种问题及潜在风险，企业应当至少关注以下风险，并制定相关防控措施，如表 17-1 所示。

表 17-1　业务外包的主要风险及管控措施

编号	具体层面	风险描述	关键控制措施参考
1	制定业务外包实施方案	（1）企业缺乏业务外包管理制度，导致制定实施方案时无据可依（2）业务外包管理制度未明确业务外包范围，可能导致有关部门在制定实施方案时，将不宜外包的核心业务进行外包	（1）建立和完善业务外包管理制度，根据各类业务与核心主业的关联度、对外包业务的控制程度及外部市场成熟度等标准，合理确定业务外包的范围，并根据是否对企业生产经营有重大影响对外包业务实施分类管理，以突出管控重点，同时明确规定业务外包的方式、条件、程序和实施等相关内容（2）严格按照业务外包管理制度规定的业务外包范围、方式、条件、程序和实施等内容制定实施方案，避免将核心业务外包，同时确保方案的完整性

（续表）

编号	具体层面	风险描述	关键控制措施参考
1	制定业务外包实施方案	（3）实施方案不合理、不符合企业生产经营特点或内容不完整，可能导致业务外包失败	（3）根据企业年度预算及生产经营计划，对实施方案的重要方面进行深入评估及复核，包括承包方的选择方案、外包业务的成本效益及风险、外包合同期限、外包方式、员工培训计划等，确保方案的可行性 （4）认真听取外部专业人员对业务外包的意见，并根据其合理化建议完善实施方案
2	审核批准	（1）审批制度不健全，导致对业务外包的审批不规范 （2）审批不严格或者越权审批，导致业务外包决策出现重大疏漏，可能引发严重后果 （3）未能对业务外包实施方案是否符合成本效益原则进行合理审核及做出恰当判断，导致业务外包不经济	（1）建立和完善业务外包的审核批准制度。明确授权批准的方式、权限、程序、责任和相关控制措施，规定各层级人员应当在授权范围内进行审批，不得超越权限审批。同时加大对分公司重大业务外包的管控力度，避免因分公司越权进行业务外包给企业带来不利后果 （2）在对业务外包实施方案进行审查和评价时，应当着重对比分析该业务项目在自营与外包情况下的风险和收益，确定外包的合理性和可行性 （3）总会计师或企业分管会计工作的负责人应当参与重大业务外包的决策，对业务外包的经济效益做出合理评价 （4）对于重大业务外包方案，应当提交董事会或类似权力机构审批
3	选择承包方	（1）承包方不是合法设立的法人主体，缺乏应有的专业资质，从业人员也不具备应有的专业技术资格，缺乏从事相关项目的经验，导致企业遭受损失甚至陷入法律纠纷 （2）外包价格不合理，业务外包成本过高导致难以发挥业务外包的优势 （3）存在商业贿赂等舞弊行为，导致相关人员涉案	（1）充分调查候选承包方的合法性，即是否为依法成立、合法经营的专业服务机构或经济组织，是否具有相应的经营范围和固定的办公场所 （2）调查候选承包方的专业资质、技术实力及其从业人员的职业履历和专业技能 （3）考察候选承包方从事类似项目的成功案例、业界评价和口碑 （4）综合考虑企业内外部因素，对业务外包的人工成本、营销成本、业务收入、人力资源等指标进行测算分析，合理确定外包价格，严格控制业务外包成本 （5）引入竞争机制，按照有关法律法规，遵循公平、公正、公开的原则，采用公开招标等适当方式，择优选择承包方 （6）按照规定的程序和权限从候选承包方中择优做出选择，并建立严格的回避制度和监督处罚制度，避免相关人员在选择承包方过程中出现受贿和舞弊行为

（续表）

编号	具体层面	风险描述	关键控制措施参考
4	签订业务外包合同	（1）合同条款未能针对业务外包风险做出明确的约定，对承包方的违约责任界定不够清晰，导致企业陷入合同纠纷和诉讼 （2）合同约定的业务外包价格不合理或成本费用过高，导致企业遭受损失	（1）在订立外包合同前，充分考虑业务外包方案中识别出的重要风险因素，并通过合同条款予以有效规避或降低 （2）在合同的内容和范围方面，明确承包方提供的服务类型、数量、成本，以及明确界定服务的环节、作业方式、作业时间、服务费用等细节 （3）在合同的权利和义务方面，明确企业有权督促承包方改进服务流程和方法，承包方有责任按照合同规定的方式和频率，将外包实施的进度和现状告知企业，并对存在的问题进行有效沟通 （4）在合同的服务和质量标准方面，应当规定承包方最低的服务水平要求及如果未能满足标准应实施的补救措施 （5）在合同的保密事项方面，应具体约定对于涉及本企业秘密的业务和事项，承包方有责任履行保密义务 （6）在费用结算标准方面，综合考虑内外部因素，合理确定外包价格，严格控制业务外包成本 （7）在违约责任方面，制定既具原则性又体现一定灵活性的合同条款，以适应环境、技术和企业自身业务的变化
5	组织实施业务外包活动	组织实施业务外包的工作不充分或未落实到位，影响下一环节业务外包过程管理的有效实施，导致难以实现业务外包的目标	（1）按照业务外包制度、工作流程和相关要求，制定业务外包实施的管控措施，包括落实与承包方之间的资产管理、信息资料管理、人力资源管理、安全保密管理等机制，确保承包方在履行外包业务合同时有章可循 （2）做好与承包方的对接工作，通过培训等方式确保承包方充分了解企业的工作流程和质量要求，从价值链的起点开始控制业务质量 （3）与承包方建立并保持畅通的沟通协调机制，以便及时发现并有效解决业务外包过程存在的问题 （4）梳理有关工作流程，明确每个环节上的岗位职责分工、运营模式、管理机制、质量水平等方面的要求

（续表）

编号	具体层面	风险描述	关键控制措施参考
6	业务外包过程管理	（1）承包方在合同期内因市场变化等原因不能保持履约能力，无法继续按照合同约定履行义务，导致业务外包失败和本企业生产经营活动中断（2）承包方出现未按照业务外包合同约定的质量要求持续提供合格的产品或服务等违约行为，导致企业难以发挥业务外包优势，甚至遭受重大损失（3）管控不力，导致商业秘密泄露	（1）在承包方提供服务或制造产品的过程中，密切关注重大业务外包承包方的履约能力，采取动态管理方式，对承包方开展日常绩效评价和定期考核（2）对承包方的履约能力进行持续评估，包括承包方对该项目的投入是否能够支持其产品或服务质量达到企业预期目标，承包方自身的财务状况、生产能力、技术创新能力等综合能力是否满足该项目的要求（3）建立即时监控机制，一旦发现偏离合同目标的情况，应及时要求承包方调整改进（4）对重大业务外包的各种意外情况做出充分预计，建立相应的应急处理机制，制定临时替代方案，避免业务外包失败造成企业生产经营活动中断（5）如有确凿证据表明承包方存在重大违约行为，并导致业务外包合同无法履行的，应当及时终止合同，并指定有关部门按照法律程序向承包方索赔（6）切实加强对业务外包过程中形成的商业信息资料的管理
7	验收	验收方式与业务外包成果交付方式不匹配，验收标准不明确，验收程序不规范，使得验收工作流于形式，不能及时发现业务外包质量低劣等情况，可能导致企业遭受损失	（1）根据承包方业务外包成果交付方式的特点，制定不同的验收方式。一般而言，可以对最终产品或服务进行一次性验收，也可以在整个外包过程中分阶段验收（2）根据业务外包合同的约定，结合在日常绩效评价基础上对外包业务质量是否达到预期目标的基本评价，确定验收标准（3）组织有关职能部门、财会部门、质量控制部门的相关人员，严格按照验收标准对承包方交付的产品或服务进行审查和全面测试，确保产品或服务符合需求，并出具验收证明（4）对在验收过程中发现异常情况的，应当立即报告，查明原因，视问题的严重性与承包方协商采取恰当的补救措施，并依法索赔（5）根据验收结果对业务外包是否达到预期目标做出总体评价，据此对业务外包管理制度和流程进行改进和优化

（续表）

编号	具体层面	风险描述	关键控制措施参考
8	会计控制	（1）缺乏有效的业务外包会计系统控制，未能全面真实地记录和反映企业业务外包各环节的资金流和实物流情况，可能导致企业资产流失或贬损 （2）业务外包相关会计处理不当，可能导致财务报告信息失真 （3）结算审核不严格、支付方式不恰当、金额控制不严，可能导致企业资金损失或信用受损	（1）企业财会部门应当根据国家统一的会计制度，对业务外包过程中交由承包方使用的资产、涉及资产负债变动的事项及外包合同诉讼潜在影响等加强核算与监督 （2）根据企业会计制度的规定，结合外包业务特点和企业管理机制，建立完善外包成本的会计核算方法，进行有关会计处理，并在财务报告中进行必要、充分的披露 （3）在向承包方结算费用时，应当依据验收证明，严格按照合同约定的结算条件、方式和标准办理支付

第18章
资产管理的内部控制

第1节　存货管理概述

存货是指企业在日常活动中持有以备出售的产成品或商品，处在生产过程中的在产品，在生产过程或提供劳务过程中使用的材料、物料等。企业购入的原材料经过生产环节形成企业的在产品或产成品，仍然属于企业的存货。由于两者之间关系密切，故产品循环同其他业务循环之间的关系也较为密切。原材料经过采购与付款循环之后进入本循环，而后又随着销售与收款循环中产成品的销售环节而结束。存货与生产循环主要涉及存货的管理和生产成本的管理等。

第2节　无形资产管理概述

无形资产是指企业拥有或者控制的没有实物形态的可辨认非货币性资产，包括专利权、非专利技术、商标权、著作权、土地使用权等。现代企业的无形资产就其本质属性而言，具有商品使用价值的属性，它与有形资产一起构成了企业资产的总体，是企业生产经营活动中重要的经济资源。

第3节 固定资产管理概述

固定资产一般在企业资产总额中占有较大的比例，因此确保企业资产安全、完整意义重大。固定资产管理是一项复杂的组织工作，涉及基建部门、财务部门、后勤部门等，必须由这些部门共同参与管理。同时，固定资产管理是一项技术性较强的工作，应配备有工作责任心、工作能力强、懂业务、会计算机操作、会讲肯干的专职人员。固定资产管理一旦失控，其所造成的损失将远远超过一般的商品存货等流动资产造成的损失。

第4节 资产管理的内部控制目标、主要风险及管控措施

一、资产管理的内部控制目标

（一）存货管理的内部控制目标

存货管理的内部控制目标主要包括但不限于以下几点：

（1）保证存货账务真实完整、准确；

（2）存货的确认、计量和报告应当符合国家统一的会计准则的规定；

（3）规范存货处置，避免造成企业资产流失；

（4）存货保管符合国家安全、消防、环保等规定，存货交易符合国家法律制度。

（二）无形资产管理的内部控制目标

无形资产管理的内部控制目标主要包括但不限于以下几点：

（1）合理配置人员，明确职责分工和权限范围，确保符合无形资产的确认、审批程序；

（2）确保无形资产取得依据充分且真实，决策科学合理；

（3）充分利用现有无形资产服务于生产经营活动，保证无形资产有效利用；

（4）加强无形资产安全防范措施，做好保密工作，确保无形资产的安全；

（5）按规定进行无形资产的价格、使用情况审查，确保其转让、转移、报废决策合理、规范；

（6）无形资产许可、转让合同符合《合同法》等国家法律法规和企业内部规章制度；

（7）定期进行无形资产减值、增值分析，及时进行账务处理，无形资产确认、计量和报告符合国家统一的会计准则的规定；

（8）正确反映无形资产的价格，合理摊销，保证核算真实、准确、完整。

（三）固定资产管理的内部控制目标

固定资产管理的内部控制目标主要包括但不限于以下几点：

（1）保证固定资产安全、完整，提高运营效率；

（2）保证固定资产管理遵守国家和企业有关安全、消防、环保和处置等规定；

（3）保证固定资产的取得、出售和出租符合《合同法》等国家法律法规及企业内部规章制度；

（4）保证固定资产业务在授权范围内审批；

（5）保证办理固定资产业务的人员具备良好的业务素质和职业道德；

（6）保证如实反映固定资产的价值，保证账面价值的真实、准确和完整；

（7）保证固定资产的确认、计量和报告符合国家统一的会计准则的规定；

（8）保证对固定资产各环节业务开展情况都设置相应的记录或凭证并如实记载；

（9）保证财务部门按照国家统一规定及时确认固定资产的购买或建造成本。

二、资产管理的主要风险及管控措施

企业的资产管理主要可以分为三类：存货、无形资产、固定资产。在资产管理的过程中，可能存在各种问题及潜在风险，企业应当至少关注以下风险并制定相关防控措施，如表 18-1 所示。

表 18-1 资产管理的主要风险及管控措施

编号	具体层面		风险描述	关键控制措施参考
1	存货	存货取得	存货预算编制不科学、采购计划不合理，可能导致存货积压或短缺	（1）企业存货管理实务中，应当根据各种存货采购间隔期和当前库存，综合考虑企业生产经营计划、市场供求等因素，充分利用信息系统，合理确定存货采购日期和数量，确保存货处于最佳库存状态 （2）考虑到存货取得的风险管控措施主要体现在预算编制和采购环节，应由相关的预算和采购内部控制应用指引加以规范
		验收入库	验收程序不规范、标准不明确，可能导致数量克扣、以次充好、账实不符	（1）外购存货的验收应当重点关注合同、发票等原始单据与存货的数量、质量、规格等核对一致。涉及技术含量较高的货物，必要时可委托具有检验资质的机构或聘请外部专家协助验收 （2）自制存货的验收，应当重点关注产品质量，通过检验合格的半成品、产成品才能办理入库手续，不合格品应及时查明原因、落实责任、报告处理 （3）通过其他方式取得存货的验收，应当重点关注存货来源、质量状况、实际价值是否符合有关合同或协议的约定
		仓储保管	存货仓储保管方法不适当、监管不严密，可能导致产品损坏变质、价值贬损、资源浪费	（1）存货在不同仓库之间流动时，应当办理出入库手续 （2）存货仓储期间要按照仓储物资所要求的储存条件妥善储存，做好防火、防洪、防盗、防潮、防病虫害、防变质等保管工作，不同批次、型号和用途的产品要分类存放。生产现场的在加工原料、周转材料、半成品等要按照有助于提高生产效率的方式摆放，同时防止浪费、被盗和流失 （3）对代管、代销、暂存、受托加工的存货，应单独存放和记录，避免与本单位存货混淆 （4）结合企业实际情况，加强存货的保险投保，保证存货安全，合理降低存货意外损失风险 （5）仓储部门应对库存物料和产品进行每日巡查和定期抽检，详细记录库存情况；发现毁损、存在跌价迹象的，应及时与生产、采购、财务等相关部门沟通。对于进入仓库的人员，应办理进出登记手续，未经授权人员不得接触存货

（续表）

编号	具体层面	风险描述	关键控制措施参考
1	存货	领用发出	存货领用、发出审核不严格、手续不完备，可能导致货物流失	（1）企业应当根据自身的业务特点，确定适用的存货发出管理模式，制定严格的存货准出制度，明确存货发出和领用的审批权限，健全存货出库手续，加强存货领用记录 （2）通常情况下，对于一般的生产企业，仓储部门应核对经过审核的领料单或发货通知单的内容，做到单据齐全，名称、规格、计量单位准确；符合条件的，准予领用或发出，并与领用人当面核对、点清交付 （3）在商场超市等商品流通企业，在存货销售发出环节，应侧重于防止商品失窃、随时整理弃置商品、每日核对销售记录和库存记录等 （4）无论是何种企业，对于大批存货、贵重商品或危险品的发出，均应当实行特别授权；仓储部门应当根据经审批的销售（出库）通知单发出货物
		盘点清查	存货盘点清查制度不完善、计划不可行，可能导致工作流于形式、无法查清存货真实状况	（1）企业应当建立存货盘点清查工作规程，结合本企业实际情况确定盘点周期、盘点流程、盘点方法等相关内容，结合使用定期盘点和不定期抽查方式 （2）盘点清查时，应拟定详细的盘点计划，合理安排相关人员，使用科学的盘点方法，保持盘点记录的完整，以保证盘点的真实性、有效性 （3）对于盘点清查结果，要及时编制盘点表，形成书面报告，包括盘点人员、时间、地点、实际所盘点存货名称、品种、数量、存放情况及盘点过程中发现的账实不符情况等内容 （4）对盘点清查中发现的问题，应及时查明原因，落实责任，按照规定权限报经批准后处理。多部门人员共同盘点，应当充分体现相互制衡特点，严格按照盘点计划，认真记录盘点情况 （5）企业至少应当于每年年度终了时开展全面的存货盘点清查，及时发现存货减值迹象，将盘点清查结果形成书面报告
		销售处置	存货报废处置责任不明确、审批不到位，可能导致企业利益受损	企业应定期对存货进行检查，及时、充分了解存货的存储状态，对于存货变质、毁损、报废或流失的处理，要分清责任、分析原因、及时处理

（续表）

编号	具体层面		风险描述	关键控制措施参考
2	无形资产	无形资产取得、验收	取得的无形资产不具先进性或权属不清，可能导致企业资源浪费或引发法律诉讼	（1）企业应当建立严格的无形资产交付使用验收制度，明确无形资产的权属关系，及时办理产权登记手续 （2）对于企业外购无形资产，必须仔细审核有关合同等法律文件，及时取得无形资产所有权的有效证明文件，同时特别关注外购无形资产的技术先进性；企业自行开发的无形资产，应由研发部门、无形资产管理部门、使用部门共同填制无形资产移交使用验收单，移交使用部门使用；企业购入或者以支付土地出让金方式取得的土地使用权，必须取得土地使用权的有效证明文件 （3）当无形资产权属关系发生变动时，应当按照规定及时办理权证转移手续
		无形资产的使用与保全	（1）无形资产使用效率低下，效能发挥不到位 （2）缺乏严格的保密制度，致使体现在无形资产中的商业秘密泄漏 （3）由于商标等无形资产疏于管理，导致其他企业侵权，严重损害企业利益	（1）企业应当强化无形资产使用过程的风险管控，充分发挥无形资产对提升企业产品质量和市场影响力的重要作用 （2）建立健全无形资产核心技术保密制度，严格限制未经授权人员直接接触技术资料，对技术资料等无形资产的保管及接触应保有记录，实行责任追究，保证无形资产的安全与完整 （3）对侵害本企业无形资产的，要积极取证并形成书面调查记录，提出维权对策，按规定程序审核并上报
		无形资产的技术升级与更新换代	无形资产内含的技术未能及时升级换代，导致技术落后或存在重大技术安全隐患	（1）企业应当定期对专利、专有技术等无形资产的先进性进行评估 （2）发现某项无形资产给企业带来经济利益的能力受到重大不利影响时，应当考虑淘汰落后技术，同时加大研发投入，不断推动企业自主创新与技术升级，确保企业在市场经济竞争中始终处于优势地位

编号	具体层面		风险描述	关键控制措施参考
2	无形资产	无形资产的处置	（1）无形资产长期闲置或低效使用，就会逐渐失去其使用价值 （2）无形资产处置不当，往往会造成企业资产流失	（1）企业应当建立无形资产处置的相关管理制度，明确无形资产处置的范围、标准、程序和审批权限等要求 （2）无形资产的处置应由独立于无形资产管理部门和使用部门的其他部门或人员按照规定的权限和程序办理；应当选择合理的方式确定处置价格，并报经企业授权部门或人员审批；处置重大的无形资产时，应当委托具有资质的中介机构进行资产评估
3	固定资产	取得	（1）新增固定资产验收程序不规范，可能导致资产质量不符合要求，进而影响资产运行效果 （2）固定资产投保制度不健全，可能导致应投保资产未投保、索赔不力，不能有效防范资产损失风险	（1）建立严格的固定资产交付使用验收制度。企业外购固定资产应当根据合同、供应商发货单等对所购固定资产的品种、规格、数量、质量、技术要求及其他内容进行验收，出具验收单，编制验收报告。企业自行建造的固定资产，应由建造部门、固定资产管理部门、使用部门共同填制固定资产移交使用验收单，验收合格后移交使用部门投入使用。未通过验收的不合格资产，不得接收，必须按照合同等有关规定办理退换货或其他弥补措施。对于具有权属证明的资产，取得时必须有合法的权属证书 （2）重视和加强固定资产的投保工作。企业应当通盘考虑固定资产状况，根据其性质和特点，确定和严格执行固定资产的投保范围和政策。投保金额与投保项目力求适当，对应投保的固定资产项目按规定程序进行审批，办理投保手续，规范投保行为，应对固定资产损失风险。对于重大固定资产项目的投保，应当考虑采取招标方式确定保险人，防范固定资产投保舞弊。已投保的固定资产发生损失的，及时调查原因及受损金额，向保险公司办理相关的索赔手续
		资产登记造册	固定资产登记内容不完整，可能导致资产流失、资产信息失真、账实不符	（1）根据固定资产的定义，结合自身实际情况，制定适合本企业的固定资产目录，列明固定资产编号、名称、种类、所在地点、使用部门、责任人、数量、账面价值、使用年限、损耗等内容，有利于企业了解固定资产使用情况的全貌 （2）按照单项资产建立固定资产卡片，资产卡片应在资产编号上与固定资产目录保持对应关系，详细记录各项固定资产的来源、验收、使用地点、责任单位和责任人、运转、维修、改造、折旧、盘点等相关内容，便于固定资产的有效识别

（续表）

编号	具体层面	风险描述	关键控制措施参考
3	固定资产	固定资产操作不当、失修或维护过剩，可能造成资产使用效率低下、产品残次率高，甚至发生生产事故或资源浪费	（1）固定资产使用部门会同资产管理部门负责固定资产日常维修、保养，将资产日常维护流程体制化、程序化、标准化，定期检查，及时消除风险，提高固定资产的使用效率，切实消除安全隐患 （2）固定资产使用部门及管理部门建立固定资产运行管理档案，并据以制定合理的日常维修和大修理计划，并经主管领导审批 （3）固定资产实物管理部门审核施工单位资质和资信，并建立管理档案；修理项目应分类，明确需要招投标的项目。修理完成，由施工单位出具交工验收报告，经资产使用和实物管理部门核对工程质量并审批。重大项目应专项审计 （4）企业生产线等关键设备的运作效率与效果将直接影响企业的安全生产和产品质量，操作人员上岗前应由具有资质的技术人员对其进行充分的岗前培训，特殊设备实行岗位许可制度，需持证上岗，必须对资产运转进行实时监控，保证资产使用流程与既定操作流程相符，确保安全运行，提高使用效率
		固定资产更新改造不够，可能造成企业产品线老化、缺乏市场竞争力	（1）定期对固定资产技术先进性进行评估，结合盈利能力和企业发展可持续性，资产使用部门根据需要提出技改方案，与财务部门一起进行预算可行性分析，并且经过管理部门的审核批准 （2）管理部门需对技改方案实施过程适时监控、加强管理，有条件的企业应建立技改专项资金并定期或不定期审计
		固定资产丢失、毁损等造成账实不符或资产贬值严重	（1）财务部门需定期组织固定资产使用部门和管理部门进行清查，明确资产权属，确保实物与卡、财务账表相符，在清查作业实施之前应编制清查方案，经过管理部门审核后进行相关的清查作业 （2）在清查结束后，清查人员需要编制清查报告，管理部门需就清查报告进行审核，确保真实性、可靠性 （3）对于清查过程中发现的盘盈（盘亏），应分析原因，追究责任，妥善处理，报告审核通过后及时调整固定资产账面价值，确保账实相符，并上报备案

（续表）

编号	具体层面		风险描述	关键控制措施参考
3	固定资产	抵押、质押	固定资产抵押制度不完善，可能导致抵押资产价值低估和资产流失	（1）加强固定资产抵押、质押的管理，明晰固定资产抵押、质押流程，规定固定资产抵押、质押的程序和审批权限等，确保资产抵押、质押经过授权审批及适当程序。同时，应做好相应记录，保障企业资产安全 （2）财务部门办理资产抵押时，如需要委托专业中介机构鉴定评估固定资产的实际价值，应当会同金融机构有关人员、固定资产管理部门、固定资产使用部门现场勘验抵押品，对抵押资产的价值进行评估。对于抵押资产，应编制专门的抵押资产目录
		固定资产处置	固定资产处置方式不合理，可能造成企业的经济损失	企业应当建立健全固定资产处置的相关制度，区分固定资产不同的处置方式，采取相应控制措施，确定固定资产处置的范围、标准、程序和审批权限，保证固定资产处置的科学性，使企业的资源得到有效的运用

【案例 18-1】固定资产（计算机）、数据资产双双丢失

一、具体角色

G：某公司

C：公司员工

W：公司员工

二、背景介绍

按照 G 公司工作计划，C 与 W 在 2019 年 10 月一同前往瑞典参加交流活动。活动十分顺利，二人于当地时间 10 月 20 日下午 4 点抵达哥德堡机场，准备返程。离登机时间尚早，二人在机场走走逛逛借以打发时间。当 C 在机场信息台整理随身行李时，他随手将自己的双肩包放在信息台旁的桌子上，这时有两名外籍人士走近询问自助值机的方法，热心的 C 立刻帮忙解答。几分钟后外籍人士离开了，C 回头继续收拾东西时发现自己放在桌上的双肩包不翼而飞。

C 慌了神，立刻四下询问，同行的 W 记得当时信息台附近坐着一个小伙儿，此时也已不见踪影了。二人在机场没有找到值班警察，无奈之下 C 使用机场服务台的电话报警，警察简单询问了事情经过，没有出警。W 又联系了中国驻瑞典大使馆，工作人员建议他们报警处理。随后 C 找机场安保人员要求调取监控录像，机场安保人员答复

C 未找到双肩包。由于报警、查监控耗费了大量时间，机场广播已通知登机，二人只好匆匆登上飞机返回中国，C 的双肩包及包里的笔记本电脑仍下落不明。

三、思考

鉴于资产管理内部控制的重要性，员工应当时刻树立资产安全意识，企业应当加强内部控制管理理念宣传。

第19章
资金活动的内部控制

企业资金的最初来源主要是股东对企业的投资和企业从银行借款或发行债券。在生产过程中，企业购买材料、设备，支付人工成本和其他费用，通过销售产成品收回货币资金进行再生产。

当企业有可分配利润时，应向股东分配利润；当借款或债券到期时，应还本付息。当企业拥有较多资金时，可以进行投资，以期获得一定的投资收益，提高资金利用效率；当资金短缺时，企业可将部分投资的金融产品出售，以满足生产经营对资金的需求。

企业资金活动一般包括投资活动、筹资活动、衍生金融工具、资金管理等部分。

加强企业资金活动的内部控制管理可以维护资金的安全与完整，防范资金活动风险，提高资金效益，促进企业健康发展。

第1节　投资活动管理概述及业务流程

一、投资活动管理概述

企业的投资活动是指企业长期资产的构建和不包括在现金等价物范围内的投资及其处置活动。它分为短期投资和长期投资，是筹资活动的一种延续，同时也是筹资的重要目的之一。

二、投资活动业务流程

企业可以根据投资活动业务流程（如图 19-1 所示），结合自身的实际情况及管理要求，制定企业专属的投资活动业务管理流程。

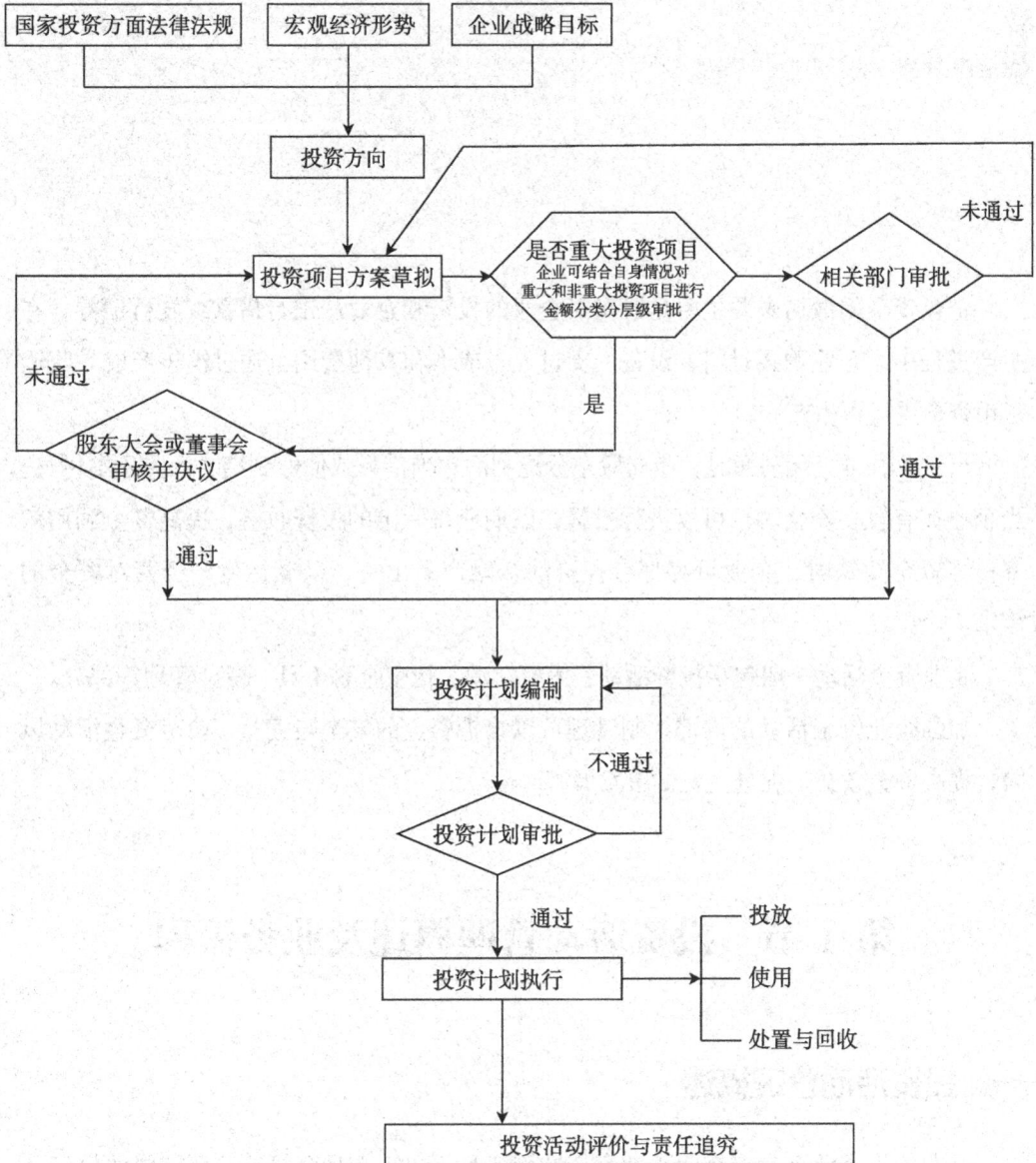

图 19-1　投资活动业务流程

第 2 节　筹资活动管理概述及业务流程

一、筹资活动管理概述

筹资活动是企业资金活动的起点，也是企业整个经营活动的基础。通过筹资活动，企业取得投资和日常生产经营活动所需的资金，从而使企业投资、生产经营活动能够顺利进行。企业应当根据经营和发展战略的资金需要，确定融资战略目标和规划，结合年度经营计划和预算安排，拟定筹资方案，明确筹资用途、规模、结构和方式等相关内容，对筹资成本和潜在风险做出充分估计，若是境外筹资，还必须考虑所在地的政治、经济、法律和市场等因素。

筹资活动的内部控制，不仅能决定企业能不能顺利筹集生产经营和未来发展所需资金，而且能决定企业以什么样的筹资成本筹集资金，以什么样的筹资风险筹集所需资金，并决定企业所筹集资金最终的使用效益。因此，企业应当做好风险与收益的权衡。

二、筹资活动业务流程

企业筹资活动的业务流程主要包括以下几个环节：筹资方案论证、筹资方案审批、筹资计划编制与执行、筹资活动的监督、评价与责任追究等。

企业可以根据筹资活动业务流程（如图 19-2 所示），结合自身的实际情况及管理要求，制定企业专属的筹资活动业务管理流程。

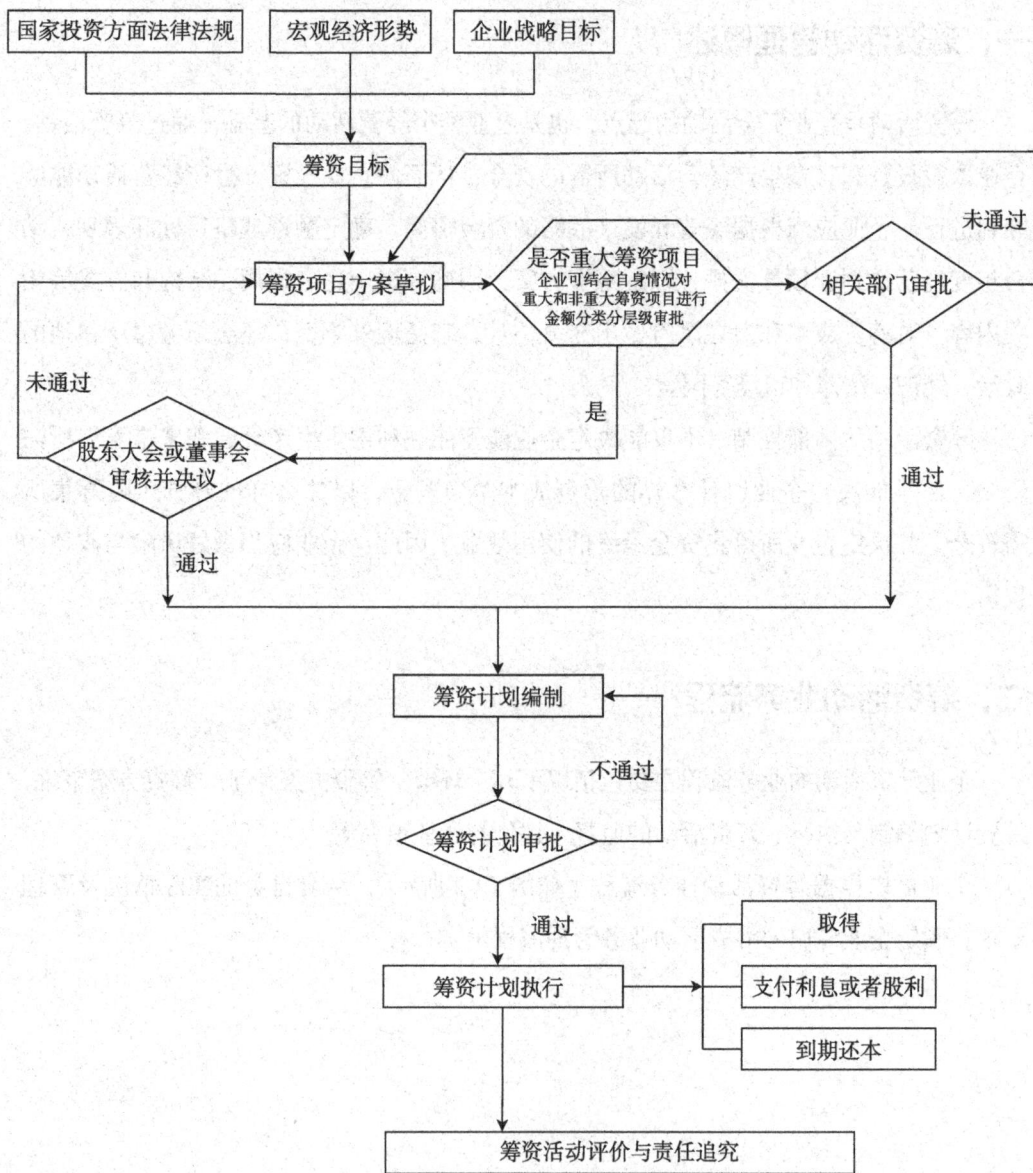

图 19-2　筹资活动业务流程

第 3 节　衍生金融工具管理概述及业务环节

一、衍生金融工具管理概述

衍生工具是指具有下列特征的金融工具或其他合同协议：其价值随特定利率、金融工具价格、商品价格、汇率、价格指数、费率指数、信用等级、信用指数或其他类似变量的变动而变动，属于非金融变量的，该变量应与合同协议的任何一方不存在特定关系；不要求初始净投资或与市场情况变化有类似反应的其他类型合同协议相比，要求很少的初始净投资，在未来某一日期结算。

金融工具，是指形成一个企业的金融资产，并形成其他单位的金融负债或权益工具的合同协议。

衍生工具包括远期合同、期货合同、互换和期权，以及具有远期合同、期货合同、互换和期权中一种及以上特征的工具。嵌入衍生工具，是指嵌入到非衍生工具（即主合同）中，使混合工具的全部或部分现金流量随特定利率、金融工具价格、商品价格、汇率、价格指数、费率指数、信用等级、信用指数或其他类似变量的变动而变动的衍生工具。嵌入衍生工具与主合同构成混合工具，如可转换公司债券等。

衍生金融工具主要有以下特点。

衍生性：衍生金融工具一般以一个或几个基本金融工具作为标的。

契约性与未来性：衍生金融工具是面向未来的代表权利义务关系的合约。

杠杆性：衍生金融工具的初始净投资很少（甚至可以为零），经常采用保证金交易的方式，结算时一般采用净值交割。

风险转移性：衍生品交易能够将风险在交易者之间进行转移。

创新性：衍生金融工具处于不断发展创新之中。

二、衍生金融工具业务环节

（一）岗位分工及授权审批控制

岗位分工、权限范围和审批程序应当明确规范，机构设置和人员配备应当科学合理，具体包括以下控制政策和措施。

（1）企业应当建立衍生工具的岗位责任制，明确相关部门和岗位的职责权限，确保授权、交易执行、交易确认、结算、监督、记录及文档管理等不相容职务相互分离、制约和监督。对从事衍生工具业务的人员，应当实行轮换及强制休假制度。

（2）配备相关专业人员、合理设置相关机构，切实加强对衍生工具风险管理。委派具备相关资格的专业人员从事衍生工具交易，并配备相应的交易监督人员，同时，加强上述人员的职业道德、专业知识和技能培训。

在董事会下设立风险管理委员会或类似机构，制定衍生工具业务等相关的风险管理政策和程序，核准衍生工具交易决策。

审计委员会及企业内部审计部门，应当加强对衍生工具业务相关风险控制政策和程序的评价和监督，及时识别相关的内部控制缺陷并采取补救措施。

（3）企业应当建立向董事会提供关于衍生工具业务报告的制度，明确报告的类型、内容、报告的时间及频率，并明确从事衍生工具业务的每一岗位在组织中的报告关系。

（4）风险管理委员会应就相关的交易情况向董事会报告。企业内部审计部门应就衍生工具业务相关风险控制政策和程序的评价和监督向审计委员会报告。董事会应当根据风险管理委员会和审计委员会的报告，定期或不定期对现行的衍生产品风险管理政策和程序进行评价，确保其与企业的资本实力和管理水平一致。

（二）衍生金融工具业务环节

衍生金融工具业务环节主要可以分为根据宏观经济形势、战略目标等拟定方案并经相关审批，建立报告制度、授权审批制度、风险评估制度等。

第4节　资金管理概述及业务环节

一、资金管理概述

资金是企业流动性最强、控制风险最高的资产，是企业生存和发展的基础。为加强企业对资金的内部控制，保证资金安全，提高资金使用效益，企业必须加强资金管理与控制。

　　企业应当根据自身发展战略,科学确定投融资目标和规划,完善严格的资金授权、批准、审验等相关管理制度,加强资金管理活动的集中归口管理,明确筹资、投资、营运等各环节的职责权限和岗位分离要求,定期或不定期检查和评价资金活动情况,落实责任追究制度,确保资金安全和有效运行。

二、资金管理业务环节

　　企业资金管理是企业各个环节中相当关键的一部分,可以保证资金价值运动的安全、完整、有效,是企业的"守财"与"生财"部分,企业资金管理应按照设计严密的流程进行控制。资金管理基本环节包括审批、复核、收付、记账、对账、银行账户管理、票据与印章管理等。

第 5 节　资金活动的内部控制目标、主要风险及管控措施

一、资金活动的内部控制目标

(一)投资活动的内部控制目标

投资活动的内部控制目标主要包括但不限于以下几点:

(1)按照规定权限和程序对投资项目进行决策审批;

(2)建立科学、完整的投资实施方案,全面、及时地跟踪投资项目;

(3)投资项目要符合国家法律法规及企业内部的规章制度;

(4)重大投资项目应当按照规定权限和程序实行集体决策或联签制度;

(5)确保投资项目建议书和可行性研究报告内容真实,支持投资的可行性依据充分、恰当;

(6)按时收回投入资金,实现预期收益,保证投资账面价值的真实、完整;

（7）规范投资管理活动，保证投资安全，及时收取和提高投资回报。

（二）筹资活动的内部控制目标

筹资活动的内部控制目标主要包括但不限于以下几点。

（1）保证筹资方案符合企业整体发展战略，保证筹措到企业生产经营和发展所需的资金。

（2）保证资金安全与合理使用，按合同规定偿还企业的债务。

（3）建立职责分工明确、权限划分明确、人员配备合理的组织管理体系。

（4）保证筹资方案的拟订与审批、筹资合同协议的审核与签订、筹集资金的收取和使用及还本付息的审批与办理程序明确、合理。保证筹资核算真实、准确、完整。

（5）建立规范的筹资决策、执行与偿付控制体系。

（6）保持合理的负债水平和负债结构，降低筹资成本。

（三）衍生金融工具的内部控制目标

衍生金融工具的内部控制目标主要包括但不限于以下几点：

（1）所购买的衍生金融工具能符合企业的投资目的和方向，能够保证企业投资目的的实现，确保符合企业战略要求；

（2）明确衍生金融工具的选择、购买、持有及处理有明确的授权审批程序，明确相应权责；充分对衍生金融工具进行风险评估。

（四）资金管理的内部控制目标

资金管理的内部控制目标主要包括但不限于以下几点。

（1）资金的收付以业务发生为基础，保证资金管理记录真实、准确、完整，财务部门需进行严格复核。

（2）严格履行授权分级审批制度，严格监督资金支付，避免资金流失。

（3）确保职责分工明确，确保资金管理活动岗位分工按照不相容岗位分离原则来进行设计设置。

（4）保持生产经营各环节资金供求的动态平衡。企业应当将资金合理安排到采购、生产、销售等各环节，做到实物流和资金流的相互协调、资金收支在数量上及在时间上相互协调，促进资金的合理循环与周转。

（5）确保资金安全。

二、资金活动的主要风险及管控措施

企业的资金活动大概可以分为四类：投资活动、筹资活动、衍生金融、资金管理。在资金活动的过程中，可能存在各种问题及潜在风险，企业应当至少关注以下风险，并制定相关防控措施。

（一）投资活动的主要风险及管控措施

投资活动主要可以分为投资方案的提出、投资方案审批、编制投资计划、实施投资方案、投资后的跟踪、投资资产处置控制等环节。在投资活动过程中，可能存在各种问题及潜在风险，企业应当至少关注以下风险，并制定相关防控措施，如表 19-1 所示。

表 19-1　投资活动的主要风险及管控措施

编号	具体层面	风险描述	关键控制措施参考
1	投资方案的提出	投资项目或被投资企业未经科学、严密的评估和论证，或者没有经过专业机构的独立评估，可能因为决策失误而导致重大损失	（1）进行投资方案的战略性评估，包括是否与企业发展战略相符合 （2）评估投资规模、方向和时机是否适当 （3）对投资方案进行技术、市场、财务可行性研究，深入分析项目的技术可行性与先进性、市场容量与前景，以及项目预计现金流量、风险与报酬，比较或评价不同项目的可行性
2	投资方案审批	（1）追加投资行为不规范或没有经过严格审批，可能给企业造成经济损失和信誉损失 （2）投资业务未经适当审批或超越授权审批，可能产生重大差错或舞弊、欺诈行为，从而导致损失	（1）明确审批人对投资业务的授权批准方式、权限、程序和责任，不得越权 （2）审批中应实行集体决策审议或者联签制度 （3）与有关被投资方签署投资协议
3	编制投资计划	投资计划编制不全面、不完善	（1）核查企业当前的资金及正常生产经营预算对资金的需求量，积极筹措投资项目所需资金 （2）制定详细的投资计划，并根据授权审批制度报有关部门审批

（续表）

编号	具体层面	风险描述	关键控制措施参考
4	实施投资方案	投资行为违反国家法律法规，可能遭受外部处罚、经济损失和信誉损失	（1）根据投资计划进度，严格分期、按进度适时投放资金，严格控制资金流量和时间 （2）以投资计划为依据，按照职务分离制度和授权审批制度，各环节和各责任人应正确履行审批监督责任，对项目实施过程进行监督和控制，防止各种舞弊行为，保证项目建设的质量和进度要求 （3）做好严密的会计记录，发挥财务控制的作用 （4）做好跟踪分析工作，及时评价投资的进展，将分析和评价的结果反馈给决策层，以便及时调整投资策略或制定投资退出策略
5	投资后的跟踪	（1）投资的收回不按规定权限和程序进行审批或投资收回协议签订不合理，可能导致企业资金和资产的流失和浪费 （2）投资核销没有经过充分调研或没有经过严格审批，可能导致企业资产虚增或资产流失，造成资金和资产浪费	（1）指定专人跟踪投资项目或企业的运营情况，索取会计报告、运营分析等数据，关注投产后的相关问题及提出解决方案。定期分析项目或企业的运营情况，专门形成分析制度，将企业运营情况上报决策层 （2）要定期评估投资的成效，确定投资资产的价值，对资产减值情况进行评估，并决定信息披露的内容和方式
6	投资资产处置控制	（1）资产减值的确定和审批不合理、不规范，可能导致企业资产虚增或资产流失，造成资金和资产浪费及损失 （2）资产减值的会计处理不规范或没有经过严格审批，可能导致资产账目混乱，增加管理成本或因资产减值会计披露不当而造成企业外部投资者的决策失误	（1）投资资产的处置应该通过专业中介机构，选择相应的资产评估方法，客观评估投资价值，同时确定处置策略 （2）投资资产的处置必须经过董事会的授权批准

（二）筹资活动的主要风险及管控措施

筹资活动主要可以分为筹资方案提出、筹资方案审批、筹资计划制定、筹资活动的实施、筹资活动评价与责任追究、财务控制等环节。在筹资活动过程中，可能存在各种问题及潜在风险，企业应当至少关注以下风险并制定相关防控措施，如表 19-2 所示。

表 19-2　筹资活动的主要风险及管控措施

编号	具体层面	风险描述	关键控制措施参考
1	筹资方案提出	（1）筹资方案没有考虑筹资成本和风险评估等因素，可能产生重大差错、舞弊或欺诈行为，从而使企业遭受损失 （2）筹资方案的选择没有考虑企业的经营需要，筹资结构安排不合理，筹资收益少于筹资成本，可能造成企业到期无法偿还利息	（1）进行筹资方案的战略性评估，包括是否与企业发展战略相符合，筹资规模是否适当 （2）进行筹资方案的经济性评估，如筹资成本是否最低，资本结构是否恰当，筹资成本与资金收益是否匹配 （3）进行筹资方案的风险性评估，如筹资方案面临哪些风险，风险大小是否适当、可控，是否与收益匹配
2	筹资方案审批	筹资分析报告未经适当审批或超越授权审批，可能产生重大差错或舞弊、欺诈行为而使企业遭受损失	（1）根据分级授权审批制度，按照规定程序严格审批经过可行性论证的筹资方案 （2）审批中应实行集体审议或联签制度，保证决策的科学性
3	筹资计划制定	筹资计划没有依据上期预算的完成情况编制，可能导致筹资决策失误，进而造成企业负债过多，增加财务风险	（1）根据筹资方案，结合当时的经济形势和企业能力，分析不同筹资方式的资金成本，正确选择筹资方式和不同方式的筹资数量，财务部门或资金管理部门制定具体筹资计划 （2）根据授权审批制度报有关部门批准
4	筹资活动的实施	（1）筹资活动违反国家法律、法规，可能遭受外部处罚、经济损失和信誉损失或资金冗余及债务结构不合理，进而造成筹资成本过高 （2）筹资授权未以授权书为准，而是逐级授权、口头通知，可能产生重大差错或舞弊、欺诈行为，从而使企业遭受损失	（1）按筹资计划进行筹资 （2）签订筹资协议，明确权利和义务 （3）按照职务分离与授权审批制度，各环节和各责任人正确履行审批监督责任，实施严密的筹资程序控制和职务分离控制 （4）做好严密的筹资记录，发挥会计控制的作用

（续表）

编号	具体层面	风险描述	关键控制措施参考
5	筹资活动评价与责任追究	筹资活动的效益未与筹资人员的绩效挂钩，则会导致追究筹资决策责任时无法落实到具体的部门及人员	（1）促成各部门严格按照确定的用途使用资金 （2）监督检查、督促各环节严密保管好未发行的股票、债券 （3）监督检查、督促正确计提、支付利息 （4）加强债务偿还和股利支付环节的监督管理 （5）评价筹资活动过程，评估筹资活动效果，反思成效与不足，追究违规人员责任
6	财务控制	债务过高、资金安排不当、不能按期偿债、资金管理不当等，就会造成资金流失或因筹资记录不真实，而使得账实不符、筹资成本信息不真实	妥善进行资金安排，真实、准确记录企业筹资活动

（三）衍生金融工具的主要风险及管控措施

衍生金融工具主要可以分为衍生金融工具战略目标、方案确定、建立报告制度、建立授权审批制度、职责分工、风险评估、财务控制等环节。在这些环节中，可能存在各种问题及潜在风险，企业应当至少关注以下风险，并制定相关防控措施，如表19-3所示。

表 19-3　衍生金融工具的主要风险及管控措施

编号	具体层面	风险描述	关键控制措施参考
1	衍生金融工具战略目标	企业的战略与衍生金融工具的不匹配，可能成为企业实现战略目标的阻碍	使企业的战略与衍生金融工具匹配，使衍生金融工具的性能、数量、金额等与企业目标相匹配。当衍生金融工具不能实现企业战略或与企业战略有偏差时，能及时纠偏
2	方案确定	衍生交易筹划监督不充分，使企业衍生交易筹划方案质量不高，会导致风险增大	确保方案经过充分论证，充分监督衍生交易筹划

（续表）

编号	具体层面	风险描述	关键控制措施参考
3	建立报告制度	（1）衍生金融工具交易未按照规定建立持仓预警报告和交易止损机制，可能会导致企业的风险增加甚至遭受损失 （2）风险管理委员会不能及时就风险评估的结果向董事会报告，可能导致衍生金融工具交易不能顺利开展	建立报告制度，及时报告金融衍生产品品种、数量、金额、持有期间、偏差评估机制等
4	建立授权审批制度	（1）衍生金融工具业务风险评估实施方案不能适当审批或超越授权审批，可能会产生重大差错或舞弊、欺诈行为，从而使企业遭受损失 （2）衍生金融工具交易未经适当审核或超越授权审批，可能会产生重大差错或舞弊、欺诈行为，从而使企业遭受损失	建立严格的授权审批制度。对于不同类型的衍生产品，制定相应的授权审批制度，明确不同岗位人员的权责，以及紧急时期的特殊报告制度
5	职责分工	职责分工、权限范围和审批程序不明确、不规范或机构设置和人员配备不合理，会导致衍生金融工具交易不能适当审核或超越授权审批	建立明确的不相容职务分离制度。要相应分设衍生产品的选择、决策、交易、出售、评估、资金的划转等不相容职务，不能让一个人做完业务的全过程
6	风险评估	衍生金融工具交易的风险评估不够充分可靠，可能导致决策层做出错误决策，进而使企业遭受意外损失	（1）确认企业对风险的评估及承受能力。企业要形成对风险的承受、规避、分担、降低等的措施及承受能力。结合衍生产品的特性，评估衍生产品的风险，确定企业的对策 （2）建立业务的止损制度。根据不同产品的风险特性，设置相应的止损点，当达到止损点时，要果断、及时进行平仓，以减少企业损失
7	财务控制	衍生金融工具交易未能准确、及时、有序地记录和传递交易指令，可能会导致企业丧失交易机会或遭受交易损失	交易记录环节要全面、及时、完整；买入、卖出、市场公允价值的变动、资金的转入和转出等要详细记录，确保每一次交易均有记录，保证交易的可追溯性

（四）资金管理的主要风险及管控措施

资金管理主要需要关注几个控制点：审批控制点、复核控制点、收付控制点、记账控制点、对账控制点、银行账户管理控制点、票据与印章管理控制点，这些环节都容易出现问题，滋生舞弊风险。企业应当至少关注以下风险，并制定相关防控措施，如表 19-4 所示。

表 19-4　资金管理的主要风险及管控措施

编号	具体层面	风险描述	关键控制措施参考
1	审批控制点	（1）资金使用违反国家法律、法规，企业可能会遭受外部处罚、经济损失和信誉损失 （2）资金未经适当审批或超越授权审批，可能会产生重大差错或舞弊、欺诈行为，从而使企业遭受损失 （3）资金记录不准确、不完整，可能会造成账实不符或导致财务报表信息失真 （4）有关单据遗失、变造、伪造、非法使用等，会导致资产损失、法律诉讼或信用损失	（1）制定资金的限制接近措施，经办人员进行业务活动时应该得到授权审批，任何未经授权的人员不得办理资金收支业务 （2）使用资金的部门应提出用款申请，记载性质、用途、金额、时间等事项 （3）经办人员在原始凭证上签章，经办部门负责人、主管经理和财务部门负责人审批并签章。根据权限划分，需要上报更高级别领导审批的，上报相应领导审批 （4）对于资金的收取，只有经过相应的部门同意，并由其明确表示资金的性质、来源、用途等，财务人员才可办理收取手续 （5）对于重要业务或金额较大的业务，应该由不同的人员进行两次复核
2	复核控制点	（5）职责分工不明确、机构设置和人员配备不合理，会导致资产损失、法律诉讼或信用损失 （6）不按相关规定进行银行账户的核对，会导致相关账目核对程序混乱 （7）银行账户的开立不符合国家有关法律法规要求，可能会导致企业受到处罚及资金损失	（1）会计主管审查原始凭证反映的收支业务是否真实合法，经审核通过并签字盖章后才能填制原始凭证 （2）凭证上的主管、审核、出纳和制单等印章应齐全。财务经理要审核票据的真实性、合法性，及是否符合企业的规章制度，同时要兼顾审核业务发生的真实性。出纳人员要审核审批程序的完整性、票据的合法性等方面，不符合要求的一律不予付款

（续表）

编号	具体层面	风险描述	关键控制措施参考
3	收付控制点	（1）资金使用违反国家法律、法规，企业可能会遭受外部处罚、经济损失和信誉损失	（1）出纳人员按照审核后的原始凭证收付款，并对已完成收付的凭证加盖戳记，并登记日记账 （2）出纳人员要及时核对银行账户信息，特别是大额的资金收付，一定要实时核对是否到账、划出等，并和付款方、收款方及时沟通，确保第一时间掌握资金动向 （3）主管会计人员应及时准确地完善相关账簿，定期与出纳人员的日记账核对
4	记账控制点	（2）资金未经适当审批或超越授权审批，可能会产生重大差错或舞弊、欺诈行为，从而使企业遭受损失 （3）资金记录不准确、不完整，可能会造成账实不符或导致财务报表信息失真 （4）有关单据遗失、变造、伪造、非法使用等，会导致资产损失、法律诉讼或信用损失 （5）职责分工不明确、机构设置和人员配备不合理，会导致资产损失、法律诉讼或信用损失	（1）出纳人员应严格根据资金收付凭证登记日记账，会计人员根据相关凭证登记有关明细分类账；登账时要准确登记金额、时间、摘要等内容。特别是摘要，一定要简明扼要，明晰表达业务性质 （2）主管会计根据凭证汇总表登记总分类账，及时与相关明细账核对 （3）银行对账单的核对要由出纳人员以外的人员负责。最好是会计主管人员亲自进行，对于未达账项，要切实查清原因，并不断跟踪进展，避免长期未达账项的出现
5	对账控制点	（6）不按相关规定进行银行账户的核对，会导致相关账目核对程序混乱 （7）银行账户的开立不符合国家有关法律法规要求，可能导致企业受到处罚及资金损失	（1）账证核对，将账簿同相关会计凭证进行核对，保证账簿记录是正确的，且来自会计凭证 （2）账账核对，将明细账和总账相核对，保证数据一致 （3）账表核对，将总账和会计报表相核对，保证会计报表数据与总账的一致性。同时，会计报表之间也要加以核对，保证勾稽关系的正确 （4）账实核对，要定期将实物和明细账相核对，定期进行财产清查和债权债务的对账等工作。特别是对于现金、银行存款、商业票据等，要不定期进行抽查，避免发生舞弊等现象

（续表）

编号	具体层面	风险描述	关键控制措施参考
6	银行账户管理控制点	（1）资金使用违反国家法律、法规，企业可能会遭受外部处罚、经济损失和信誉损失 （2）资金未经适当审批或超越授权审批，可能会产生重大差错或舞弊、欺诈行为，从而使企业遭受损失 （3）资金记录不准确、不完整，可能会造成账实不符或导致财务报表信息失真	（1）银行账户的开立、使用和撤销必须有授权 （2）严格执行限制接近原则，只能由获得授权的人员进行银行账户的操作 （3）严格按照《支付结算办法》等国家有关规定加强银行账户的管理，办理存款、取款和结算。不得出租或出借账户 （4）所有业务必须进入企业指定的账户，不得另立账户或不入账户，开设账外账
7	票据与印章管理控制点	（4）有关单据遗失、变造、伪造、非法使用等，会导致资产损失、法律诉讼或信用损失 （5）职责分工不明确、机构设置和人员配备不合理，会导致资产损失、法律诉讼或信用损失 （6）不按相关规定进行银行账户的核对，会导致相关账目核对程序混乱 （7）银行账户的开立不符合国家有关法律法规要求，可能导致企业受到处罚及资金损失	（1）限制接近原则的使用，只能由获得授权的人员接触票据和印章 （2）印章的保管要贯彻不相容职务分离的原则，严禁将办理资金支付业务的相关印章和票据集中一人保管，印章要与空白票据分管，财务专用章要与企业法人章分管 （3）保存好空白票据和作废票据，并按序号登记，保证票据的全面性 （4）不定期抽查票据与印章的管理，保证规定的执行到位 （5）要落实回避原则，财务负责人的近亲属不得掌管印章和票据等

第20章
财务报告的内部控制

财务报告是指企业对外提供的反映企业某一特定日期财务状况和某一会计期间经营成果、现金流量等会计信息的文件。

财务报告是综合反映企业经营效果和效率的文件，是其他模块内部控制制度是否有效运行的综合体现。财务报表的编制和披露内部控制制度是会计信息准确、有用、及时、完整的重要保证，也是企业风险控制的重要依据。财务报告不真实、不完整，往往是企业的一大风险源。

第1节　财务报告概述及基本流程

一、财务报告概述

（一）财务报告的含义

（1）财务报告应当综合反映企业整体的经营状况，包括某一时间点的财务状况和某一时期的经营成果及现金流量等情况。

（2）财务报告必须是一个系统性的文件，而不是零星而不完整的信息报告。

（3）财务报告应当对外进行披露，其服务对象主要是投资者、债权人等外部使用者，专门为了内部管理需要制作的、特定目的的报告不属于财务报告的范畴。

财务报告是企业会计确认与计量最终结果的体现，使用者主要通过财务报告来了解企业当前的财务状况、经营成果及现金流量等情况，进而预测企业未来的发展趋势。

因此，财务报告是向投资者等财务报告使用者提供决策信息的重要渠道，也是投资者、债权人等使用者与企业管理层之间沟通信息的桥梁与纽带。

（二）财务报告的组成

财务报告包括财务报表和其他应当在财务报告中披露的相关信息和资料。其中，财务报表由报表本身及其附注两部分构成。

1. 资产负债表

资产负债表反映企业在某一特定日期的财务状况的会计报表。企业编制资产负债表的目的是通过如实反映企业的资产、负债和所有者权益金额及其结构情况，帮助使用者评价企业资产质量及长短期偿债能力、利润分配能力等。

2. 利润表

利润表是反映企业在一定会计期间的经营成果的会计报表。企业编制利润表的目的是通过如实反映企业实现的收入、发生的费用、应当计入当期利润的利得与损失等金额及其结构情况，帮助使用者分析评价企业的盈利能力等情况。

3. 现金流量表

现金流量表是反映企业在一定会计期间的现金和现金等价物流入和流出的会计报表。企业编制现金流量表的目的是通过如实反映企业各项活动的现金流入、流出情况，帮助使用者评价企业的现金流与资金周转能力、偿债能力等情况。

4. 附注

附注是对在资产负债表、利润表、现金流量表和所有者权益变动表等报表中列示项目的文字描述或明细资料，以及对未能在这些报表中列示项目的说明等。企业编制附注的目的是通过对财务报表本身做补充说明，以更加全面、系统地反映企业财务状况、经营成果和现金流量的全貌，突破了揭示项目必须用货币加以计量的局限性，增加会计信息的可理解性。附注有助于向使用者提供更为有用的决策信息，帮助其做出更加科学合理的决策。

5. 其他相关信息

财务报表是财务报告的核心内容，但除了财务报表，财务报告还应当包括其他相关信息，具体可以根据有关法律法规和外部使用者的信息需求而定。例如，企业可以在财务报告中披露其承担的社会责任、对社会的贡献、可持续发展能力等信息，这些信息对于使用者的决策也是有用的，尽管属于非财务信息，无法包括在财务报表中。但是，如果有规定或者使用者有需求，企业应当在财务报告中予以披露，企业也可以自愿在财务报告中披露相关信息。

二、财务报告的基本流程

财务报告流程由财务报告编制阶段、财务报告对外提供与分析利用阶段等组成。企业可根据图 20-1 所示的财务报告的基本流程，在实际操作中，充分结合自身业务特点和管理要求，构建和优化财务报告内部控制流程。

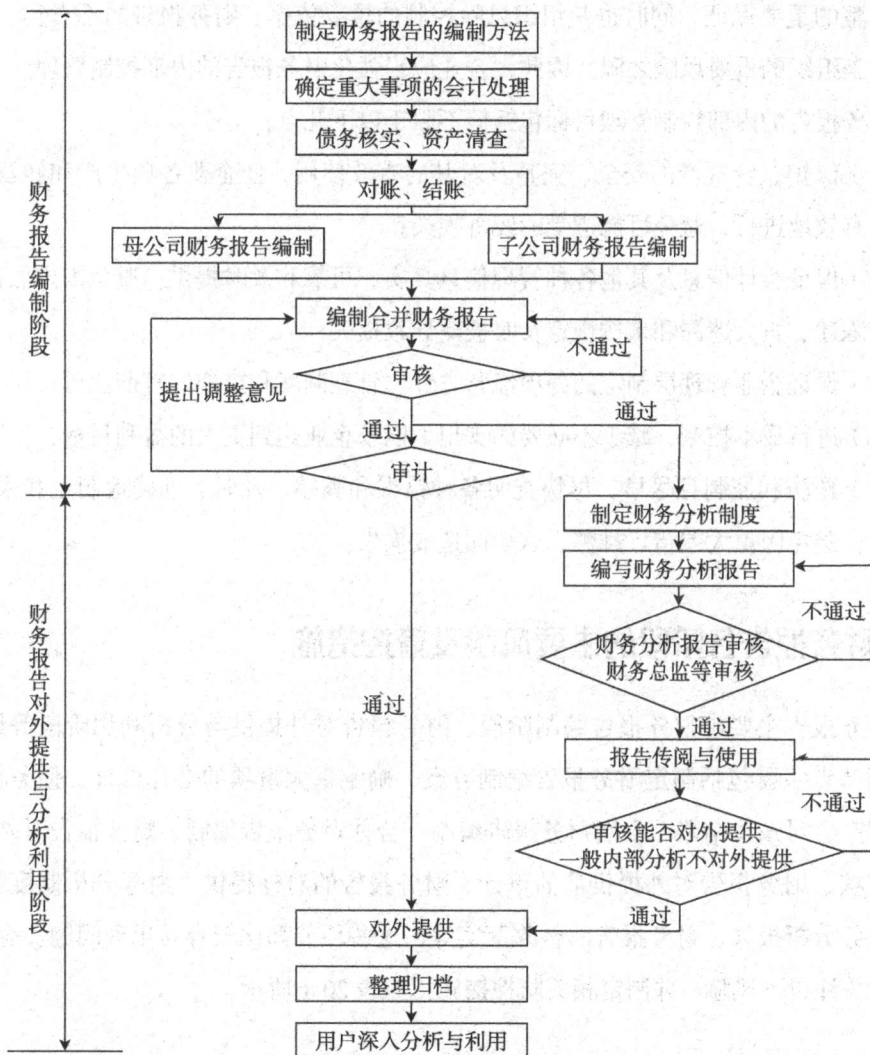

图 20-1　财务报告的基本流程

第 2 节　财务报告的内部控制目标、各阶段的主要风险及管控措施

一、财务报告的内部控制目标

财务报告作为综合反映组织经营效果和效率的文件，是其他内部控制制度是否有效运行的综合体现。财务报告的编制和披露内部控制制度是会计信息准确、有用、及时、完整的重要保证，同时也是组织风险控制的重要依据。财务报告的不真实、不完整往往是组织的重要风险之源。因此，企业应当强化财务报告的内部控制管理。

财务报告的内部控制管理目标包括但不限于以下几点：

（1）保护企业资产的安全、完整及对其的有效使用，使企业各项生产和经营活动有序、有效地进行，避免可能遭受的经济损失；

（2）保证会计信息及其他各种管理信息真实、可靠和及时提供，避免因虚假记载、误导性陈述、重大遗漏和未按规定及时披露导致损失；

（3）保证企业管理层制定的各项经营方针、管理制度和措施的贯彻执行；

（4）进行成本控制，减少不必要的支出，以求企业达到更大的盈利目标；

（5）预防和控制且尽早、尽快查明各种错误和弊端，及时、准确地制定和采取纠正措施，避免因重大差错、舞弊、欺诈而造成损失。

二、财务报告各阶段的主要风险及管控措施

财务报告主要由财务报告编制阶段、财务报告对外提供与分析利用阶段等组成。其关键节点主要包括制定财务报告编制方案、确定重大事项的会计处理、债务核实、清查资产、对账及结账、个别财务报告编制、合并财务报告编制、财务报告对外提供前的审核、财务报告对外提供前的审计、财务报告的对外提供、财务分析制度制定、编写财务分析报告、财务报告的整改落实等，这些环节都比较容易出现问题。企业应当至少关注以下风险，并制定相关防控措施，如表 20-1 所示。

表 20-1　财务报告各阶段的主要风险及管控措施

编号	具体层面		风险描述	关键控制措施参考
1	财务报告编制	制定财务报告编制方案	（1）会计政策未能有效更新，不符合有关法律法规 （2）重要会计政策、会计估计变更未经审批，导致会计政策使用不当 （3）会计政策未能有效贯彻、执行 （4）各部门职责、分工不清，导致数据传递出现差错、遗漏、格式不一致等 （5）各步骤时间安排不明确，导致整体编制进度延后，违反相关报送要求	（1）会计政策应符合国家有关会计法规和最新监管要求的规定。企业应按照国家最新会计准则规定，结合自身情况，制定企业统一的会计政策。企业应由专人关注会计相关法律法规、规章制度的变化及监管机构的最新规定等，并及时对企业的内部会计规章制度和财务报告流程等做出相应修改 （2）对于会计政策和会计估计的调整，无论是强制的还是自愿的，均需按照规定的权限和程序审批 （3）企业的内部会计规章制度至少要经财务部门负责人审批后才能生效，财务报告流程、年报编制方案应当经企业分管财务会计工作的负责人核准后签发 （4）企业应建立完备的信息沟通渠道，将内部会计规章制度和财务流程、会计科目表和相关文件及时有效地传达至相关人员，使其了解相关职责要求、掌握适当的会计知识、会计政策并加以执行。企业还应通过内部审计等方式定期进行测试，保证会计政策有效执行，且在不同业务部门、不同期间内保持一致性 （5）应明确各部门的职责分工，由总会计师或分管会计工作的负责人负责组织领导；财务部门负责财务报告编制工作；各部门应当及时向财务部门提供编制财务报告所需的信息，并对所提供信息的真实性和完整性负责 （6）应根据财务报告的报送要求，倒排工时，为各步骤设置关键时间点，并由财务部门负责督促和考核各部门的工作进度，及时进行提醒，对未能及时完成任务的人员予以相应处罚
		确定重大事项的会计处理	重大事项，如债务重组、非货币性交易、公允价值的计量、收购兼并、资产减值等的会计处理不合理，导致会计信息扭曲，无法如实反映企业实际情况	（1）企业应对重大事项予以关注，通常包括以前年度审计调整及相关事项对当期的影响、会计准则的变化及对财务报告的影响、新增业务及其他新发生的事项及对财务报告的影响、年度内合并汇总报告范围的变化及对财务报告的影响等。企业应建立重大事项的处理流程，报适当管理层审批后，予以执行

（续表）

编号	具体层面		风险描述	关键控制措施参考
1	财务报告编制	确定重大事项的会计处理	重大事项，如债务重组、非货币性交易、公允价值的计量、收购兼并、资产减值等的会计处理不合理，导致会计信息扭曲，无法如实反映企业实际情况	（2）及时沟通需要专业判断的重大会计事项，并确定相应会计处理。企业应规定下属各部门、各单位人员及时将重大事项信息报告至同级财务部门。财务部门应定期研究、分析并与相关部门组织沟通重大事项的会计处理，逐级报请总会计师或分管会计工作的负责人审批后下达各相关单位执行。特别是资产减值损失、公允价值计量等涉及重大判断和估计时，财务部门应定期与资产管理部门进行沟通
		债务核实、清查资产	资产、负债账实不符，虚增或虚减资产、负债；资产计价方法随意变更；提前、推迟甚至不确认资产、负债等	（1）确定具体可行的债务核实、资产清查计划，安排合理的时间和工作进度，配备足够的人员、确定实物资产盘点的具体方法和过程，同时做好业务准备工作 （2）做好各项资产、负债的核实、清查工作，包括与银行核对对账单、盘点库存现金、核对票据；核查结算款项，包括应收款项、应付款项、应交税金等是否存在，与债务、债权单位的相应债务、债权金额是否一致；核查原材料、在产品、自制半成品、库存商品等各项存货的实存数量与账面数量是否一致，是否有报废损失和积压物资等；核查账面投资是否存在，投资收益是否按照国家统一的会计准则规定进行确认和计量；核查房屋建筑物、机器设备、运输工具等各项固定资产的实存数量与账面数量是否一致，清查土地、房屋的权属证明，确定资产归属；核查在建工程的实际发生额与账面记录是否一致等 （3）对清查过程中发现的差异，应当分析原因，提出处理意见，取得合法证据和按照规定权限审批，将核实、清查的结果及其处理办法向企业的董事会或者相应机构报告，并根据国家统一的会计准则进行相应的会计处理
		对账及结账	（1）账务处理存在错误，导致账证、账账不符 （2）虚列或隐瞒收入，推迟或提前确认收入 （3）随意改变费用、成本的确认标准或计	（1）核对各会计账簿记录与会计凭证的内容、金额等是否一致，记账方向是否相符 （2）检查相关账务处理是否符合国家统一的会计准则和企业制定的核算方法 （3）调整有关账项，合理确定本期应计的收入和应计的费用。例如，计提固定资产折旧、计提坏账准备等；各项待摊费用按规定摊配并分别计入本期有关科目；属于本期的应计收益应确认计入本期收入等

（续表）

编号	具体层面		风险描述	关键控制措施参考
1	财务报告编制	对账及结账	量方法，虚列、多列、不列或者少列费用、成本 （4）结账的时间、程序不符合相关规定 （5）关账后又随意打开已关闭的会计期间等	（4）检查是否存在因会计差错、会计政策变更等原因需要调整前期或者本期相关项目的情况。对于调整项目，需取得和保留审批文件，以保证调整有据可依 （5）不得为了赶编财务报告而提前结账或把本期发生的经济业务事项延至下期登账，也不得先编财务报告后结账，应在当期所有交易或事项处理完毕并经财务部门负责人审核签字确认后，实施关账和结账操作 （6）如果在关账之后需要重新打开已关闭的会计期间，须填写相应的申请表，经总会计师或分管会计工作的负责人审批后进行
		个别财务报告编制	（1）提供虚假财务报告，误导财务报告使用者，造成决策失误，干扰市场秩序 （2）报表数据不完整、不准确 （3）报表种类不完整 （4）附注内容不完整等	（1）企业财务报告列示的资产、负债、所有者权益金额应当真实、可靠。一是不得随意变更各项资产计价方法，如有减值，应当合理计提减值准备，严禁虚增或虚减资产。二是各项负债应当反映企业的现时义务，不得提前、推迟或不确认负债，严禁虚增或虚减负债。三是所有者权益应当反映企业资产扣除负债后由所有者享有的剩余权益，由实收资本、资本公积、留存收益等构成。企业应当做好所有者权益保值增值工作，严禁虚假出资、抽逃出资、资本不实 （2）企业财务报告应当如实列示当期收入、费用和利润。一是各项收入的确认应当遵循规定的标准，不得虚列或者隐瞒收入，推迟或提前确认收入。二是各项费用、成本的确认应当符合规定，不得随意改变费用、成本的确认标准或计量方法，虚列、多列、不列或者少列费用、成本。三是利润由收入减去费用后的净额、直接计入当期利润的利得和损失等构成。不得随意调整利润的计算、分配方法，编造虚假利润 （3）企业财务报告列示的各种现金流量由经营活动、投资活动和筹资活动的现金流量构成，应当按照规定划清各类交易和事项的现金流量的界限 （4）按照岗位分工和规定的程序编制财务报告。一是财务部门制定本单位财务报告编制分工表，并由财务部门负责人审核，确保报告编制范围完整。二是财务部门报告编制岗位按照登记完整、核对无误的会计账簿记录和其他有关资料对相关信息进行汇总编制，确保财务报告项目与相关账户对应关系正确，计算公式无误。三是进行校验审核工作，包括期初数核对、财

（续表）

编号	具体层面		风险描述	关键控制措施参考
1	财务报告编制	个别财务报告编制	（1）提供虚假财务报告，误导财务报告使用者，造成决策失误，干扰市场秩序（2）报表数据不完整、不准确（3）报表种类不完整（4）附注内容不完整等	务报告内有关项目的对应关系审核、报表前后勾稽关系审核、期末数与试算平衡表和工作底稿核对、财务报告主表与附表之间的平衡及勾稽关系校验等（5）按照国家统一的会计准则编制附注。附注是财务报告的重要组成部分，企业对反映企业财务状况、经营成果、现金流量的报表中需要说明的事项，应做出真实、完整、清晰的说明。企业应检查担保、诉讼、未决事项、资产重组等重大或有事项是否在附注中得到反映和披露（6）财务部门负责人审核报表内容和种类的真实性、完整性，通过后予以上报
		合并财务报告编制	（1）合并范围不完整（2）合并内部交易和事项不完整（3）合并抵销分录不准确	（1）编报单位财务部门应依据经同级法律事务部门确认的股权结构图，并考虑所有相关情况以确定合并范围符合国家统一的会计准则的规定，由财务部门负责人审核、确认合并范围是否完整（2）财务部门收集、审核下级单位财务报告，并汇总本级次的财务报告，经汇总单位财务部门负责人审核（3）财务部门制定内部交易和事项核对表及填制要求，报财务部门负责人审批后下发纳入合并范围内各单位。财务部门核对本单位及纳入合并范围内各单位之间内部交易的事项和金额，如有差异，应及时查明原因并进行调整。编制内部交易表及内部往来表，并交财务部门负责人审核（4）合并抵销分录应有相应的标准文件和证据进行支持，由财务部门负责人审核（5）对合并抵销分录实行交叉复核制度，具体编制人完成调整分录后即提交相应复核人进行审核，审核通过后才可录入试算平衡表。通过交叉复核，保证合并抵销分录的真实性、完整性
2	财务报告对外提供与分析利用	财务报告对外提供前的审核	在财务报告对外提供前未按规定程序进行审核，对内容的真实性、完整性及格式的合规性等审核不充分	（1）企业应严格按照规定的财务报告编制中的审批程序，由各级负责人逐级把关，对财务报告内容的真实性、完整性，格式的合规性等予以审核（2）企业应保留审核记录，建立责任追究制度（3）财务报告在对外提供前应当装订成册，加盖公章，并由企业负责人、总会计师或分管会计工作的负责人、财务部门负责人签名并盖章

（续表）

编号	具体层面		风险描述	关键控制措施参考
2	财务报告对外提供与分析利用	财务报告对外提供前的审计	财务报告对外提供前未经审计，审计机构不符合相关法律法规的规定，审计机构与企业串通舞弊	（1）企业应根据相关法律法规，选择符合资质的会计师事务所对财务报告进行审计 （2）企业不得干扰审计人员的正常工作，并应对审计意见予以落实 （3）注册会计师及其所在的事务所出具的审计报告，应随财务报告一并提供
		财务报告的对外提供	（1）对外提供未遵循相关法律法规，导致承担相应的法律责任 （2）对外提供的财务报告的编制基础、编制依据、编制原则和方法不一致，影响各方对企业情况做出判断和经济决策 （3）未能及时对外报送财务报告，导致财务报告信息的使用价值降低，同时违反有关法律法规 （4）财务报告在对外提供前泄露或使不应知晓的对象获悉，导致发生内幕交易等，使投资者或企业本身蒙受损失	（1）企业应根据相关法律法规，在企业相关制度中明确负责财务报告对外提供的对象，在相关制度性文件中予以明确并由企业负责人监督，如国有企业应当依法定期向监事会提供财务报告，至少每年一次向本企业的职工代表大会公布财务报告。上市公司的财务报告需经董事会、监事会审核通过后向全社会提供 （2）企业应严格按照规定的财务报告编制中的审批程序，由财务部门负责人、总会计师或分管会计工作的负责人、企业负责人逐级把关，对财务报告内容的真实性、完整性，格式的合规性等予以审核，确保提供给投资者、债权人、政府监管部门、社会公众等各方面的财务报告的编制基础、编制依据、编制原则和方法完全一致 （3）企业应严格遵守相关法律法规和国家统一的会计准则制度对报送时间的要求，在财务报告的编制、审核、报送流程中的每一步骤设置时间点，对未能按时完成的相关人员进行处罚 （4）企业应设置严格的保密程序，对能够接触财务报告信息的人员进行权限设置，保证财务报告信息在对外提供前控制在适当的范围，并对财务报告信息的访问情况予以记录，以便了解情况，及时发现可能的泄密行为，在泄密后也易于找到相应的责任人 （5）企业对外提供的财务报告应当及时整理归档，并按有关规定妥善保存

（续表）

编号	具体层面		风险描述	关键控制措施参考
2	财务报告对外提供与分析利用	财务分析制度制定	制定的财务分析制度不符合企业实际情况，财务分析制度未充分利用企业现有资源，财务分析的流程、要求不明确，财务分析制度未经审批等	（1）企业在对基本情况进行分析时，应当重点了解企业的发展背景，包括企业的发展史、企业组织架构、产品销售及财务资产变动情况等，熟悉企业业务流程，分析研究企业的资产及财务管理活动 （2）企业在制定财务报告分析制度时，应重点关注财务报告分析的时间、组织形式、参加的部门和人员，财务报告分析的内容、分析的步骤、分析方法和指标体系，财务分析报告的编写要求等 （3）财务报告分析制度草案经由财务部门负责人、总会计师或分管会计工作的负责人、企业负责人检查、修改、审批之后，根据制度设计的要求进行试行，发现问题应及时总结上报 （4）财务部门根据试行情况进行修正，确定最终的财务报告分析制度文稿，并经财务部门负责人、总会计师或分管会计工作的负责人、企业负责人进行最终的审批
		编写财务分析报告	（1）财务分析报告的目的不正确或者不明确，财务分析方法不正确 （2）财务分析报告的内容不完整，未对本期生产经营活动中发生的重大事项做专门分析 （3）财务分析局限于财务部门，未充分利用相关部门的资源，影响质量和可用性 （4）财务分析报告未经审核等	（1）相关人员在编写财务分析报告时要明确分析的目的，运用正确的财务分析方法，并能充分、灵活地运用各项资料。分析内容包括以下几点。一是企业的资产分布、负债水平和所有者权益结构，通过资产负债率、流动比率、资产周转率等指标分析企业的偿债能力和营运能力；分析企业净资产的增减变化，了解和掌握企业规模和净资产的不断变化过程。二是分析各项收入、费用的构成及其增减变动情况，通过净资产收益率、每股收益等指标，分析企业的盈利能力和发展能力，了解和掌握当期利润增减变化的原因和未来发展趋势。三是分析经营活动、投资活动、筹资活动现金流量的运转情况，重点关注现金流量能否保证生产经营过程的正常运行，防止现金短缺或闲置 （2）总会计师或分管会计工作的负责人应当在财务分析和利用工作中发挥主导作用，负责组织领导工作。财务部门负责人应审核财务分析报告的准确性，判断是否需要对特殊事项进行补充说明，并对财务分析报告进行补充说明。对于生产经营活动中的重要资料、重大事项及与上年同期数据相比有较大差异的情况，要做重点说明

（续表）

编号	具体层面		风险描述	关键控制措施参考
2	财务报告对外提供与分析利用	编写财务分析报告	（1）财务分析报告的目的不正确或者不明确，财务分析方法不正确 （2）财务分析报告的内容不完整，未对本期生产经营活动中发生的重大事项做专门分析 （3）财务分析局限于财务部门，未充分利用相关部门的资源，影响质量和可用性 （4）财务分析报告未经审核等	（3）企业财务分析会议应吸收有关部门负责人参加，对各部门提出的意见，财务部门应充分沟通、分析，进而修改、完善财务分析报告 （4）修订后的财务分析报告应及时报送企业负责人，企业负责人负责审批分析报告，并据此进行决策，对于存在的问题及时采取措施
		财务报告的整改落实	（1）财务分析报告的内容传递不畅，未能及时使有关各部门获悉 （2）各部门对财务分析报告不够重视，未对其中的意见进行整改落实	（1）定期的财务分析报告应构成内部报告的组成部分，并充分利用信息技术和现有内部报告体系在各个层级上进行沟通 （2）根据财务分析报告的意见，明确各部门职责。责任部门按要求落实改正，财务部门负责监督、跟踪责任部门的落实情况，并及时向有关负责人反馈落实情况

第 4 部分

内部控制报告编制及内部控制
持续优化思路

内部控制建设成果的输出是内部控制从业者的阶段性的总结输出，也是反映企业内部控制水平、内部控制有效性的重要参考资料。

第 1 节　内部控制建设成果的内容

本书第 2 章已介绍过内部控制体系的设计中涉及的方法论，并提到内部控制建设成果的输出，本章不再赘述。

内部控制建设成果应当包括但不限于内部控制手册和内部控制报告等项。

内部控制手册应当包括过程文件的流程图、内部控制制度汇编、不相容职务表、成果矩阵、风险清单等。

（1）流程图。企业业务操作程序以流程图形式呈现，指导各岗位人员进行具体的业务操作。

（2）内部控制制度汇编对企业的内部控制制度进行梳理和罗列。

（3）不相容职务表列示企业中的各不相容职务。

（4）成果矩阵是以制度、流程来进行梳理，根据各业务模块的控制目标，梳理影响目标实现存在的风险，完善风险管理控制措施，通过控制措施的详细表述明确各操作环节的规范要求。

（5）风险清单对各业务流程存在的固有风险进行全面识别，对各风险事件的属性、企业风险管理策略的选择等进行说明。

第2节 内部控制建设成果编写方法

（一）以制度、业务流程梳理企业业务流

1. 企业内部控制制度汇编

企业应当根据内部控制五要素对企业业务进行分层，了解各内部控制要素包含的内容，梳理企业内部控制制度（如表21-1所示），对每个制度进行归总，关注每个业务模块中的内部控制程序设计、不相容职务分离情况及其他相关规定。

表 21-1　企业内部控制制度清单示例

编号	内部控制要素	制度类别	制度名称
1	控制环境	公司治理	公司章程
			股东大会议事规则
			董事会议事规则
			监事会议事规则
			公司治理结构图
			独立董事制度
			董事会秘书工作细则
			董事会审计委员会实施细则
			董事会战略委员会实施细则
			董事会薪酬与考核委员会实施细则
			董事会提名委员会实施细则
		运营管理	经营机构组织架构图
			各部门职责分工
			总裁工作细则
			总裁办公会议事规则
			公司授权管理制度
			子公司管理制度
		战略管理	战略管理制度

（续表）

编号	内部控制要素	制度类别	制度名称
1	控制环境	人力资源	公司招聘管理制度
			公司员工培训管理制度
			公司员工绩效考核管理制度
			员工岗位聘任管理制度
			薪酬福利管理制度
			岗位职责说明书
		企业文化	企业文化管理制度
		社会责任	公司社会责任目标与实施
2	风险评估	内部控制管理	公司内部控制制度
3	控制活动	证券事务（上市企业）	关联交易管理制度
			信息披露管理制度
			募集资金使用管理办法
			独立董事年报工作制度
			审计委员会年报工作规程
			投资者关系管理制度
		预算管理	全面预算管理制度
			全面预算管理实施细则
		资金管理	证券投资管理制度
			长期股权投资管理制度
			项目投资管理制度
			融资管理制度
			资金运营管理制度
		资产管理	无形资产管理制度
			低值易耗品管理制度
			存货管理制度
			固定资产管理制度
			工程项目管理制度
			资产清查制度
			资产处置决策制度

（续表）

编号	内部控制要素	制度类别	制度名称
3	控制活动	研发管理	新产品开发管理制度
			研发项目管理制度
		采购管理	采购管理制度
			供应商管理制度
			委外加工管理制度
			精准保供制度
		生产管理	生产工艺管理制度
			安全生产管理制度
			生产运营管理制度
		质量管理	质量管理制度
		物流管理	物流管理制度
		销售管理	销售管理制度
			销售人员管理制度
			价格管理制度
			客户管理制度
			对外传播管理制度
			应收账款管理制度
		财务管理	财务人员委派制度
			财务机构设置及部门、各主要岗位职责
			财务各主要岗位任职资格
			财务人员考核方案
			财务人员交接制度
			财务人员培训制度
			主要会计政策及会计估计
			核算流程及账务处理
			会计核算基础工作
			财务档案管理制度
			货币资金管理制度
			内部往来管理制度

（续表）

编号	内部控制要素	制度类别	制度名称
3	控制活动	财务管理	成本管理制度
			费用管理制度
			对外担保管理制度
			财务信息系统管理制度
		合同管理	合同管理制度
		综合管理	法律事务管理
			会议管理制度
			文件管理制度
			印章管理制度
			员工出差管理办法
			档案管理制度
			企业形象策划管理规定
4	信息沟通	信息管理	公司内部信息传递制度
			公司信息系统管理制度
5	内部监督	监督管理	内部审计制度
			内部控制评价制度
			反舞弊制度

2. 以制度汇编为基础，以业务流程梳理企业业务流

企业应当依据内部控制制度，梳理企业业务流，业务流程主要可以分为职责分工、流程设计、信息技术应用等方面。

（1）职责分工

根据制度汇编及对业务模块岗位的梳理形成相应的岗位职责说明书，充分发挥各层人员的职责，使整个企业协调有序运行。

对企业存在的岗位进行梳理，注意在梳理的时候务必关注不相容职务分离原则（如表21-2所示），避免产生舞弊风险。若发现存在不相容职务未分离情况，应进行案例记录、提出整改意见并促进其完善。相关人员应梳理相应的岗位职责说明书，岗位职责说明书模板可参考表21-3。

表 21-2　不相容职务汇总表示例

业务类型		内部控制中的不相容职务
全面预算管理（示例）	1. 预算编制（包括预算调整编制）与预算审批	编制预算的人员与审批人员是不相容的。审批人应当根据预算工作授权批准制度在授权范围内进行审批，不得超越审批权限。经办人应当在职责范围内，按照审批人的批准意见办理预算工作。对于审批人超越授权范围审批的预算事项，经办人有权拒绝办理，同时向上级部门报告
	2. 预算审批与预算执行	预算审批与执行工作是不相容的。预算由一人自行审批，自行执行，存在较大的舞弊等风险。执行这两类工作的人员应该各司其职，具有明确的界限，跨过了这个界限，就违背了内部控制关于预算控制的基本规范
	3. 预算执行与预算考核	预算执行人员与对预算进行考核的人员不能由一个人同时担任，这两者属于不相容职务。预算由一人自行执行，自行考核，同样存在较大的舞弊等风险。企业应当配备合格的人员执行预算工作。经办人员应当具备良好的业务素质和职业道德，熟悉国家有关法律法规和本单位的经营业务、管理要求和工作程序
合同管理	1.	
	2.	
信息系统业务	1.	
	2.	
资金管理业务	1.	
	2.	
采购与付款业务	1.	
	2.	
销售与收款业务	1.	
	2.	
工程项目业务	1.	
	2.	
资产管理	1.	
	2.	
筹资与投资业务	1.	
	2.	
成本费用业务	1.	
	2.	

（续表）

业务类型	内部控制中的不相容职务	
担保业务	1.	
	2.	

表 21-3　岗位职责说明书示例

× × 岗位职责说明				
基本信息	岗位名称		直接上级	
	所属部门		直接下属	
	岗位编号		间接下属	
学历及工作 经验要求				
岗位职责	1.			
	2.			
	3.			
应具备技能	1.			
	2.			
	3.			
任职能力 要求	1.			
	2.			
	3.			
岗位绩效 指标	1.			
	2.			
	3.			
本岗位所拥有或 需要的权限				
任职人		任职 时间		填写 日期

（2）流程梳理

①流程梳理应注意以下事项：一般而言，企业都有现成的一些流程，不过这些流程相对来说较为零散，不成体系。因此企业在进行内部控制建设过程中，梳理流程这一步是必不可少的。在流程梳理过程中，企业应当关注以下事项，具体如表 21-4

所示。

表 21-4　流程梳理关注点

编号	关注点	具体描述
1	流程启动	在接收到什么指令，或者在什么流程启动条件下启动这个流程
2	流程提起	在起始环节，哪个部门、哪个职位在接收到指令或者在流程启动条件下开始了该流程的运作
3	流程制度依据	具体根据什么制度来规范流程的执行
4	流程执行部门及岗位	在确定流程中的工作环节（工作步骤）后再来确定该工作步骤应该由哪个部门、哪个岗位来承担 任何一个中间环节都必须有相应的责任部门和责任人
5	流程环节设置	流程中的中间环节是根据完成该工作需要的步骤来确定的。在确定工作步骤时，首先不考虑完成人，而是根据工作本身的要求来确定工作步骤。判断某个工作环节或步骤是否有必要，主要看该环节或步骤对于整个工作来说是否增值，如果增值很小或者不增值，就需要考虑是否取消该工作环节或步骤。如果是连续的相同责任人，可以尽量合并工作步骤，提升流程执行效率
6	流程审核环节	流程中的审核环节原则上要少到不能再少，避免设置过多的重复性审核环节。审核人一定是那些能够承担工作的人，避免影响审核效率
7	流程自动执行环节	明确哪些工作属于重复性、周期性、机械性的事务工作，尽量将它们通过系统工具自动完成，而不是花大量人力去完成，避免人力资源的浪费
8	流程路径	在流程运行过程中，可能出现多种条件下的不同路径，在流程设计时必须加以充分考虑，并确保每种选择路径都形成自己的最终结果。尤其是在不同路径选择时，要充分考虑该流程与其他流程的交汇和协调
9	预防流程断点	流程断点就是流程中没有规定的情况出现时发现流程无法运行的情况，以及流程缺少必要的中间环节，导致流程中间出现不连续的情况。在流程标示过程中，要组织流程操作者集中讨论，明确界定流程中必不可少的中间环节和工作交接口，确保流程完整，防止产生断点
10	流程结果输出	流程最终输出的结果必须考虑该流程的设计目的，确保流程输出结果能够圆满解决流程中的问题

②梳理流程结果输出。在对流程进行梳理后，应当形成企业系统性的流程操作手册。流程操作手册主要可以分为以下几个部分：流程梳理汇总表（如表 21-5 所示）、流程说明表（如表 21-6 所示）、具体业务流程图。

表 21-5 企业流程梳理汇总表示例

编号	业务类别	流程名称	制定部门	适配制度	适用范围	适用业务情形	流程路径	审批节点	备注说明
1（示例）	销售业务	渠道管理	经销商入网审批流程	网络发展部	网络管理办法	销售公司	新加盟经销商、服务站入网审批	（1）×× 办公系统 （2）销售公司 （3）渠道管理 [按顺序进行]	（1）提起（销售大区） （2）网络发展部渠道管理岗 （3）并行审批（销售、财务、法务等） （4）分管领导审批 （5）销售公司总经理 （6）归档（流程自动执行归档） [按顺序进行]	
2									
3									
4	…	…	…	…	…	…	…	…	
5									
6	…	…	…	…	…	…	…	…	…

301

表 21-6　流程说明表示例

×× 流程说明表	
部门	×× 部门
时间	× 年 × 月 × 日
流程接口人	××
流程负责人	××
制度参照	×× 制度
流程路径	××—××—××
控制目标	达到 ×× 的目的，促进项目 ××，实现企业有效运营，从而完成企业战略目标等
流程执行人	
过程简述	
输入要求及内容	应当至少包含以下几个模块： 开始时间、具体需求描述、使用什么样的方式、如何进行、谁来负责、何时交付、执行该项目的收益、存在的风险等
内部控制缺陷记录	若无，填写无

　　流程操作手册的第三个组成部分就是流程图，流程图是一种工具，可以用来了解、分析和归档企业的流程和活动，帮助确定流程设计。流程图有很多种绘制方法，这里不一一赘述。另外，本书前文中介绍了各个业务模块的流程图，企业可以结合自身的实际情况来编制专属的流程图。

（二）内部控制手册形成

1. 内部控制手册框架

企业内部控制手册框架可参考表 21-7。

表 21-7　企业内部控制手册框架示例

第一部分　内部控制体系概述	
第 1 章　概述	
1.1	内部控制目标
1.2	适用范围
1.3	内部控制结构
1.4	内部控制相关定义
1.5	内部控制文件标准

（续表）

第一部分　内部控制体系概述	
第 1 章　概述	
1.6	内部控制责任
第 2 章　风险管理	
2.1	风险管理规划
2.2	风险识别
2.3	风险评估
2.4	风险应对
第二部分　内部控制环境	
第 3 章　组织架构	
3.1	治理结构设置
3.2	管理机构设置
3.3	岗位职责设置
3.4	重大事项控制
3.5	组织架构运行
3.6	组织架构优化
第 4 章　发展战略	
4.1	发展战略的制定
4.2	发展战略的实施
4.3	发展战略实施监控
4.4	发展战略调整
第 5 章　人力资源	
5.1	人力资源规划
5.2	人力资源的招聘与使用
5.3	人力资源的绩效考核
5.4	人力资源的薪酬管理
5.5	人力资源的培训开发
5.6	人力资源的退出管理
第 6 章　社会责任	
6.1	安全生产
6.2	产品质量
6.3	环境保护
6.4	员工权益保护

（续表）

（续表）

第三部分　控制活动	
第 10 章　资金活动	
10.3	资金管理
10.3.1	审批控制
10.3.2	复核控制
10.3.3	收付控制
10.3.4	记账控制
10.3.5	对账控制
10.3.6	银行账户管理控制
10.3.7	票据与印章管理控制
10.4	衍生金融工具
10.4.1	建立报告制度
10.4.2	授权审批制度
10.4.3	风险评估
第 11 章　采购管理	
11.1	采购申请
11.2	供应商管理
11.3	采购合同管理
11.4	采购验收管理
11.5	采购付款
11.6	退货管理
第 12 章　资产管理	
12.1	存货管理
12.2	固定资产管理
12.2.1	固定资产编号
12.2.2	固定资产更新
12.2.3	固定资产保养
12.2.4	固定资产技术升级
12.2.5	固定资产投保
12.2.6	固定资产抵押
12.2.7	固定资产清查
12.2.8	固定资产转移
12.3	无形资产管理

（续表）

（续表）

第四部分　信息与沟通	
第 19 章　信息系统	
19.2.1	日常运行维护
19.2.2	系统变更
19.2.3	系统安全管理
第五部分　监督	
第 20 章　内部审计	
20.1	内部审计机构与人员
20.1.1	内部审计机构管理
20.1.2	内部审计人员管理
20.2	内部审计的原则
20.3	内部审计的内容
20.4	内部审计的方法
20.5	内部审计的实施
第 21 章　内部控制评价	
21.1	内部控制评价机构与人员
21.1.1	内部控制评价机构
21.1.2	内部控制评价人员
21.2	内部控制评价原则
21.3	内部控制评价内容
21.4	内部控制评价方法
21.5	内部控制评价程序
21.5.1	内部控制评价工作方案
21.5.2	内部控制评价的实施
21.5.3	内部控制的缺陷认定
21.5.4	内部控制评价报告

2. 风险清单输出

企业在内部控制管控过程中会发现各种各样的风险及问题，也会识别出各种内部控制漏洞。企业内部控制管理机构应当记录这些问题，提出合适的内部控制措施，促进内部控制业务不断整改与完善。

系统性的风险清单可参考图 21-1 所示的风险清单编制逻辑，首先是对制度进行梳理，以制度为基础，找到对应的业务流程，了解每个业务流程的内部控制管理目标，识别风险，发现内部控制管理漏洞，对风险进行评估与分类，制定合适的内部控制措施，不断完善企业内部控制体系。

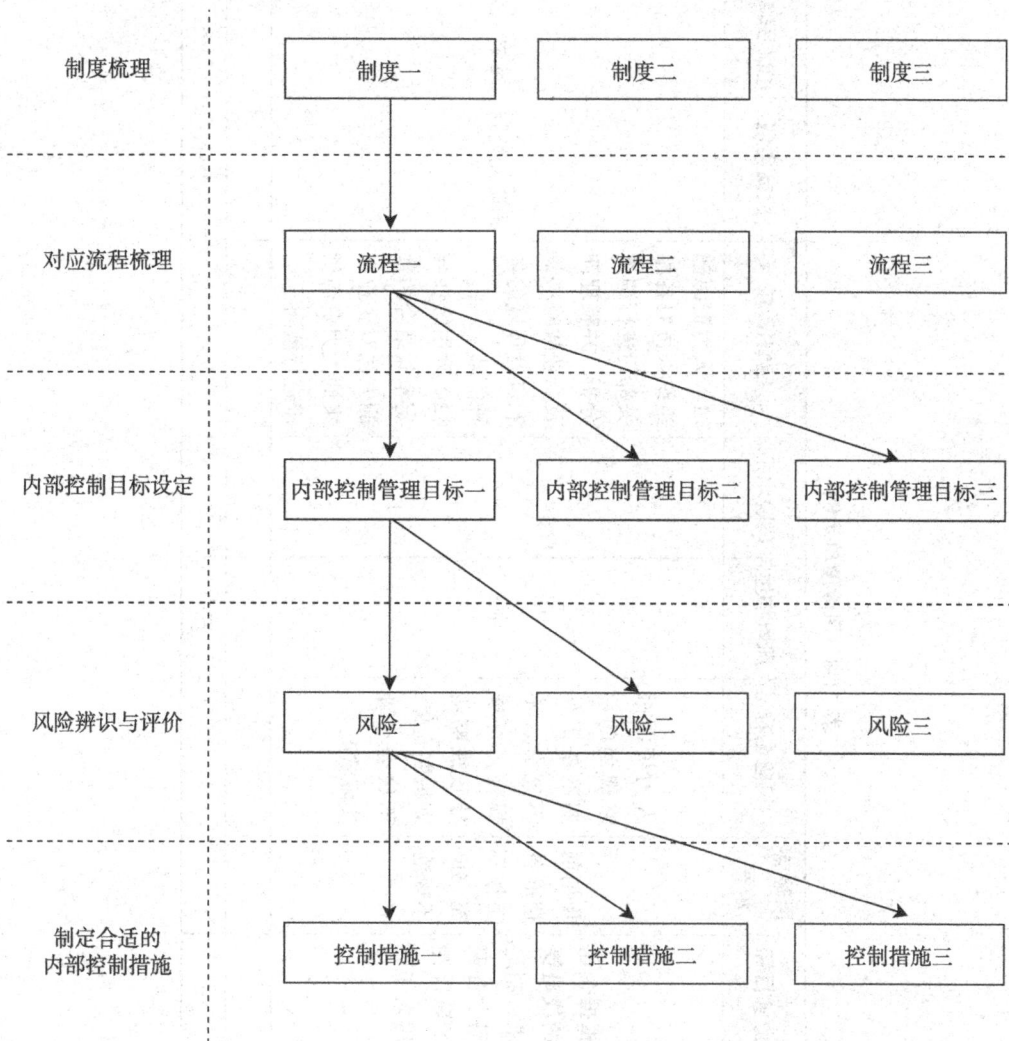

制度梳理			
对应流程梳理			
内部控制目标设定			
风险辨识与评价			
制定合适的内部控制措施			

图 21-1 风险清单编制逻辑

在了解了风险清单的编制逻辑之后，企业可以输出完整的风险清单，具体可参考表 21-8 所示的风险清单示例。

表 21-8　风险清单示例

编号	制度名称	流程名称	业务目标	风险点编号	风险名称	风险描述	风险水平	控制措施	控制类型	控制频率	控制部门及岗位
1	人力资源规划、人力资源战略规划、人力资源预算方案	人力资源规划流程的制定	根据企业的战略要求，制定科学合理的阶段性用人计划	规划前期准备工作不充分、不规范	人力资源战略规划的前期准备工作不充分、不规范，可能导致战略规划编制仓促，不符合企业实际状况	中		（1）人力资源部组织人员对各相关部门进行调查分析，并整理涉及企业战略决策和经营环境的各种信息。（2）采用定性与定量相结合的预测方法对企业未来的人力资源供求进行预测	预防性控制	每年一次	管理高层及招聘经理
2	…	…	…	…	…	…	…	…	…	…	…
3	…	…	…	…	…	…	…	…	…	…	…

3. 内部控制手册的形成

内部控制手册应当包括以下内容。

（1）内部控制手册整体框架：详见第 1 点。

（2）内部控制手册具体内容：对内部控制手册框架逐一进行细化。

参照本书第 1 部分、第 2 部分、第 3 部分对企业业务进行梳理，可形成如下形式的内部控制手册，以内部信息传递为例。

内部控制手册——内部信息传递

1. 概述

1.1 目的

为了促进公司经营管理过程中的信息在内部各管理层级之间的有效传递和充分利用，提高管理水平，确保各类信息传递的及时性、完整性、真实性，根据《企业内部控制基本规范》及公司章程，制定本制度。

1.2 范围

适用于公司内部信息的沟通与处理，以及与外部业务各方的信息交流。

1.3 制度依据

《企业内部控制基本规范》

《企业内部控制应用指引第 17 号——内部信息传递》

内部信息传递制度——企业内部的章程

2. 内部信息传递流程

2.1 内部信息传递

公司在经营管理过程中，需要不断按某种形式辨别、取得确切信息，并进行传递和沟通，以使各部门能够履行其职责，具体包括员工从管理层获取的履行其职责的信息，上级从下级部门获得的生产经营情况信息，各部门从同级其他部门获得的便于开展业务的相关信息。内部信息传递分为口头传递、书面传递和电子传递等；根据公司内部各部门信息获取渠道不同，可将内部信息传递的方式分为自上而下、自下而上和平行传递三种。

2.2 内部报告

内部报告是相对于外部报告而言的，是公司在管理控制系统运行中为公司内

部各级管理层以定期或非定期形式记载内部信息的各种图表和文字资料。内部报告可以为管理层做出科学合理的决策奠定基础；同时可以反馈现行管理制度在执行过程中出现的问题，从而实现对管理政策和执行过程的有效监督。

2.3 舞弊

以故意的行为获得不公平或者非法的收益，主要存在以下领域：虚假财务报告、资产的不适当处置、不恰当的收入和支出、故意的不当关联方交易、税务欺诈、贪污及收受贿赂和回扣等。

2.4 内部报告指标体系

内部报告指标体系是指公司根据自身的发展战略、风险控制和业绩考核特点，系统、科学规范不同级次内部报告的指标体系，合理设置关键信息指标和辅助信息指标，并与全面预算管理相结合，同时应随环境和业务变化不断修订和完善。

3. 岗位职责说明

3.1 公司各职能部门的负责人

直接上司：总裁。

岗位职责：（1）审核拟传递的内部信息；（2）确保拟传递的信息质量。

3.2 部门信息传递责任人

直接上司：部门负责人。

岗位职责：（1）信息的收集、整理、汇总；（2）信息的传递；（3）信息的执行与沟通。

3.3 信息接收负责人

直接上司：部门负责人。

岗位职责：（1）有义务和责任及时、准确地传送、接收工作信息；（2）及时准确地处理工作信息；（3）做好信息发送方的准备工作。

3.4 审计部门

直接上司：审计委员会负责人。

岗位职责：（1）负责接收内部举报信息，并对举报内容进行调查；（2）根据调查结果出具报告，并向审计委员会汇报；（3）根据预算对各部门内部信息报告细化指标进行审核。

4. 内部控制流程程序说明

4.1 内部报告形成规范

| 决策层 | 提出纲领性指示 |
| 管理层、经理层 | 提出内部报告需求与目标 |

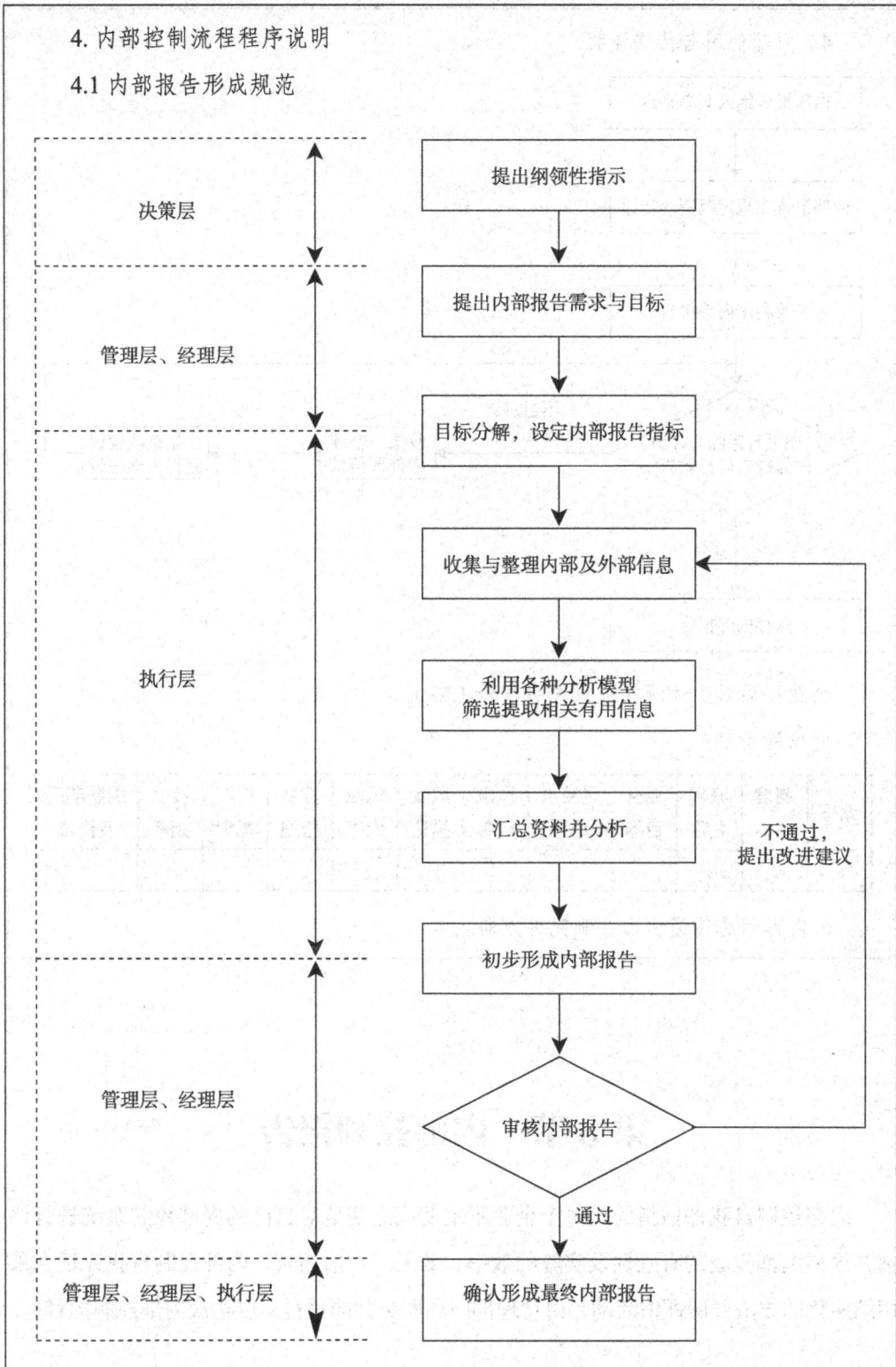

决策层	
管理层、经理层	
执行层	
管理层、经理层	
管理层、经理层、执行层	

提出纲领性指示

提出内部报告需求与目标

目标分解，设定内部报告指标

收集与整理内部及外部信息

利用各种分析模型
筛选提取相关有用信息

汇总资料并分析

初步形成内部报告

审核内部报告

不通过，
提出改进建议

通过

确认形成最终内部报告

4.2 内部使用与传递流程

```
┌─────────────────────┐
│   内部报告纳入共享平台   │
└─────────────────────┘
          ↓
┌─────────────────────┐
│ 内部报告在规定范围内传递  │
└─────────────────────┘
          ↓
┌─────────────────────┐
│    有效利用内部报告     │
└─────────────────────┘
          ↓
```

定期进行跟踪与评审内部报告运行效果 ——不通过，提出改进建议—→ 收集与整理内外部信息 —→ 根据整改建议完善内部报告

通过
↓

保存内部报告

企业还需对上述流程进行说明解释（略）。

5. 风险清单

编号	制度名称	流程名称	业务目标	风险点编号	风险名称	风险描述	风险水平	控制措施	控制类型	控制频率	控制部门及岗位

6. 内部信息传递内部控制完善方向

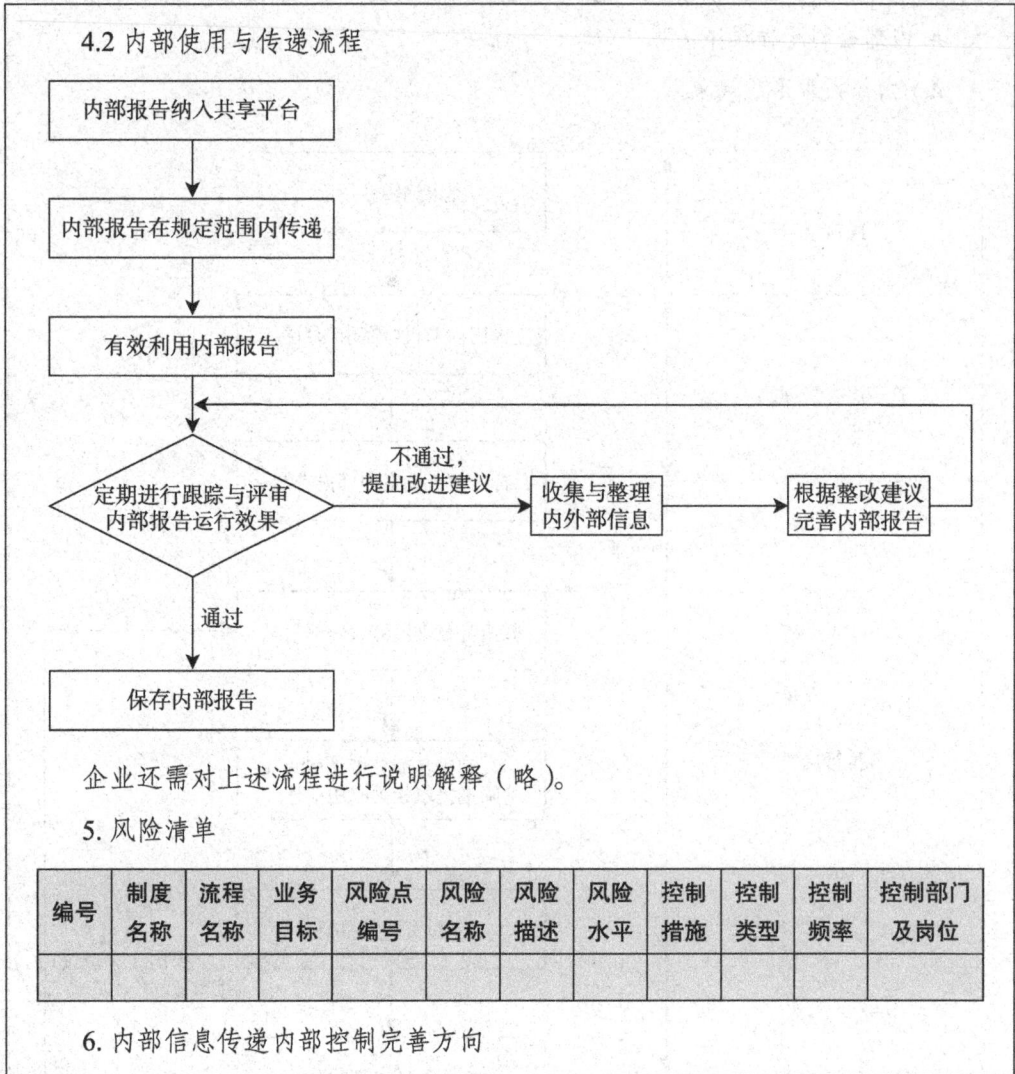

第3节 内部控制报告

内部控制自我评估指的是每个企业不定期或定期地对自己的内部控制系统进行评估，评估内部控制的有效性及实施的效率、效果。一般而言，内部控制自我评估会采用结构化的方法开展评估活动，由管理部门和职员共同进行，以达成内部控制的目标。

（一）内部控制评价概述

内部控制评价是指企业董事会（或类似决策机构）或其授权机构对内部控制设计与运行的有效性进行综合评估的过程。企业应当根据国家有关法律法规和《企业内部控制基本规范》，结合企业实际情况，对战略目标、经营管理目标、财务报告及相关信息真实完整目标、资产安全目标、合法合规目标等单个或整体控制目标的实现进行评价。

（二）内部控制评价的目标

企业内部控制评价的目标是通过对企业内部控制体系的健全性、合理性和有效性的评价，促使企业切实加强内部控制体系的建设并认真执行，保证内部控制体系得以持续、有效地改进。

（三）内部控制评价的原则

企业实施内部控制评价，至少应当遵循全面性、重要性和独立性原则，确保评价工作标准统一、客观、公正。

（1）全面性原则：指评价工作应当包括内部控制的设计与运行，涵盖企业及其所属单位的各种业务和事项。

（2）重要性原则：指在全面评价的基础上关注重要、高风险领域。

（3）独立性原则：指评价工作应当与内部控制的设计与运行相互分离。

（4）风险导向原则：指评价工作应以风险为导向，有效识别和分析企业运行中的薄弱环节并加以改进。

（5）一致性原则：内部控制评价应当采用统一、可比的评价方法和标准，保证评价结果的可比性。

（6）公允性原则：内部控制评价应当以事实为依据，评价结果应当有适当的证据支持。

（7）成本效益原则：内部控制评价应当以适当的成本实现科学有效的评价。

（四）内部控制评价的内容

内部控制的评价包括但不限于以下内容。

（1）内部环境的评价。具体评价重点包括经营活动的复杂程度、管理权限的集中程度、管理行为守则的健全性和有效性、管理层对逾越既定控制程度的态度、组织文化的内容及组织成员对此的理解与认同、法人治理结构的健全性和有效性、组织各阶层人员的知识与技能、组织结构和职责划分的合理性、重要岗位人员胜任能力、员工聘用程序及培训制度、员工业绩考核与激励机制。

（2）风险评估的评价。对企业风险评估的评价，应注意的是风险评估整体目标的制定、风险分析和对变化的管理等。具体评价的重点是被评价企业对抗风险的能力和风险管理的具体措施及效果。

（3）控制活动的评价。应关注对企业的每个作业环节是否都定有适当的政策和程序，现有且已确认的控制活动均被适当执行。

（4）信息与沟通的评价。具体包括获取财务信息、非财务信息的能力，信息处理的及时性和适当性，信息传递渠道的便捷与畅通，管理信息系统的安全性、可靠性等内容。

（5）内部监督的评价。具体包括日常监督评价、专项监督评价和内部控制缺陷报告评价等内容。

（五）内部控制评价程序

1. 建立内部控制评价工作组织

企业应当指定内部审计机构或其他机构具体组织实施内部控制评价工作，根据内部控制评价办法制定评价方案，组成内部控制评价小组，明确分工和进度安排，采取现场检查、问卷调查等方式开展内部控制评价。

企业也可以借助中介机构或外部专家实施内部控制评价，参与企业内部控制评价的中介机构不得同时为同一企业提供内部控制审计服务。

2. 制定评价方案

内部控制评价工作组织应当根据企业整体控制目标制定内部控制评价工作方案，评价方案应明确本次评价的目的、范围、准则、时间安排和相应的资源配置等内容。内部控制评价方案制定后，应报管理层和董事会审批。

其中，在制定方案的过程中，考虑内部控制评价范围时，应当遵循风险导向、自上而下的原则来确定需要评价的分支机构、重要业务单元、重点业务领域或流程环节。

3. 实施评价活动

评价人员应按照审批通过的评价方案实施评价。在评价实施中，应就评价人员之间及评价人员与被评价机构之间的沟通做出正式安排，通过适当的方法收集与评价目的、范围和准则有关的信息，根据评价方案对被评价项目进行测试，对有关数据进行确认和分析，并予以记录。

实施评价活动过程中，企业可以采用包括但不限于以下方法：

（1）个别访谈法：指的是企业根据检查评价需要，对被检查单位员工进行单独访谈，以获取有关信息。

（2）问卷调查法：指的是企业设置问卷调查表，分别对不同层次的员工进行问卷调查，根据调查结果对相关项目做出评价。

（3）专题讨论会法：指的是通过召集与业务流程相关的管理人员，就业务流程的特定项目或者具体问题进行讨论及评估的一种方法。

（六）内部控制有效性的评价

（1）有效性是企业内部控制评价的一个重要方面，准确地说，是对内部控制两个方面有效性的评价，即设计有效性和运行有效性。

内部控制设计有效性指的是为了实现控制目标所必需的内部控制要素都存在并且设计恰当，内部控制运行有效性是指现有内部控制按照规定程序得到了正确执行。

评价控制的设计是指考虑一项控制单独或连同其他控制是否能够有效防止或发现并纠正重大错报，控制得到执行是指某项控制存在且正在使用。设计不当的控制可能表明内部控制存在重大缺陷。

（2）采用信息系统加强内部控制的企业，还会对信息系统的有效性进行评价。

信息系统控制可以是人工或自动化的，也有基于自动流程的人工控制。信息系统控制分为两类，即信息技术的一般控制和应用控制。

一般控制是指与多个应用系统有关的政策和程序，有助于保证信息系统持续恰当地运行（包括信息的完整性和数据的安全性），支持应用控制作用的有效发挥，通常不包括数据中心和网络运行控制，系统软件的购置、修改及维护控制，接触或访问权限控制，应用系统的购置、开发及维护控制。

应用控制是指主要在业务流程层面运行的人工或自动化程序，与用于生成、记录、处理、报告交易或其他财务数据的程序有关，通常包括检查数据计算的准确性，审核账户和试算平衡表，设置对输入数据和数字序号的自动检查，以及对例外报告进行人工干预。

一般控制评价应当着重考虑与信息系统开发有关的信息技术控制目标、程序变更、计算机运行和对数据的接触是否符合企业内部控制的要求，是否有利于企业内部控制目标的实现，以此来评价信息系统的安全性、可靠性和合理性。

应用控制评价应当结合企业业务流程特点，着重考虑信息系统中与业务流程相关的控制点，并以此评价相关应用系统操作数据的真实性、准确性与合规性。

（七）内部控制缺陷认定

1. 内部控制缺陷的分类

内部控制缺陷指的是内部控制的设计存在漏洞，不能有效防范错误与舞弊，或者内部控制的运行存在弱点和偏差，不能及时发现并纠正错误与舞弊的情形。内部控制缺陷包括设计缺陷和运行缺陷。

设计缺陷是指缺少为实现控制目标所必需的控制或现存控制设计不适当，即使正常运行，也难以实现控制目标。

运行缺陷指现存设计完好的控制没有按设计意图运行，或者执行者没有获得必要授权或缺乏胜任能力以有效地实施控制。

2. 内部控制缺陷的认定标准

企业对内部控制评价过程中发现的问题，应当从定性和定量等方面进行衡量，判断是否构成内部控制缺陷，并判断该缺陷属于一般缺陷、重要缺陷还是重大缺陷。

3. 内部控制缺陷整改机制

企业通过内部控制评价发现内部控制的缺陷，应当建立内部控制缺陷整改机制，明确内部各管理层级和单位整改的职责分工，确保内部控制设计与运行中的主要问题和重大风险得到及时解决和有效控制。

（八）内部控制评价的证据

企业应当通过评估和测试获取与内部控制有效性相关的证据，并合理保证证据的充分性和适当性。

1. 判断相关控制

（1）是否针对风险设置了合理的细化控制目标。

（2）是否针对细化控制目标设置了对应的控制活动。

（3）相关控制活动是如何运行的。

（4）相关控制活动是否得到了持续一致的运行。

（5）实施相关控制活动的人员是否具备必需的权限和能力。

2. 导致内部控制失效的风险

企业应当充分评估下列因素导致内部控制失效的风险。

（1）控制活动的类型。其一般包括人工控制和自动控制、预防性控制和检查性控制等。

（2）控制活动的复杂性。其通常与企业组织结构、市场环境、经营规模、人员素质等相关。

（3）管理层逾越内部控制的风险。

（4）实施控制活动所需要的职业判断的程度。

（5）控制活动所针对风险事项的性质及其重要性。

（6）一项控制活动对其他控制活动有效性的依赖程度。

（九）内部控制评价报告编制

企业应当根据内部控制评价结果及整改情况，编制内部控制评价报告。内部控制评价报告至少应当包括以下内容：

（1）组织实施内部控制评价的总体情况；

（2）内部控制责任主体的声明；

（3）内部控制评价的范围和内容；

（4）内部控制评价的标准和依据；

（5）内部控制评价的程序和方法；

（6）内部控制重大缺陷及其认定情况；

（7）内部控制重大缺陷的整改措施及责任追究情况；

（8）内部控制有效性的结论。

企业如存在一个或多个内部控制重大缺陷，应当做出内部控制无效的结论。

《深圳证券交易所上市公司内部控制指引》规定，自我评价报告至少应包括以下内容：

（1）对照本指引及有关规定，说明公司内部控制制度是否建立健全和有效运行，是否存在缺陷；

（2）说明本指引重点关注的控制活动的自查和评估情况；

（3）说明内部控制缺陷和异常事项的改进措施（如适用）；

（4）说明上一年度的内部控制缺陷及异常事项的改善进展情况（如适用）。

《上海证券交易所上市公司内部控制指引》规定，公司内部控制自我评价报告至少应包括以下内容：

（1）内部控制制度是否建立健全；

（2）内部控制制度是否有效实施；

（3）内部控制检查监督工作的情况；

（4）内部控制制度及其实施过程中出现的重大风险及其处理情况；

（5）对本年度内部控制检查监督工作计划完成情况的评价；

（6）完善内部控制制度的有关措施；

（7）下一年度内部控制有关工作计划。

（十）内部控制评价报告示例

以下为某股份有限公司内部控制有效性的自我评价报告。在实际工作中，企业可根据情况，设计专属的内部控制评价报告。

A 股份有限公司
关于内部控制有效性的自我评价报告 ①

A 股份有限公司（以下简称"本公司"或"公司"）为加强和规范企业内部控制制度，促进公司规范运作和持续健康发展，保证生产经营活动正常进行，防范和化解经营风险，公司根据《公司法》等相关法律法规和规章制度的要求，依据《企业内部控制基本规范》和《企业内部控制配套指引》，以运营效率与效果、财务报告的可靠性和法律法规的遵循为目标，对公司内部控制的健全与有效性开展了全面的自我评估，并形成自我评价报告如下。

一、重要声明

企业内部控制规范体系规定，公司董事会的责任包括建立健全并实施有效的内部控制，评价内部控制的有效性，如实披露内部控制评价报告。监事会监督董

---

① 摘自深圳证券交易所网站。

事会建立并实施内部控制。管理层负责组织领导公司内部控制的日常运行。

公司董事会、监事会及董事、监事、高级管理人员保证本报告内容不存在任何虚假记载、误导性陈述或重大遗漏，并对报告内容的真实性、准确性和完整性承担个别及连带法律责任。

公司内部控制的目标是合理保证经营管理合法合规、资产安全、财务报告及相关信息的真实完整，提高经营的效率和效果，促进实现公司的发展战略。

由于内部控制存在固有的局限性，故仅能为实现上述目标提供合理保证。此外，由于情况变化可能导致内部控制变得不恰当或对控制政策和程序遵循程度降低，根据内部控制评价结果推测未来内部控制的有效性具有一定的风险。

公司内部控制设有检查监督机制，内部控制缺陷一经识别，将立即采取整改措施。随着国家法律法规的深化完善和公司业务的不断发展，公司将深入健全并完善内部控制制度和机制，促进公司治理的不断发展。

二、内部控制有效性评价结论

根据公司财务报告内部控制重大缺陷的认定情况，于内部控制评价报告基准日，公司不存在财务报告内部控制重大缺陷。董事会认为，公司已按照企业内部控制规范体系和相关规定的要求在所有重大方面保持了有效的财务报告内部控制。

根据公司非财务报告内部控制重大缺陷的认定情况，于内部控制评价报告基准日，公司不存在非财务报告内部控制重大缺陷。

自内部控制评价报告基准日至内部控制评价报告发出日之间未发生影响内部控制有效性评价结论的因素。

三、内部控制评价的范围

本次内部控制评价的范围贯彻全面性、重要性和客观性原则，包括内部控制的设计和运行，涵盖采购与付款、销售与收款、资金管理、存货管理、固定资产管理、财务管理及财务报告编制管理、对外担保、研究与开发、关联交易、人事与薪酬等主要业务和流程，重点关注风险等级较高的关键控制点，围绕控制环境、风险评估、控制活动、信息与沟通、监督等要素对内部控制进行全面评价。2020 年纳入评价范围的单位包括母公司及全资子公司。

四、内部控制情况综述

（一）公司内部控制的组织架构

公司不断完善和规范公司内部控制的组织架构，建立了以股东大会、董事会、监事会和经营层为主体，设置了满足经营发展需要的内部审计部、人事行政部、企业发展部、生产部、财务部、技术部、研发部、安全环保部、品管部、市场部、动力设备部、采购部、证券事务部等 13 个职能部门的完善的内部控制组织架构，设置了与公司生产经营和规模相适应的组织职能机构，建立了分工合理、权责明确、相互制衡的公司治理结构，形成了良好的内部控制环境。

（二）公司建立内部控制制度的目标

1. 建立和完善符合现代公司管理要求的内部组织结构，形成科学的决策机制、执行机制和监督机制，保证公司经营管理目标的实现；

2. 建立行之有效的风险控制系统、强化风险管理，保证公司各项经营活动的正常有序运行；

3. 建立良好的公司内部控制环境，堵塞漏洞、消除隐患，防止并及时发现和纠正错误及舞弊行为，保护公司资产的安全、完整；

4. 规范本公司会计行为，保证会计资料真实、完整，提高会计信息质量；

5. 确保国家有关法律法规和本公司内部规章制度的贯彻执行。

（三）公司建立内部控制制度遵循的原则

1. 合法性原则：内部控制制度符合国家有关法律法规和财政部《企业内部控制基本规范》等相关文件的要求和公司的实际情况。

2. 全面性原则：内部控制制度约束公司内部涉及会计工作的所有人员，任何个人都不得拥有超越内部控制的权力；内部控制制度涵盖公司内部涉及会计工作的各项经济业务及相关岗位，并针对业务处理过程中的关键控制点，落实到决策、执行、监督、反馈等各个环节。

3. 重要性原则：内部控制在全面控制的基础上，关注重要业务事项和高风险领域。

4. 制衡性原则：内部控制保证公司内部涉及会计工作的机构、岗位的合理设置及其职责权限的合理划分，坚持不相容职务相互分离，确保不同机构和岗位之间权责分明、相互制约、相互监督。

5. 适应性原则：内部控制应随着外部环境的变化、公司业务职能的调整和管理要求的提高，进行不断修订和完善，以与企业经营规模、业务范围、竞争状况和风险水平等相适应。

6. 成本效益原则：内部控制应权衡实施成本与预期效益，以适当的成本实现有效控制。

五、公司的内部控制结构

（一）控制环境

1. 公司法人治理结构

（1）股东大会：本公司根据相关法律法规及公司章程，制定了"股东大会议事规则"，对股东大会的性质和职权及股东大会的召集与通知、提案、表决、决议等工作程序做出了明确规定。该规则的制定并有效执行，保证了股东大会依法行使重大事项的决策权，有利于保障股东的合法权益。

（2）董事会：本公司设立了董事会，并在董事会下设立了战略委员会、提名委员会、薪酬与考核委员会及审计委员会四个专门委员会。公司制定了"董事会议事规则""独立董事工作制度""董事会秘书工作细则""战略委员会工作细则""提名委员会工作细则""薪酬与考核委员会工作细则""审计委员会工作细则"，规定了董事的选聘程序、董事的义务、董事会的构成和职责、董事会议事规则、独立董事工作程序、董事会秘书的职责、各专门委员会的构成和职责等内容。这些制度的制定并有效执行，提高了董事会决策行为的规范性、科学化和有效性。

（3）监事会：本公司根据相关法律法规及公司章程，制定了"监事会议事规则"，对监事职责、监事会职权、监事会的召集与通知、决议等做了明确规定。该规则的制定并有效执行，有利于充分发挥监事会的监督作用，保障股东利益、公司利益及员工合法利益不受侵犯。

（4）经理层：本公司制定和修订了"总经理工作细则"，规定了总经理职责、总经理办公会及生产调度会议、总经理报告制度、监督制度等内容。这些制度的制定、修订并有效执行，确保了董事会的各项决策得以有效实施，提高了公司的经营管理水平与风险防范能力。

2. 公司内部管理机构

基于公司战略发展和日常经营需要，为保证公司业务、资产、人员及自主管理等方面的独立完整性，确保效能最大化和科学决策，公司根据实际情况、经营运作模式及职责划分，设立了财务部、内部审计部、人事行政部等职能部门，并对各部门、各岗位职责制定了相应的规章制度，明确了岗位权责和任职资格条件，做到职责清晰、管理高效，有助于建立良好的内部控制环境。同时，公司对各管理职能部门设置了管控权限，各管理职能部门的组织架构调整及管理人员的任免均需报公司管理层审核批准，从而建立了科学高效的管控模式和清晰分明的权责体系，有效保证了公司内部控制制度的落实和实施。

3. 公司内部内部审计部门设立情况

为进一步完善公司内部控制体制，加大内部控制监督检查力度，本公司成立了董事会审计委员会，并通过了"审计委员会工作细则"，建立了"内部审计制度"；审计委员会下设内部审计部，专门负责公司内部控制制度的建立、实施与监督检查工作。公司任命了内部审计部专职负责人，日常工作由审计委员会直接管理，较好地保证了内部审计工作的独立性。内部审计部配备了六名专职审计人员，主要审计工作为：检查监督内部控制制度的执行情况、检查公司内部控制制度设计的合理性及有效性，评价公司经营管理可能存在的风险，并提出相应的改善建议。

4. 人力资源政策

随着业务的迅速发展，大量具有较高综合素质的管理人才和技术人才是公司稳健发展的根本。公司进一步完善了人力资源管理体系，采取内部培养与外部引进相结合，盘活内部人力资源，引进社会专业人才，完善人才甄选程序，优化人才结构。创造良好的内部环境，培育员工对公司的忠诚度和敬业精神，增强企业的凝聚力，保持人才队伍的稳定性。完善对高管人员和核心业务人员的激励和约束机制，健全高管人员和核心业务人员的工作绩效考核，强化责任目标约束，不断提高其进取精神和责任意识。

5. 企业文化

公司的愿景是做世界农化行业的一面旗帜。公司的使命是为客户创造价值，为员工实现梦想，为社会承载责任。忠诚、责任、服从、协作、感恩、乐观、成果、卓越是公司的价值观。公司每年进行优秀员工、干部及杰出员工、干部评选活动，引导员工树立工作标杆并提高员工工作积极性；发行公司内部刊物，促进全体员工文化与心得交流，发展企业文化建设；通过组织员工外出旅游、演讲比赛、篮球赛、征文比赛等多种活动，丰富员工业余生活，增强员工对公司的归属感与认同感。

公司自成立以来，一直通过加强企业文化建设，不断培养员工积极向上的价值观和社会责任感，倡导诚实守信、开拓创新和团队合作的精神。公司董事、监事、经理及其他高级管理人员在公司文化的建设中发挥了主导作用。公司全体员工均能够做到遵守公司的各项制度，认真履行岗位职责。

（二）风险控制

进一步完善风险控制体系，在董事会审计委员会及战略委员会指导下，公司各部门将不断根据战略目标及发展思路，结合行业特点，全面系统地收集相关信息，识别内部风险和外部风险。在制定年度经营计划时，分析面临的形势与困难，识别与分析可能影响企业发展的风险因素，并要求在经营计划执行中进行阶段性分析与评估；通过风险防范、风险转移及风险排除等方法，将风险控制在可承受的范围内。

（三）控制活动

本公司已建立的相关控制程序，主要包括授权审批控制、不相容职务相互分离控制、会计系统控制、财产保护控制、运营分析控制、绩效考评控制、风险防范控制等。

1. 授权审批控制。对于日常经营活动中的常规性交易，公司明确了授权批准的范围、权限、程序、责任等相关内容，公司各级管理者必须在授权范围内行使相应职权，经办人员也必须在授权范围内办理业务。公司相关制度明确了人事、行政、研发、生产、采购、销售各个环节的授权。财务收支方面，以财务管理制度为基础，制定了财务收支审批权限，对董事长、总经理、财务负责人及职能部门领导进行分级授权。针对公司经营方针、投资、融资、担保、关联交易等重大经营活动，由董事会审议决定，超越董事会权限的，报股东大会批准。

2. 不相容职务相互分离控制。建立了岗位责任制度，通过权力、职责的划分，制定了各部门及其员工岗位责任制，以防止差错及舞弊行为的发生；按照合理设置分工，科学划分职责权限，贯彻不相容职务相分离及每个人的工作能自动检查另一个人或更多人工作的原则，形成相互制衡机制。不相容职务主要包括授权批准、业务经办、会计记录、财产保管、监督检查等。

3. 会计系统控制。公司设置了独立的会计机构，明确会计部门人员分工和岗位职责，保证财务工作的顺利进行。公司严格执行《企业会计准则》及有关财务会计补充规定，并结合实际情况建立了具体的会计制度和财务制度，涵盖了公司财务管理、会计系统的方方面面，从资金管理到资产管理、财务报告、票据档案管理、内部稽核、会计人员职责等各方面都做了详细的规定。公司财务部已实行会计电算化，统一使用 ERP 软件，进行公司经济业务处理，编制会计凭证，登记会计账簿，编制有关财务报表。计算机系统有充分的保护措施，如财务人员专机专用，并以各自的密码划分岗位责任，保证了财务规章制度的有效执行及会计记录的准确性、可靠性。

4.财产保护控制。公司对生产经营和办公所需的基础设施及相应的配套设施、存货等进行每年一次的定期盘点和期间抽查，严格限制未经授权的人员对财产的直接接触，采取财产记录、实物保管、账实核对、财产保险等措施确保财产安全。

5.运营分析控制。公司定期召开销售分析会、质量分析会、项目检讨会等，均由公司高管层和各部门负责人参加，就当期公司的生产经营各方面情况进行汇总分析，提出当前存在的问题，研究解决办法，安排下期各部门的工作任务，确保对公司整体情况的全面了解和掌握，使各基层部门和高管层很好地沟通，使公司能健康快速地运转。

6.绩效考评控制。公司建立了规范的绩效和薪酬管理体系，对公司内部各责任部门和全体员工进行定期业绩考核和行为考核，将考评结果作为确定员工薪酬和晋升、辞退的依据。规范的绩效和薪酬管理有效地激发了员工的工作热情，有利于公司整体绩效的提升，确保了公司经营目标、部门工作目标及个人发展的实现。

7.风险防范控制。公司建立了突发事件总体应急预案，对可能发生的风险或突发事件制定应急预案，明确应急救援的组织体系、相关职责及突发事件的报告、处置程序，并进行预案演练。目前，公司已经形成一套运作有效、防范有力的应急机制，确保突发事件得到及时妥善的处理。

（四）信息系统与沟通

本公司初步建立了财务报告相关的信息系统，包括交易的生成、记录、处理，数据输入与输出，文件储存与保管，对外信息的披露等；公司利用内部局域网等现代化信息平台，使得各管理层级、各部门、各业务单位及员工与管理层之间信息传递更迅速、顺畅，沟通更便捷、有效。此外，公司要求对口部门加强与行业协会、中介机构、业务往来单位及相关监管部门的沟通和反馈，以及通过市场调查、网络传媒等渠道，及时获取外部信息。

（五）监督

监督是指公司对内部控制的建立、实施情况进行监督检查，评价内部控制的有效性，发现内部控制的缺陷，及时加以改进。公司的监督主要通过监事会、审计委员会、内部审计部实施。

1. 监事会

公司监事会负责对董事、经理及其他高管人员的履职情况及公司依法运作情况进行监督，调查和审查公司的业务状况和公司财务运营情况，对公司的计划、决策及其实施进行监督。监事会对股东大会负责，负责保障股东、公司、员工合法权益不受侵犯。监事会对股东大会负责并报告工作，根据公司章程规定范围并行使职权。

2. 审计委员会

审计委员会是董事会的专门工作机构，主要负责公司内、外部审计的沟通、监督和核查工作，确保董事会对经理层的有效监督。审计委员会直接指导内部审计机构的工作，提高了内部审计机构在公司整体组织框架内的地位，体现了内部审计的高层次性和权威性，同时，审计委员会创造条件保障内部审计人员发挥职能和作用，为内部审计工作的开展提供了一个良好的平台和依托。审计委员会通过弥补监事会缺陷，强化审计监督，能有效地遏制经营层的道德风险，约束经营层的行为，使经营层的目标最大限度地和股东保持一致。

3. 内部审计部

公司内部审计部依据法律法规、本公司董事会决议、公司章程及有关文件规定，负责对公司及子公司的财务收支及经济活动进行审计、监督，具体包括负责对公司内部控制的执行有效性进行审计，负责审查各子公司的财务账目和会计报表，负责对经理人员进行离任审计，其他专项审计等。内部审计部定期对各项内部控制制度进行评价，以获取其有效运行或存在缺陷的证据，并对发现的内部控制缺陷及时采取措施予以纠正，不断完善内部控制体系，加强经营管理，切实保障公司内部控制制度的有效执行。内部审计的工作，有效地防范了公司经营风险和财务风险，优化了公司资源配置，提高了经济效益，增强了公司的风险防范能力。

六、公司主要内部控制制度的执行情况

公司多年来一直重视内部控制制度的建设，按照上市公司治理准则的具体要求，公司建立了较为完善的内部控制制度体系。公司内部控制制度主要包括生产管理制度、质量管理制度、资产管理制度、销售管理制度、采购管理制度、人力资源管理制度等，涉及公司经营管理的各个方面和每个环节。目前，这些管理制度已经成为公司各职能部门的管理性指导文件并得到了有效的执行，对防范经营风险起到了有效的控制作用。公司主要内部控制制度的执行情况说明如下。

1. 销售与收款

公司能够严格执行有关销售和收款方面的工作流程，制定合理的销售计划。应收账款能及时催收并查明逾期原因，并按规定计提坏账准备，呆账冲销都有相关管理层核准。本公司在销售与收款的控制方面没有重大漏洞。

2. 采购与付款

公司有严格的采购作业、验收作业、请款和付款作业流程，为了保证公司的正常生产，提高进货品质，降低进货成本，公司逐步采用了招标采购、比质比价采购。公司的任何采购必须有请购单，且请购单必须经过相关主管核准后，方可办理采购。在验收时，发票的物料名称、规格、数量、金额必须与厂商送货单相符，不合格的物料及时通知采购单位退回或扣款。公司与厂商的结算，由采购员根据厂商对账单向会计部门请款，会计部门经审核无误后，报请相关人员核准后履约付款。本公司在采购与付款循环方面没有重大漏洞。

3. 固定资产管理

固定资产是企业组织生产的重要设备，为了加强对公司固定资产的管理，公司对固定资产的取得、固定资产的移动、固定资产的处置都制定了一系列的内部控制措施。公司规定固定资产的取得必须由使用单位申请，新建、购置都须经相关部门主管核准。固定资产的转移须报经主管同意，填妥调拨单并经当事人签名确认，固定资产的报废或毁损应及时办理报废手续，同时经有关主管核准，对于未到年限即行报废的固定资产，要查核并分析原因，以此来规范固定资产的操作，确保固定资产价值的准确性。本公司在固定资产的控制方面没有重大漏洞。

4. 存货管理

公司建立存货业务的授权批准制度，明确授权批准的方式、程序和相关控制

措施，规定审批人的权限、责任及经办人的职责范围和工作要求。对存货的采购、保管和发出存货的核算设计了严格的控制程序，以保证资产的安全和计价的准确。

5.投资管理

本公司自发起设立以来，为规避投资风险，根据有关法律、行政法规、部门规章，在"公司章程"中明确了股东大会、董事会关于投资事项的审批权限。对外投资的权限集中于公司本部，采用不同的投资额分别由公司不同层次的权力机构决策的机制，各子公司一律不得擅自对外投资。对投资项目的立项、评估、决策、实施、管理、收益、投资处置等环节的管理较强。公司对重大投资的内部控制严格、充分、有效，未有违反《企业内部控制配套指引》的情形发生。

6.货币资金

为了对货币资金流程进行严格的控制，公司制定了"货币资金管控制度""出差费用开支制度""票据管理制度""现金管理制度""日常费用报销制度""印章管理制度"。对货币资金支付授权审批、现金管理控制、票据规范管理、财务印章管理等关键控制环节进行了明确规定。通过这些制度规定，公司对货币资金的收支和保管建立了较严格的授权审批程序，办理货币资金的不相容职务已作分离，相关机构和人员存在相互制约关系。

7.财务管理及财务报告编制管理

公司制定并实施了财务管理制度，用以规范财务部的日常财务管理及财务报告编制操作流程，明确各财务岗位职责，确保财务报告各环节授权批准制度完整健全，确保日常信息核对制度等一系列内部监督检查流程制度有效运行。

8.研究与开发

公司建立研究与开发流程的相关制度，明确了相关部门和岗位在研究与开发过程中的职责和权限，对立项、各阶段的研究成果、产品发布和登记注册等方面均制定了严格的控制程序。

9.工薪循环管理

公司的工薪管理主要由公司人事行政部负责，对公司的人力资源的引进、开发、培训、升迁、待遇、考勤、社会保险、劳动管理等实施统一管理，所有这些工作都是依照《中华人民共和国劳动法》及公司制定的相关社会保险、劳动合同，以及员工的聘用、培训、考核等规章制度来完成的。为了保证公司的长远利益，公司制定了人力资源规划，对员工的升迁、教育、福利、激励等方面进行了全面的规划，以做到"人尽其才、才尽其用"，不断为公司注入新的活力，确保其快速、健康发展。本公司在工薪循环的控制方面没有重大漏洞。

七、内部控制评价工作依据及内部控制缺陷认定标准

公司根据《企业内部控制基本规范》及《企业内部控制应用指引》《企业内部控制评价指引》等相关规定，结合本公司实际经营管理状况，组织开展了内部控制评价工作并对公司的内部控制体系进行了持续的改进及优化，以适应不断变化的外部环境及内部管理的要求。

公司董事会根据企业内部控制规范体系对重大缺陷、重要缺陷和一般缺陷的认定要求，结合公司规模、行业特征、风险偏好和风险承受度等因素，区分财务报告内部控制和非财务报告内部控制，采用定量和定性相结合的方法研究确定了适用于本公司的内部控制缺陷具体认定标准，并与以前年度保持一致。公司确定的内部控制缺陷认定标准如下。

1. 财务报告内部控制缺陷的认定

公司确定的财务报告内部控制缺陷评价的定性标准如下。

重大缺陷：公司会计报表、财务报告发生重大违规事件；公司审计委员会和内部审计机构未能有效发挥监督职能；注册会计师对公司财务报表出具无保留意见之外的其他三种意见审计报告。

重要缺陷：是指一个或多个控制缺陷的组合，其严重程度和经济后果低于重大缺陷但仍有可能导致企业偏离控制目标。

一般缺陷：未构成重大缺陷、重要缺陷标准的其他内部控制缺陷。公司确定的财务报告内部控制缺陷评价的定量标准如下。

符合下列条件之一的，可以认定为重大缺陷。

项目	缺陷影响
销售收入潜在错报	错报≥销售收入总额的5%
净利润潜在错报	错报≥净利润的5%
资产总额潜在错报	错报≥资产总额的5%

符合下列条件之一的，可以认定为重要缺陷。

项目	缺陷影响
销售收入潜在错报	销售收入总额的 1% ≤错报＜销售收入总额的 5%
净利润潜在错报	净利润的 2% ≤错报＜净利润的 5%
资产总额潜在错报	资产总额的 2% ≤错报＜资产总额的 5%

符合下列条件之一的，可以认定为一般缺陷。

项目	缺陷影响
销售收入潜在错报	错报＜销售收入总额的1%
净利润潜在错报	错报＜净利润的2%
资产总额潜在错报	错报＜资产总额的2%

2. 非财务报告内部控制缺陷认定标准

公司确定的非财务报告内部控制缺陷评价的定性标准如下。

缺陷等级	缺陷影响
重大缺陷	直接财产损失金额＞1000 万元
重要缺陷	500 万元＜直接财产损失金额≤1000 万元
一般缺陷	500 万元≤直接财产损失金额

重大缺陷：公司重要业务缺乏制度控制或制度体系失效；信息系统的安全存在重大隐患；内部控制评价重大缺陷未完成整改。

重要缺陷：公司一般业务缺乏制度控制或制度体系失效；信息系统的安全存在隐患；内部控制评价重要缺陷未完成整改。

一般缺陷：未构成重大缺陷、重要缺陷标准的其他内部控制缺陷。公司确定的非财务报告内部控制缺陷评价的定量标准如下。

八、内部控制缺陷认定及整改情况

根据上述财务报告及非财务报告内部控制缺陷的认定标准，报告期内公司不存在内部控制重大缺陷、重要缺陷。

九、下一阶段工作计划

为适应公司未来不断发展的需要，公司计划在下一阶段采取以下措施持续完善内部控制。

1. 不断完善内部控制体系建设。随着公司的发展和业务规模的持续增大，公司在实际经营过程中可能会出现新的问题、新的需求。为此，公司将在今后的运作管理中，根据实际情况变化不断修订、完善内部控制体系，提高内部控制质量，促进公司内部管理和业务开展的规范运作。

2. 强化内部控制制度的执行力，充分发挥审计委员会和内部审计部的监督职能，定期和不定期地对公司各项内部控制制度进行检查，确保各项制度得到有效执行。

3. 通过培训、交流等方式强化相关人员在专业知识、内部规章制度和法律法规等方面的学习，提高公司全员依法合规经营管理的意识，努力防范公司经营管理和业务发展中存在的风险。

4. 进一步完善公司治理结构，提高公司规范治理的水平，加强董事会各专门委员会的建设和运作，更好地发挥各委员会在专业领域的作用，进一步提高上市公司科学决策能力和风险防范能力。

A 股份有限公司

2020 年 3 月 18 日

第22章
内部控制持续优化思路

其实，最有效的内部控制不一定是设计最完备的，毕竟，内部控制制度再详尽也有可能存在"漏网之鱼"，因此，内部控制一直在路上，没有终点，企业需要不断地、持续地进行优化。

第1节　根据发现的内部控制缺陷进行落实整改

企业应当根据发现的内部控制缺陷，采取确定的内部控制措施进行整改。定期进行复查；不断地进行优化，提升下一次行动的效率，并且可以成为下一次的行动指南。企业可参考表22-1记录内部控制缺陷的整改过程，形成企业自有的内部控制缺陷整改跟踪表，并从中汲取数据形成内部控制缺陷整改报告。

表 22-1　内部控制缺陷整改跟踪模板

编号	具体环节	缺陷描述及依据	主要整改措施	计划整改时间	整改完成时间	整改完成情况	主要责任部门	主要责任人员	备注
1									
2									

第 2 节　持续监测与风险评估

企业应当对内部控制进行持续监测并定期进行风险评估,判断内部控制水平,不断地循环,为下一次内部控制工作提供指导。企业可参考本书附赠的持续监测与风险评估模板进行持续监测与风险评估。

第 3 节　持续优化,促使企业快速健康发展

真正有效的控制,需要企业根据内部控制相关法规及前文介绍的一些内部控制设计形成自己的内生性控制,积极发挥全体员工的主观能动性,积极进行价值观念的引导,根据需求动态地适应组织。一位管理大师曾经说过:管理的本质,其实就是激发和释放每一个人的善意。因此,企业应当同时注重软控制,持续地进行内部控制优化。

企业可采用前文介绍的 PDCA 方法进行优化。

PDCA 周而复始的循环可以不断地改进,使企业内部控制得到持续的完善,控制水平呈现螺旋式上升,进而促进企业快速健康地发展。